रचनात्मक ड्राइंग और इलस्ट्रेशन

Creative Drawing & Illustration

पीटर ग्रे

अनुवाद एवं संपादन : सुरेन्द्र सुमन

I.G.D.E. (Mumbai) R.D.S. (London)

यूनीकॉर्न बुक्स

प्रकाशक
यूनीकॉर्न बुक्स

F-2/16, अंसारी रोड, दरियागंज, नई दिल्ली-110002
☎ 23275434, 23262683 • Fax: 011-23257790
E-mail: info@unicornbooks.in • *Website:* www.unicornbooks.in

शाखा : मुम्बई
23-25, जाओबा वाड़ी, ठाकुरद्वार, मुम्बई-400002
☎ 022-22010941, 022-22053387
E-mail: rapidex@bom5.vsnl.net.in

ISBN: 978-81-7806-376-8

संस्करण : 2015

मुद्रकः परम ऑफसेटर्स, ओखला, नई दिल्ली-110020

रचनात्मक ड्राइंग और इलस्ट्रेशन

अनुक्रम

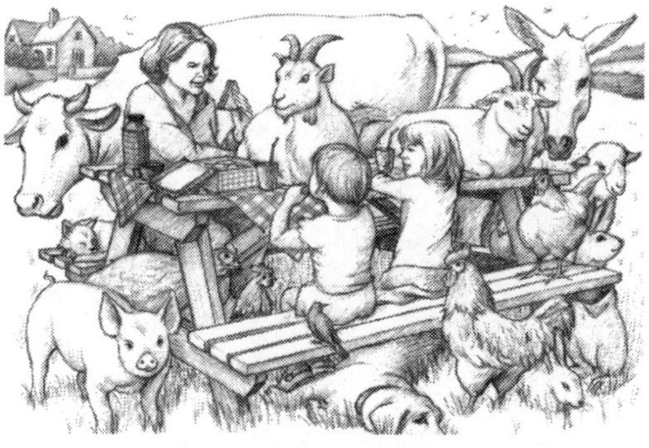

भाग-1

व्याख्या (Interpretation)

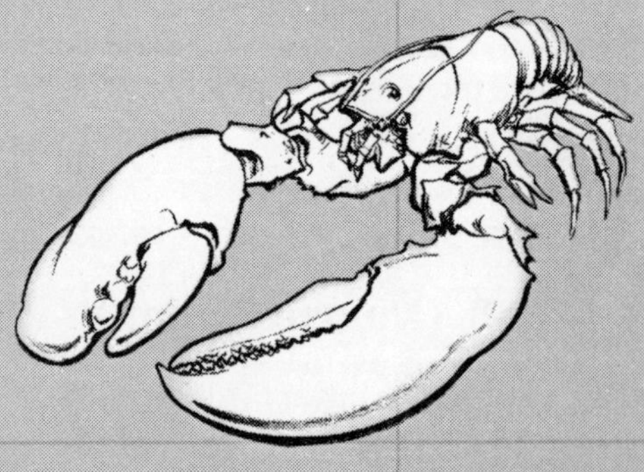

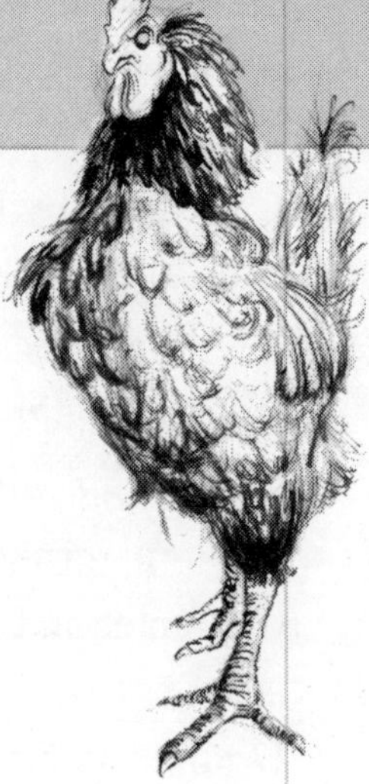

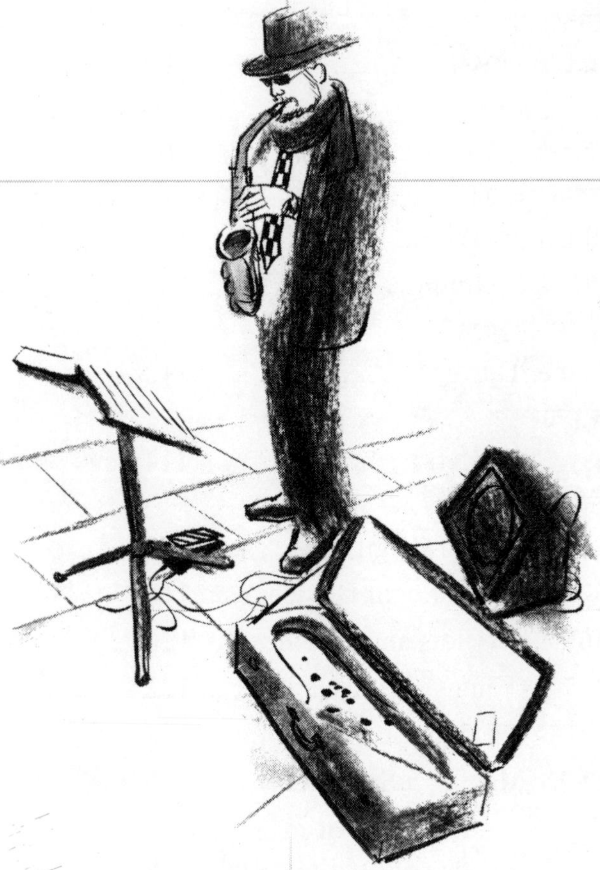

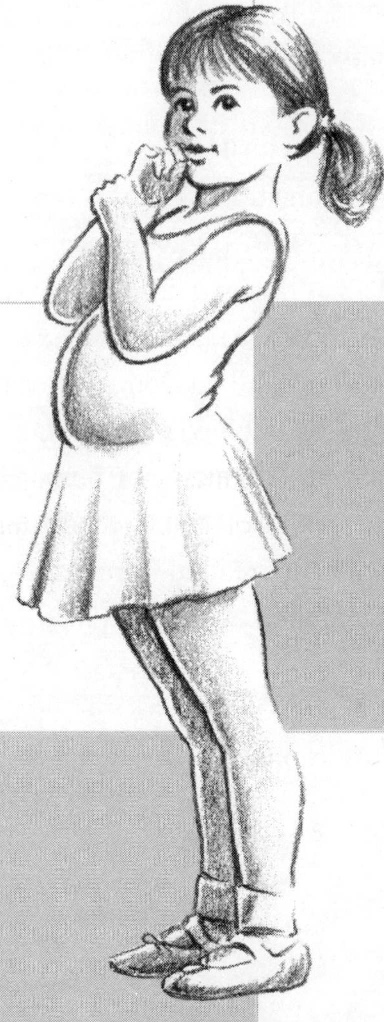

चित्रांकन (Drawing) की योग्यता रखना बड़ा लाभदायक है, यह कितना रोमांचक काम है कि आप उन जादुई क्षणों में जब पेन्सिल के जल्दी से किए गए (quick) स्ट्रोकों से एक त्रिआयामी वस्तु का चित्रण सटीक तरीके से कर सकते हैं। निश्चय ही इसका कोई मुकाबला नहीं। तब वह सारा संघर्ष, चित्रांकन की असफलताएं वे सारे निराशाजनक क्षण सार्थक हो जाते हैं जब आप सफल हो जाते हैं।

एक बार जब आप प्रारंभिक कौशल में पारंगत हो जाते है, तो फिर कलाकर्म आपको अपनी तरफ खींचने लगता है। जब आप परंपरागत विषय जैसे- फूल, चायदानी या ऐसी ही चीजों के सटीक स्केच बनाने लगते हैं; हर बार आप अच्छे से और अच्छा करते जाते हैं। इसका कोई कारण नहीं कि कला का विद्यार्थी उस लक्ष्य तक न पहुंचे जिसमें वह अपने रेखांकन को और सुन्दर और प्रभावशाली बना सके। इसके विपरीत भी सच हो सकता है, पर कल्पना आपको और आगे तक ले जा सकती है। और विद्यालय की कला-शिक्षा से कहीं आगे आपके रेखांकन में गहरे प्रभाव और कला के लुभावने छल का समावेश कर देती है।

इसलिए इस पुस्तक के पहले आधे भाग में, हम उन युक्तियों पर विचार करेंगे जिनके प्रयोग से आप अपने रेखांकन में अपने आस-पास की दुनिया के चित्रण में श्रेष्ठता और प्रभाव ला सकें। शुरू हम निरीक्षण के सटीक उपयोग से करेंगे। हम अपना दृष्टि-बिन्दु (View-point) सावधानी से चयन करेंगे ताकि हम अपनी संयोजना (Composition) को सुन्दरता से मन में बिठा सकें। इसके बाद हम उन वस्तुओं की तरफ ध्यान देंगे जो भिन्न प्रकार के मॉडलों, विषय वस्तु और हमारी तकनीक के अनुरूप हों और जो हमारी अभिव्यक्ति (Expression) को अबाध रूप से चित्रित कर सकें।

अब जल्दी ही आपको पता लग जाएगा, कि आपका रेखांकन कौशल कला के अन्य क्षेत्रों (जैसे रंग, पैस्टल) में फैलता जा रहा है, पर यह आरम्भ है। हम और आगे जाकर कला की अनन्त संभावनाओं को खोजेंगे जो अपनी विषय वस्तु को कितने ही तरीकों से चित्रण करने के रास्ते पर ले जाएंगी। धीरे-धीरे वे सभी मान्यताएं पीछे छूटेंगी जब आप मात्र कैमरे की तरह ही अपनी विषय वस्तु का चित्रांकन करते थे। उद्देश्य यह है, कि आपके अन्दर के कलाकार को बाहर निकाला जाए और यह कलाकार ही है जो अपनी इच्छा से संसार को झुकाने का सामर्थ्य रखता है।

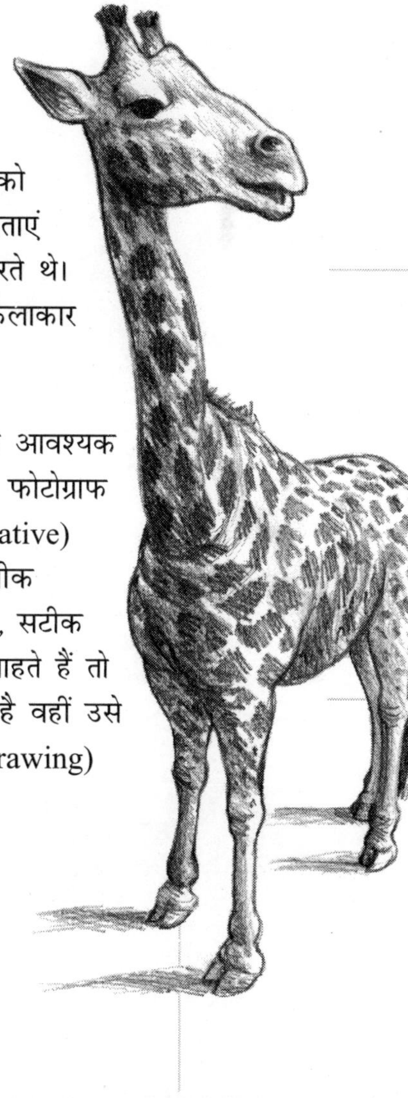

अपने निरीक्षण तथा अपने चित्रण-कौशल को और अधिक पैना करने के लिए यह आवश्यक है कि आप जीवन से विषयवस्तु को लें, इसका कोई विकल्प नहीं। साधारणत: मैं फोटोग्राफ से रेखांकन करने की वकालत नहीं करता। पर पुस्तक की कल्पनाजनित (Imaginative) प्रकृति के कारण कुछ विषयों के लिए फोटो अनिवार्य हैं क्योंकि विषय और तकनीक इसकी मांग करते हैं। अन्तत: जो चीज अति महत्व की है, वह है सटीक रेखांकन, सटीक आकार। तरीका या रास्ता महत्वहीन है। फिर भी अगर आप पूर्ण चित्रकार बनना चाहते हैं तो जहां तक भी संभव हो सके जीवन से चित्र बनाएं। वस्तु को जहां भी वह मौजूद है वहीं उसे वैसे ही चित्रित करें जैसी कि वह दिख रही है। इसी को 'लाइव ड्राइंग' (Live Drawing) कहते हैं।

विषय-वस्तु (Subject Matter)

आपको याद होगा कि जब आप बच्चे थे, तब आप कोई चित्र बनाना चाहते थे, पर यह निर्णय नहीं कर पा रहे थे कि क्या ड्रा करें? संभव है आपकी वह अनिश्चय की सी स्थिति आज भी हो। यद्यपि, इसका हल आपके ठीक सामने है। अगर आप एक कलाकार की तरह सोचेंगे, तो पाएगें कि आपके चारों ओर वे आश्चर्यजनक वस्तुए बिखरीं पड़ीं हैं जो आपकी पेन्सिल का इन्तजार कर रहीं हैं, आपके ड्राइंग बोर्ड की प्रतीक्षा कर रही हैं।

यह कहा जा सकता है कि ऐसा कोई विषय नहीं जो चित्रांकन के लायक न हो या आपका ध्यान न खींचे। एक कलाकार अपनी दिलचस्पी के विषय इस संसार के वातावरण में ढूंढ ही लेता है। मैं आशा करता हूं कि यह पुस्तक इसी दिशा में आपको आगे ले जाएगी। फिर भी आप अपने मन के विषय अपने आप ढूंढें। आप उत्साह से शुरू करें, जैसे फूलदान, दीवार से उगती वनस्पति आदि। ये सब अभ्यास आपके कौशल को निखारेंगे।

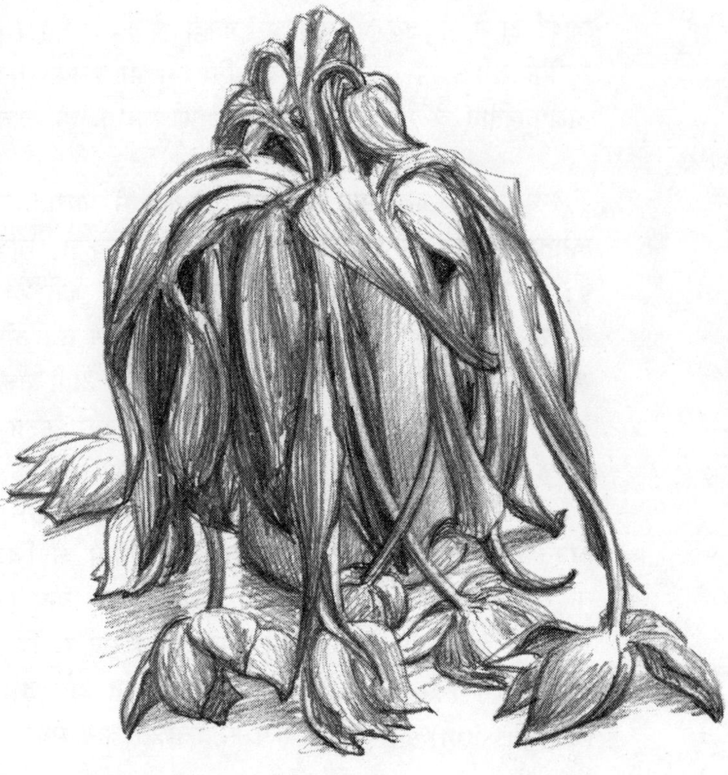

मूल रूप से यह विद्यालयों के कला अभ्यास से ज्यादा कुछ नहीं। जैसे ये फूल मुरझा रहे हैं और मर रहे हैं, इनमें आकर्षण नहीं है, पर इन्हें स्कैच करने में आपको आनन्द आएगा। और आप कला का एक चलन समझ कर इसका अभ्यास करें।

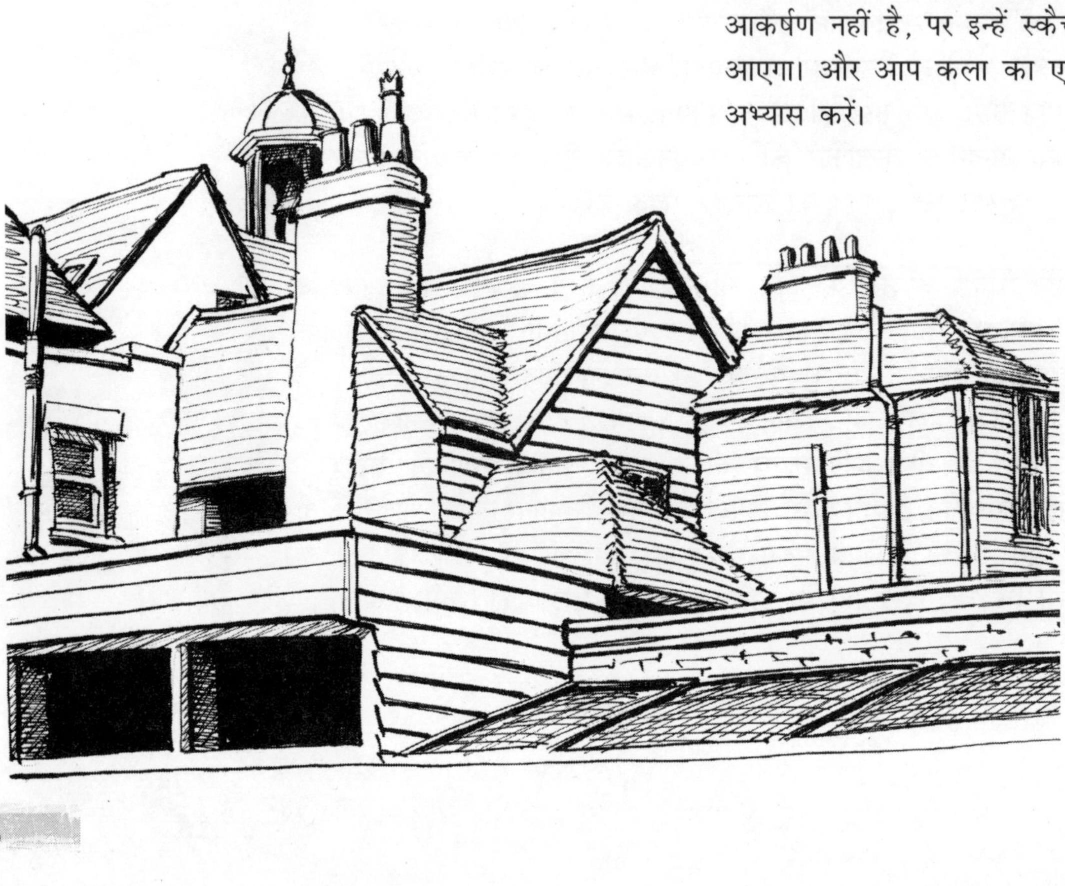

किसी भी दृश्य का सबसे दिलचस्प पहलू वह होता है, जब आप अपने दैनिक जीवन में गली में खड़े हो कर किसी इमारत या मकान को स्कैच करें।

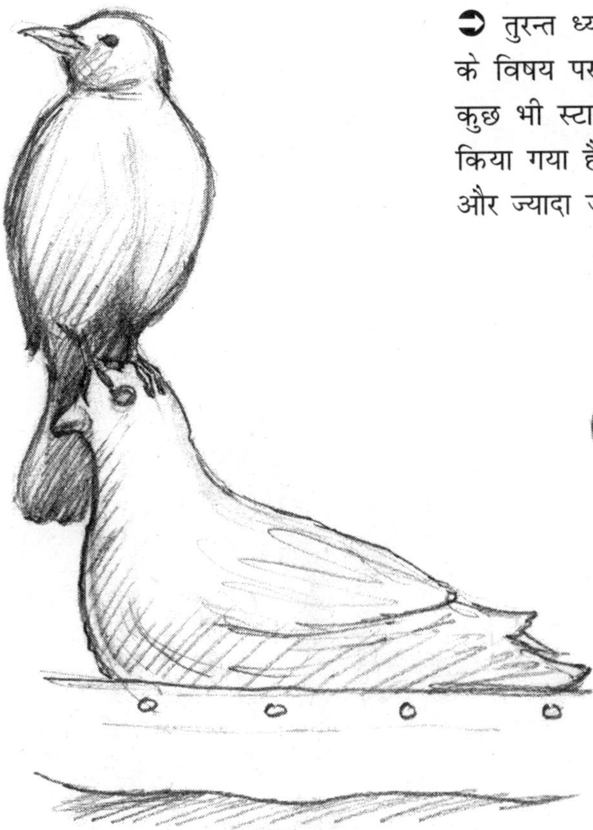

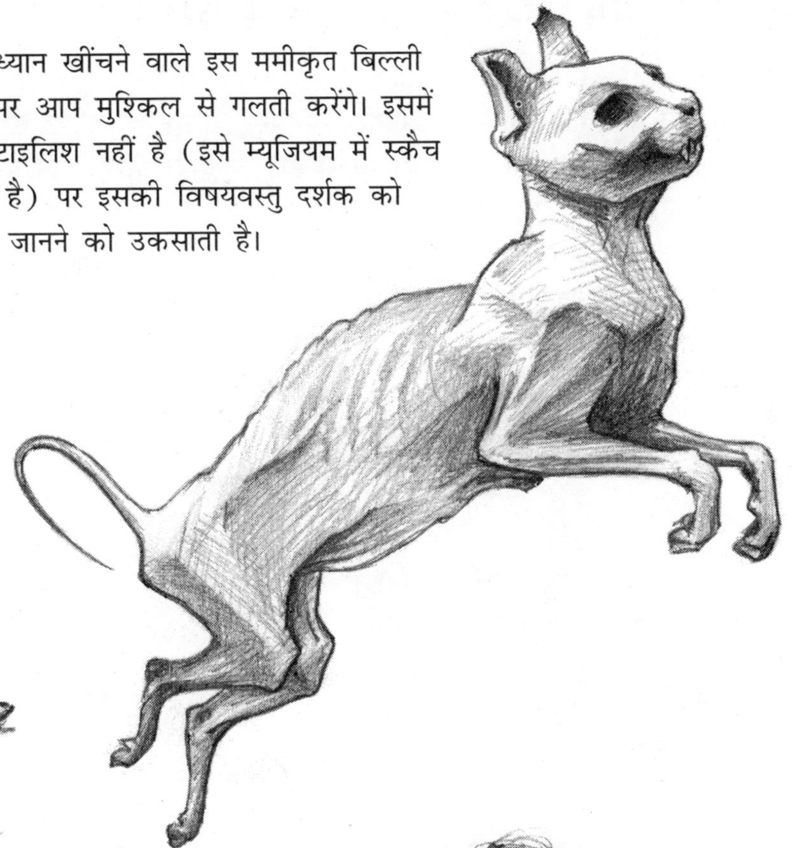

तुरन्त ध्यान खींचने वाले इस ममीकृत बिल्ली के विषय पर आप मुश्किल से गलती करेंगे। इसमें कुछ भी स्टाइलिश नहीं है (इसे म्यूजियम में स्कैच किया गया है) पर इसकी विषयवस्तु दर्शक को और ज्यादा जानने को उकसाती है।

इन स्वाभाविक क्षणों को तुरन्त स्कैच करने को तैयार रहें। इन पक्षियों की आदत है कि वे बगीचे की मुंडेर पर इस तरह बैठें। पक्षी इस स्थिति में ज्यादा देर तक बैठे नहीं रह सकते। पर मैं तो अपनी स्कैच बुक के साथ तैयार था।

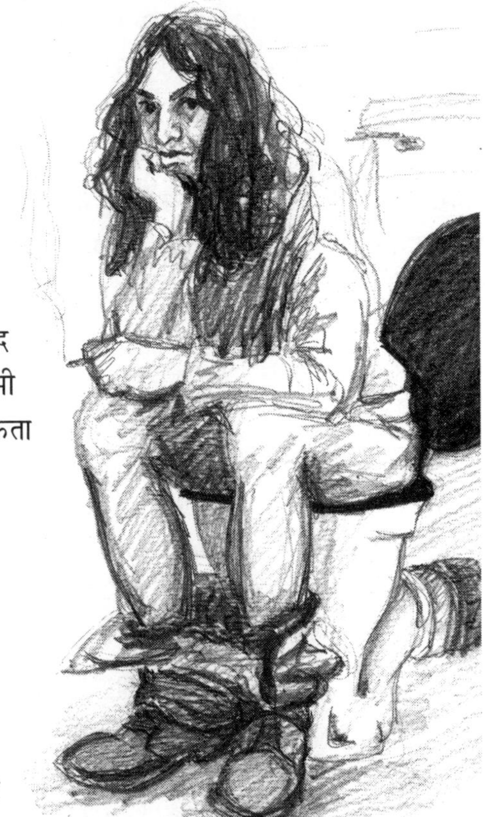

इस असंगत, हास्यास्पद और अशोभनीय चित्र में भी काफी काम किया जा सकता है।

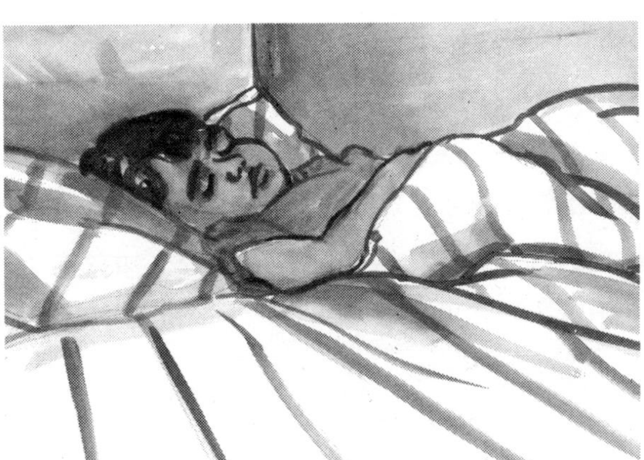

भोलेपन और लुभावने विषय वाले इस चित्र में कलाकार और दर्शक दोनों को आनन्द प्राप्त हो सकता है।

देखने का बिन्दु (View Point)

एक आर्टिस्ट को चाहिए कि वह अपनी विषयवस्तु को अनेक कोणों से देखे। बजाय इसके कि वह केवल सामने से ही उसे देखे। आप अपने देखने के बिन्दु, कोण और स्थिति को सुनिश्चित करें, कि आप किस स्थिति में अपने मॉडल या विषयवस्तु का रेखांकन करना चाहते हैं। इससे आपकी कलाकृति में भारी बदलाव आएगा।

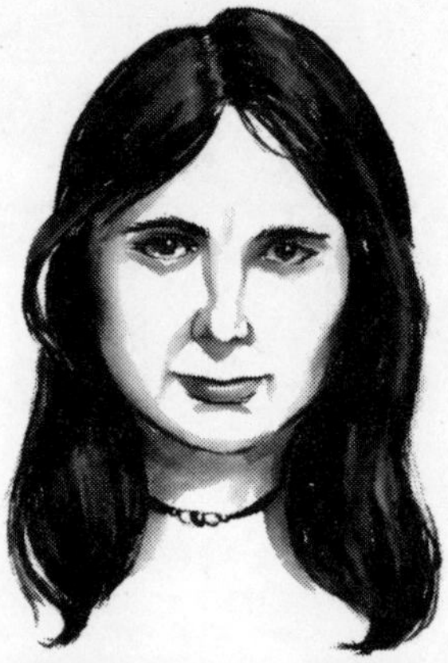

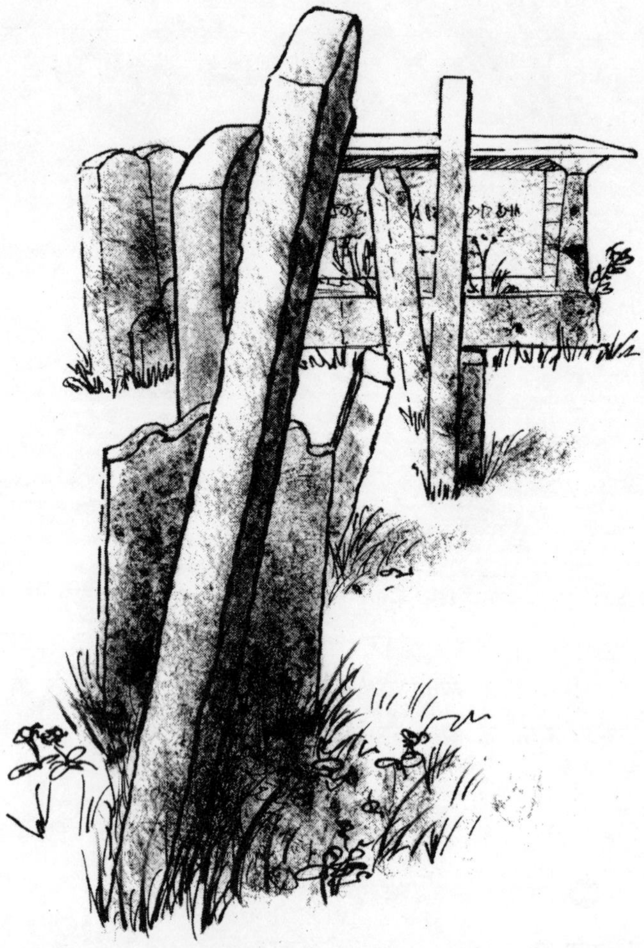

➊ सामने से दिखने वाला दृश्य

व्यक्तिचित्र (Portraits) अक्सर सीधे सामने से ही बनाने का रिवाज है। यह किसी भी पासपोर्ट फोटोग्राफ से ज्यादा दिलचस्प है। यद्यपि स्टाइल से चित्रित और सामने से ड्रा किया गया भेड़ का यह चित्र कुछ सीमा तक सुडौल है, जो कि इस निरीह जानवर के रेखांकन में कम ही दिखाई देता है। यह दृश्य या सामने से दिखती भेड़ का मुख्य शरीर, दुबले पतले पैरों के मुकाबले ज्यादा भारी और मांसल दिखाई दे रहा है।

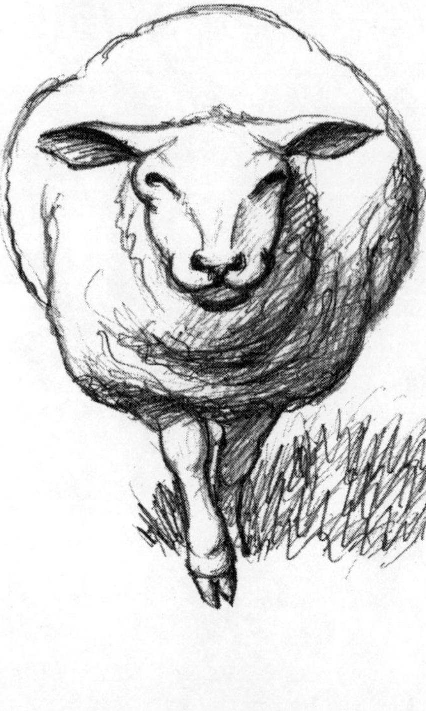

प्रोफाइल (साइड)

➊ कब्र के इन पत्थरों (Gravestones) का साइड से लिया दृश्य असंगत कोणों की तरफ झुकता दिखाई दे रहा है, जो कि अन्य व्यू-पाइंट्स से कम दिखाई देगा।

पीछे का तीन चौथाई दृश्य

एक असाधारण पीछे से दिखने वाले इस दृश्य में समुद्र-तट से आनन्द की झलक दिखाई देगी। हमें पीछे से दिखता दृश्य भ्रमित करने वाला होगा, पर तीन चौथाई दृश्य सटीक लगेगा।

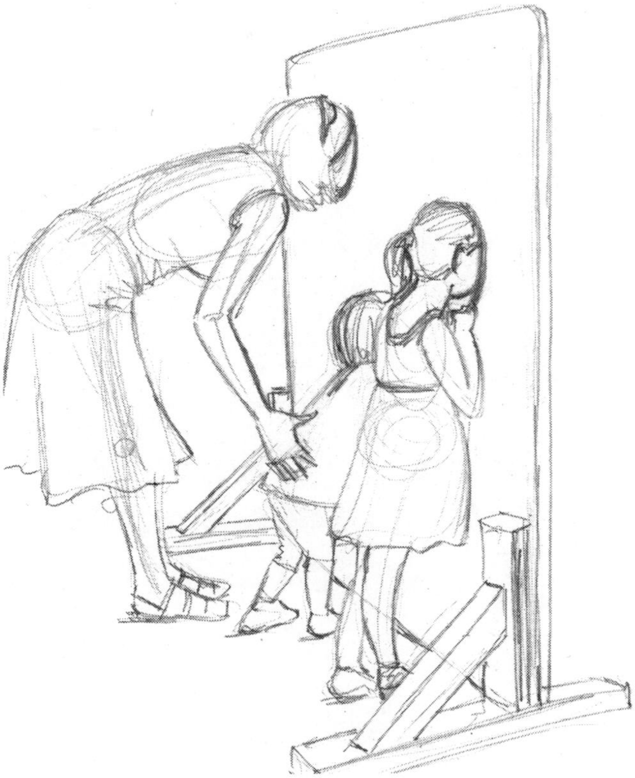

एक अन्य तीन-चौथाई पीछे के दृश्य में मेले के साइन बोर्ड पर बैठे तोते ज्यादा स्पष्ट हैं, यह चिड़ियों को चित्रित करने का अच्छा कोण है और यह सामने के कोण की सिमेट्री को भी तोड़ता है।

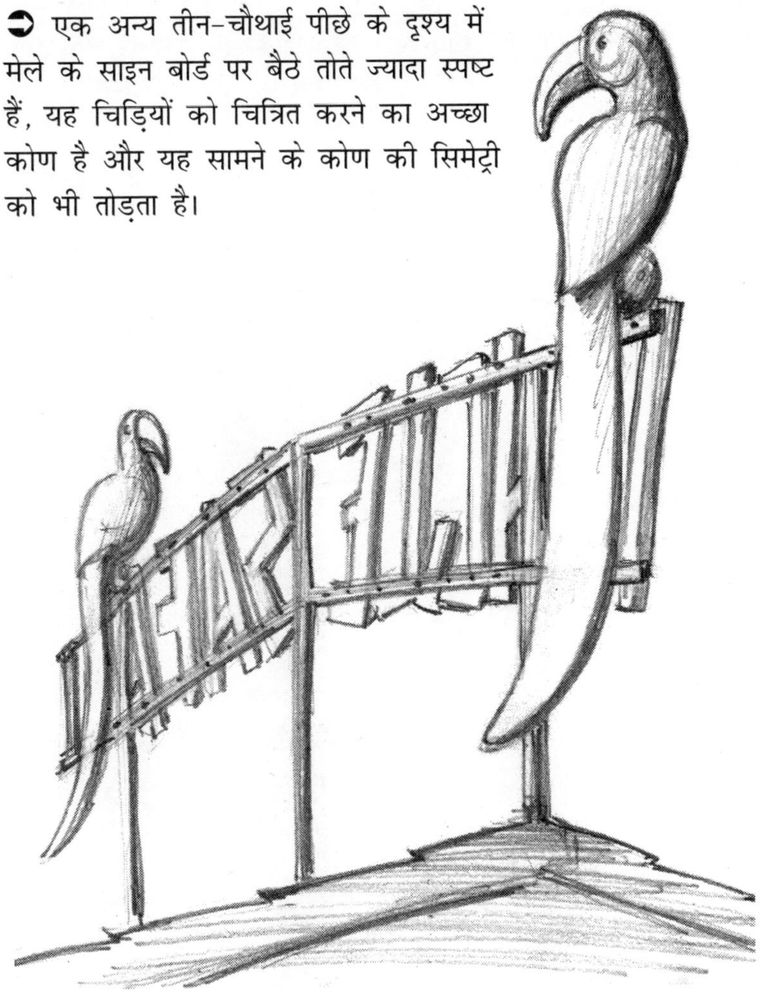

पीछे का दृश्य

यह स्कैच ऐसा है कि इस पुस्तक में अक्सर इसे हाशिए पर डाला गया है। इस पीछे के दृश्य में सूक्ष्मताएं कम होती हैं, पर फिर भी यह दृश्य के लक्षणों को चित्रित करने में कलाकार की मदद करता है।

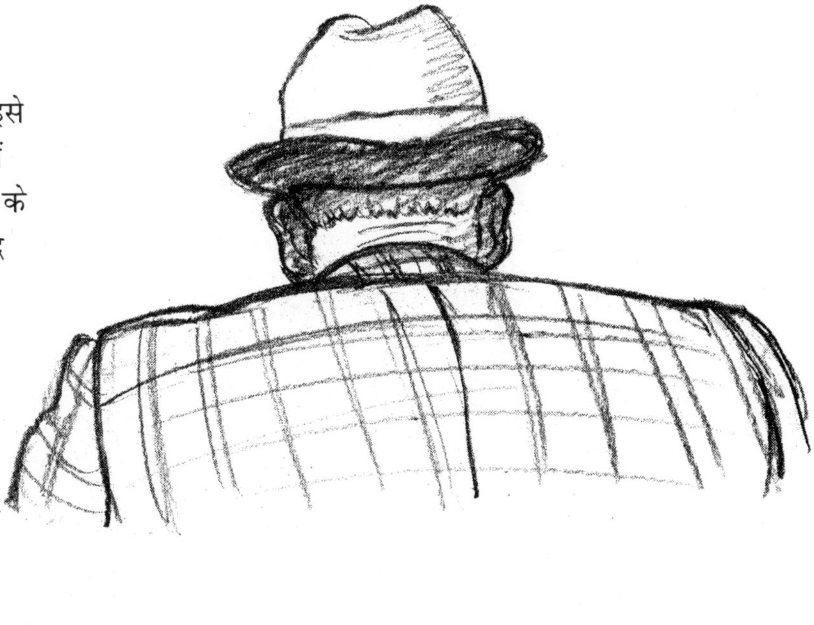

नीचे देखना (Looking Down)

आगे वे संभावनाएं उठ खड़ी होती हैं, जब आप नीचे खड़े होकर अपने मॉडल (Object) की ऊंचाई को देख रहे होते हैं। इससे भारी अन्तर पड़ता है। जब आप अपनी विषयवस्तु को ऊपर से देख रहे होते हैं तो आपके रेखांकन में अलग प्रभाव आता है।

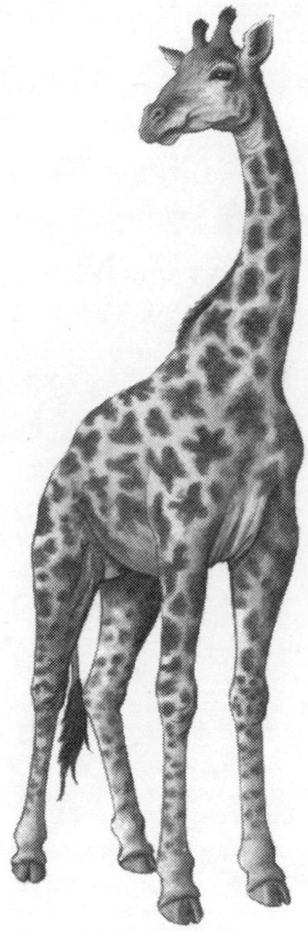

यह एक कथा-चित्र है जिसे मैंने एक पाठ्य पुस्तक के लिए बनाया था। इसके दृश्य-बिन्दु का स्तर, जानवर (जिराफ) के शरीर के अनुपात और उसके लक्षणों को पूर्णतः दिखाता है।

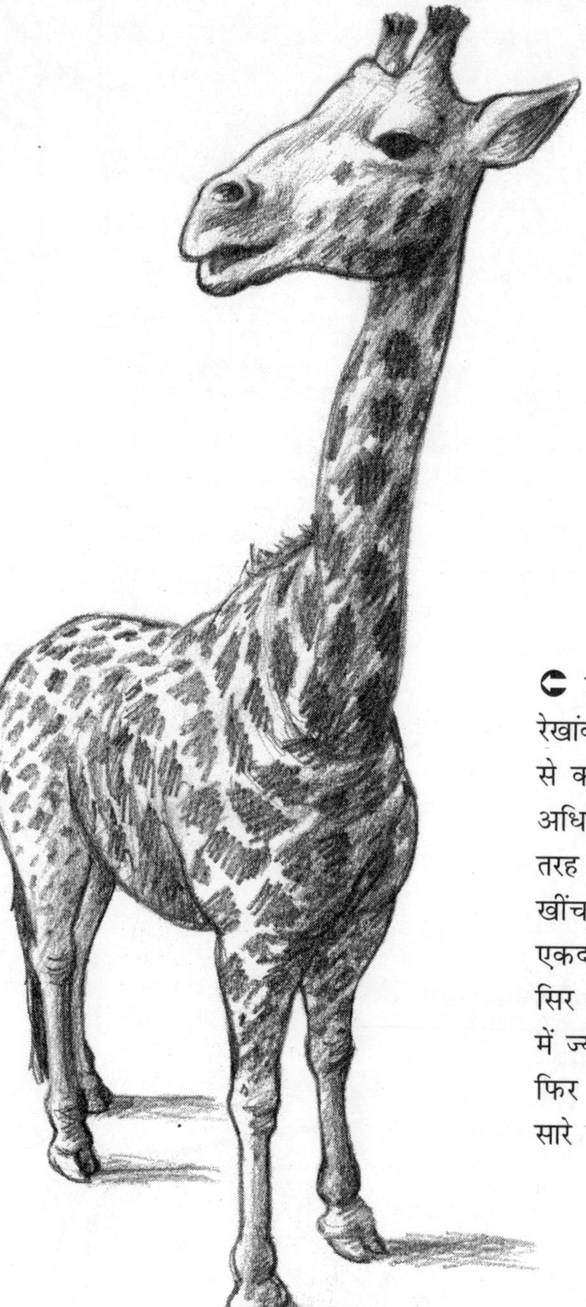

इसके विपरीत, यह रेखांकन जो तकनीकी दृष्टि से कहीं कम चमकदार है, पर अधिक दिलचस्प है। अलग तरह के दृश्य ने मेरा ध्यान खींचा क्योंकि दृश्य-बिन्दु के एकदम निकट जिराफ का सिर था। इसी कारण स्कैच में ज्यादा स्थान घेरा हुआ था। फिर भी चित्र में जिराफ के सारे लक्षण मौजूद रहे।

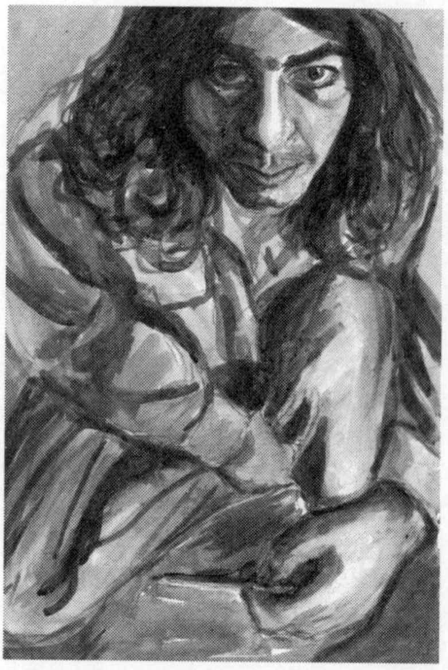

इस अभ्यास के लिए मैंने दो कुर्सियों की पीठ पर उल्टा करके एक दर्पण (Mirror) को संतुलित करके रख दिया। फिर मैं कुर्सियों के नीचे खिसक कर लेट गया। इस तरह मेरी छवि ऊपर की तरफ कैसी होगी, दिखने लगी। यह किसी भी आर्टिस्ट के लिए परिचित छवि का अध्ययन करने या चित्रित करने का अपरिचित दृश्य-बिन्दु (View Point) है।

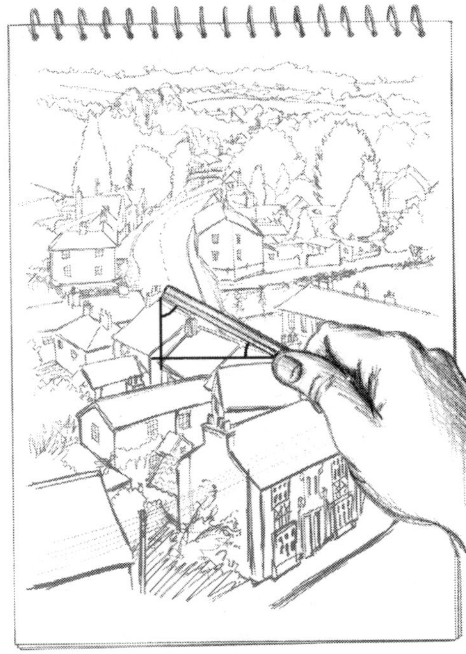

इस तरह की ड्राइंग में कई कोण (Angle) होते हैं, पर उन्हें (कोणों को) ऐसा नहीं होना चाहिए कि आप भ्रमित हो जाएं। सभी लंबवत् रेखाएं (Vertically Line) अपने सामने से पकड़ें, अब आप पेन्सिल को घुमाते चलें आगे और पीछे जब तक कि विषयवस्तु के साथ न लग जाए। (चित्र देंखे) पेन्सिल को उसी तरह रखते हुए आप अपने कागज पर लाइन ड्रा करें।

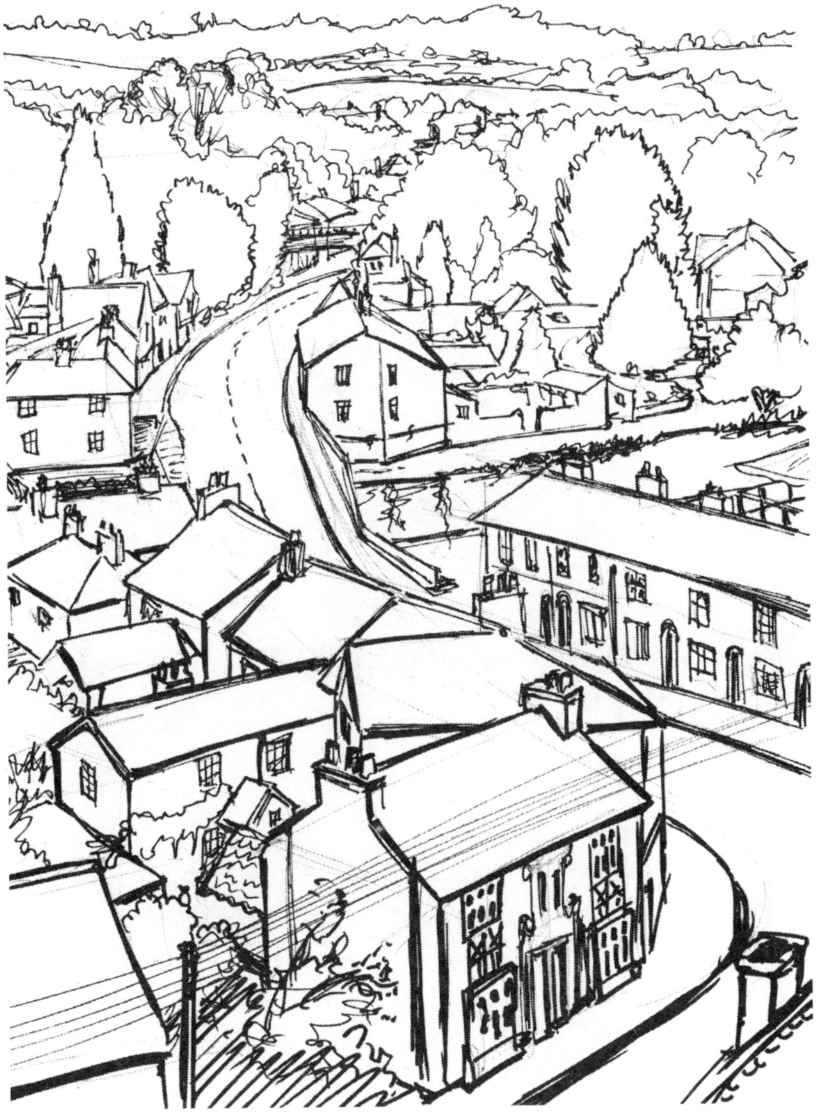

इस दृश्य को मैंने चर्च की मीनार से बनाया है। इस तरह मुझे कस्बे के उन हिस्सों को भी देखने का अवसर मिला जिन्हें मैं गली में खड़े हो कर नहीं देख सकता था। इस स्तर से दृश्य एक सुन्दर संयोजना में बदल गया।

आर्टिस्ट की सलाह

नीचे देखता हुआ दृश्य-बिन्दु (View Point) जो किसी व्यक्ति पर केन्द्रित हो प्राय: व्यक्ति को उसकी उपस्थिति लुप्त होने को ही दिखा पाता है। इस विधि का प्रयोग वृत्तान्त सम्बन्धी चित्रण और कॉमिक्स में किया जाता है।

ऊपर देखना (Looking Up)

नीचे के दृश्य-बिन्दु (View Point) से विषयवस्तु को देखने के लिए आपको अपनी गर्दन को क्रेन की तरह ऊपर उठाना होगा। नीचे सरकिए या फर्श पर चित लेट जाइए ताकि आपको विषयवस्तु को देखने, फिर उसके रेखांकन करने का सटीक कोण मिल सके। इस तरह लेटना पीड़ा दायक हो सकता है पर सारा संघर्ष सार्थक लगेगा। निचले स्तर पर दृश्य बिन्दु (View Point) तब प्रभावशाली होता है, जब आप विषय वस्तु को कागज पर उतारना चाहते हों।

➲ इस जिराफ का रेखांकन मैंने एक चिड़ियाघर में किया था। मैंने फर्श पर बैठ कर इसका चित्र बनाया था। गौर करें कि सिर काफी दूर दिख रहा था। जिराफ का पूरा शरीर पिछले पृष्ठों के मुका. बले ठोस लग रहा था।

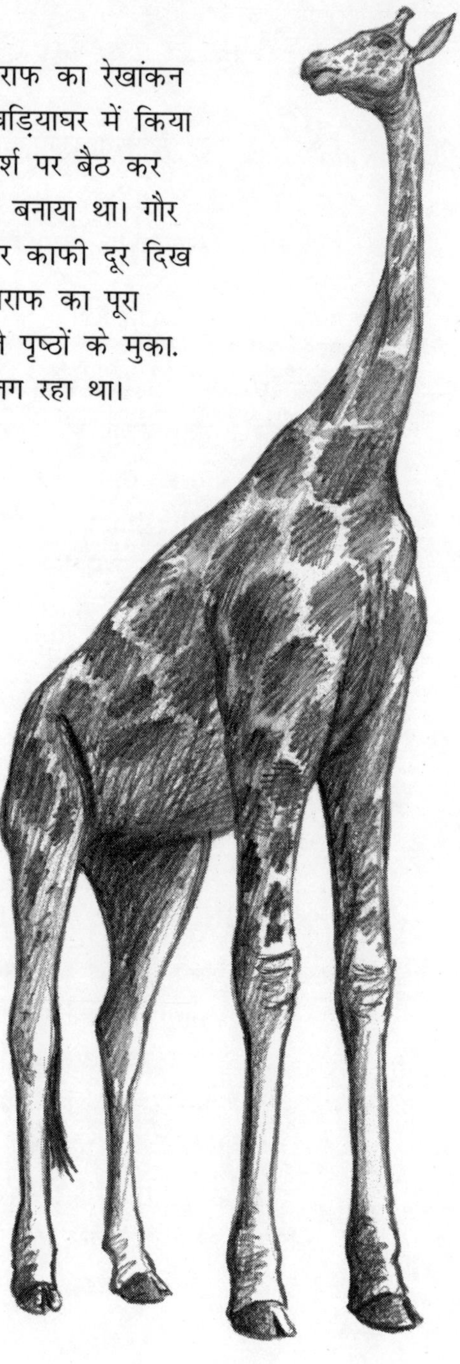

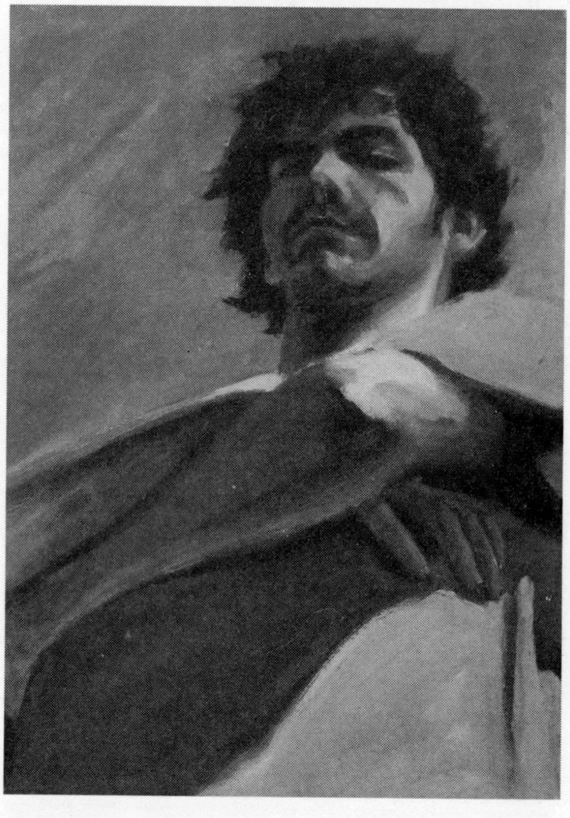

➲ फर्श पर मैंने एक दर्पण (Mirror) रख दिया। इससे मुझे इस रफ पेन्टिग को जिसमें मैं खुद को देख रहा हूँ, को बनाने में सुविधा हुई। न सिर्फ यह (निचले कोण का दृश्य) सम्मोहक है, बल्कि इसमें गर्व का एक पुट भी है।

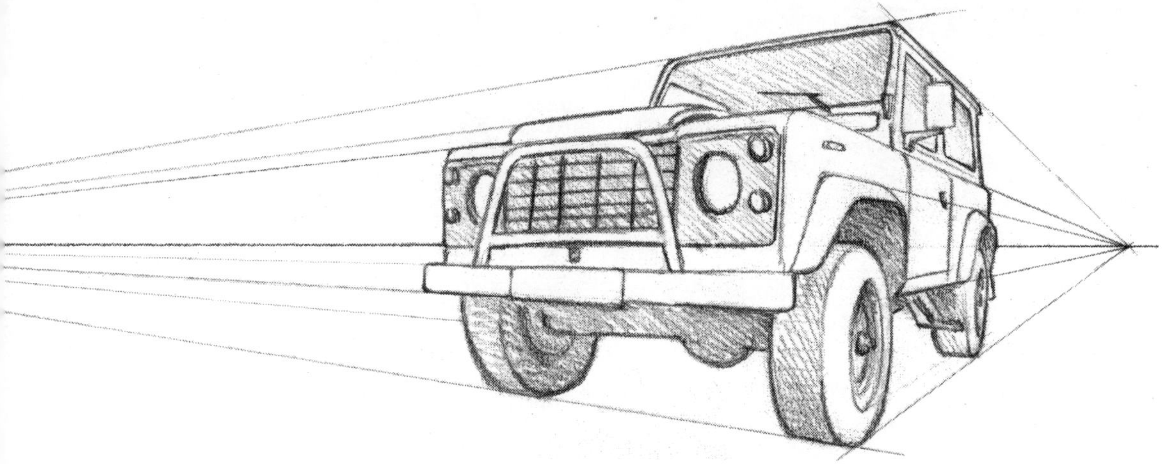

यही नियम उन चीजों पर लागू होता है जो बेजान हैं। यह एक बेध्यानी में लिया गया निर्णय नहीं है जो विज्ञापनदाताओं को वाहन को नीचे से चित्रित करने की प्रेरणा देता है, बल्कि ऐसा अक्सर होता है।

इस तरह की ड्राइंग बनाना भ्रमित करने जैसा है, पर पर्सपैक्टिव का ज्ञान आपकी सहायता कर सकता है। जैसा कि इस ड्राइंग में है। दृष्टि-स्तर (Horizon) की रेखा क्षितिज (Horizon) पर होगी। पर सारी क्षितिज रेखाएं जो दृष्टि-स्तर के ऊपर और नीचे होंगी, तीखा कोण बनाएंगी। ये रेखाएं क्षितिज रेखा पर अदृश्य-बिन्दु (Vanishing Point) पर जा कर मिल जाएंगी। आप ग्रिड बनाकर ड्राइंग को सटीक बना सकते हैं। (चित्र देखें)

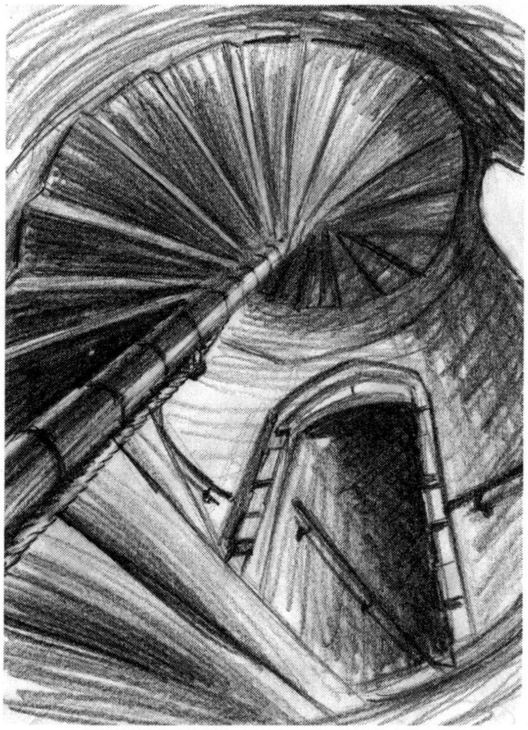

आर्टिस्ट की सलाह

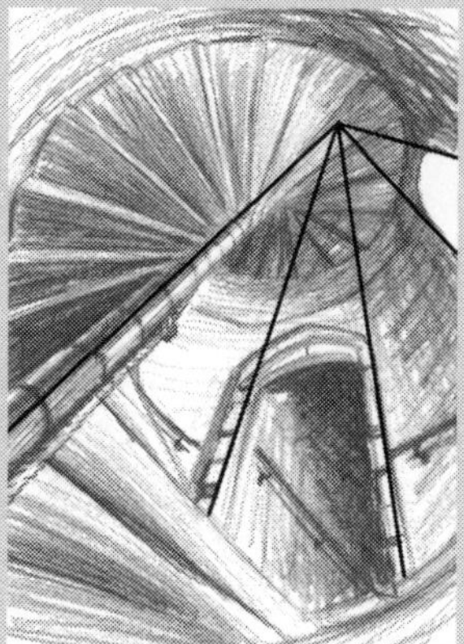

ऊपर की तरफ इस तीखे कोणों को देखना आपको चक्कर में डाल सकता है। यहां फिर एक साधारण पर्सपैक्टिव का ज्ञान आपकी सहायता करेगा। कोण कुछ लंबवत् (Vertical) रेखाएं बनाते हैं जो शिखर पर एक बिन्दु से जा मिलती हैं।

इस पुरानी सीढ़ी का स्कैच बनाने के लिए मैंने सीधे ऊपर की तरफ देखना चुना, ताकि मुझे ऊपर जाती सीढ़ियां नीचे की तरफ से भी दिखाई दें। जैसे कि वे ऊपर की तरफ बढ़ रही हों।

दूर और पास के दृष्टि बिन्दु

(View Point Near and Far)

यह महत्वपूर्ण है कि कोण और दृष्टि बिन्दु (View Point) का स्तर (Level) ड्राइंग के इम्पेक्ट को प्रभावित करता है तथा आर्टिस्ट की विषय के प्रति निकटता को दिखाता है। प्रभाव कितना ज्यादा है, यह दिखाने के लिए इन तीन चर्चों के दृश्य और प्रतिमा पर ध्यान देना होगा जो कस्बे के चौराहे पर लगी है।

➲ कुछ दूरी से देखने पर प्रतिमा का नाप अपने चर्च के साथ के अनुपात से जो इसके पीछे है, एक सूक्ष्म वस्तु की तरह है। और चर्च के परिसर के सामने है। यह विषय वस्तु का शान्त दृष्टि-बिन्दु है।

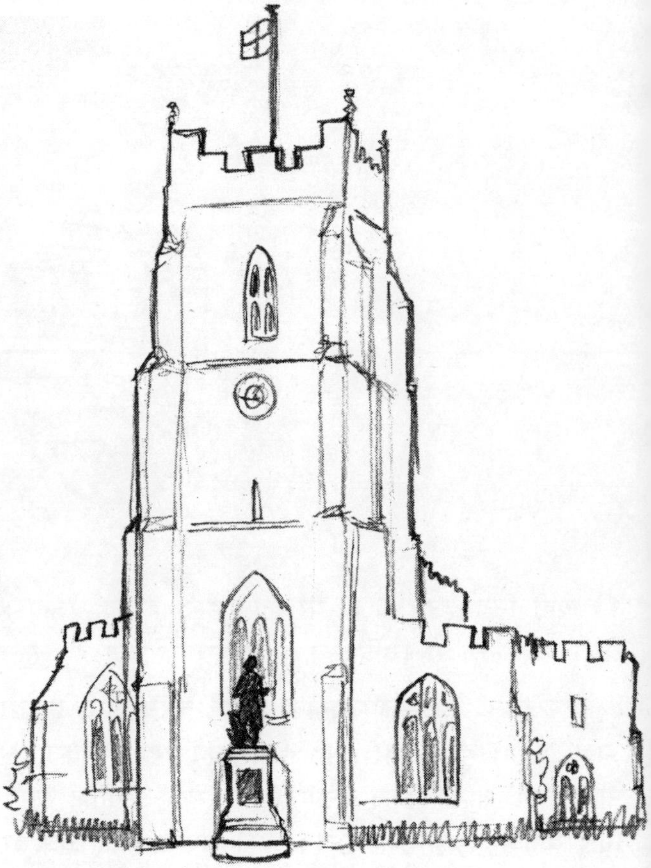

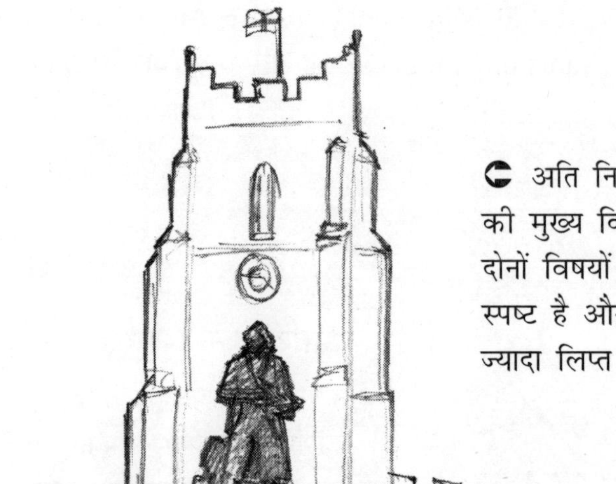

➲ अति निकट से देखने पर प्रतिमा ड्राइंग की मुख्य विषयवस्तु मालूम पड़ती है। दोनों विषयों (Objects) की दूरी अधिक स्पष्ट है और हम अपने आप को दृश्य में ज्यादा लिप्त पाते हैं।

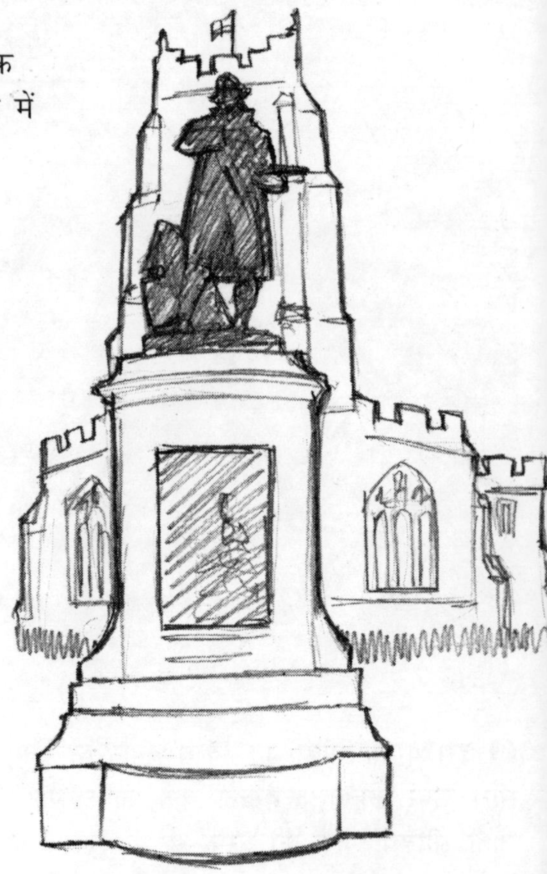

➲ प्रतिमा के प्लेटफार्म (Base) को देखने से चर्च दूर होता तथा लुप्त सा होता दिख रहा है और मूर्ति की सजावटी पार्श्व-भूमि (Background) सा लग रहा है। लेकिन प्रतिमा तो अग्रभूमि (Foreground) की मुख्य विषय वस्तु है।

➲ एक अति निकट का दृष्टि-बिन्दु (View Point) किसी भी विषय के चुनिंदा भागों पर ज़ोर देने में लाभदायक हो सकता है।

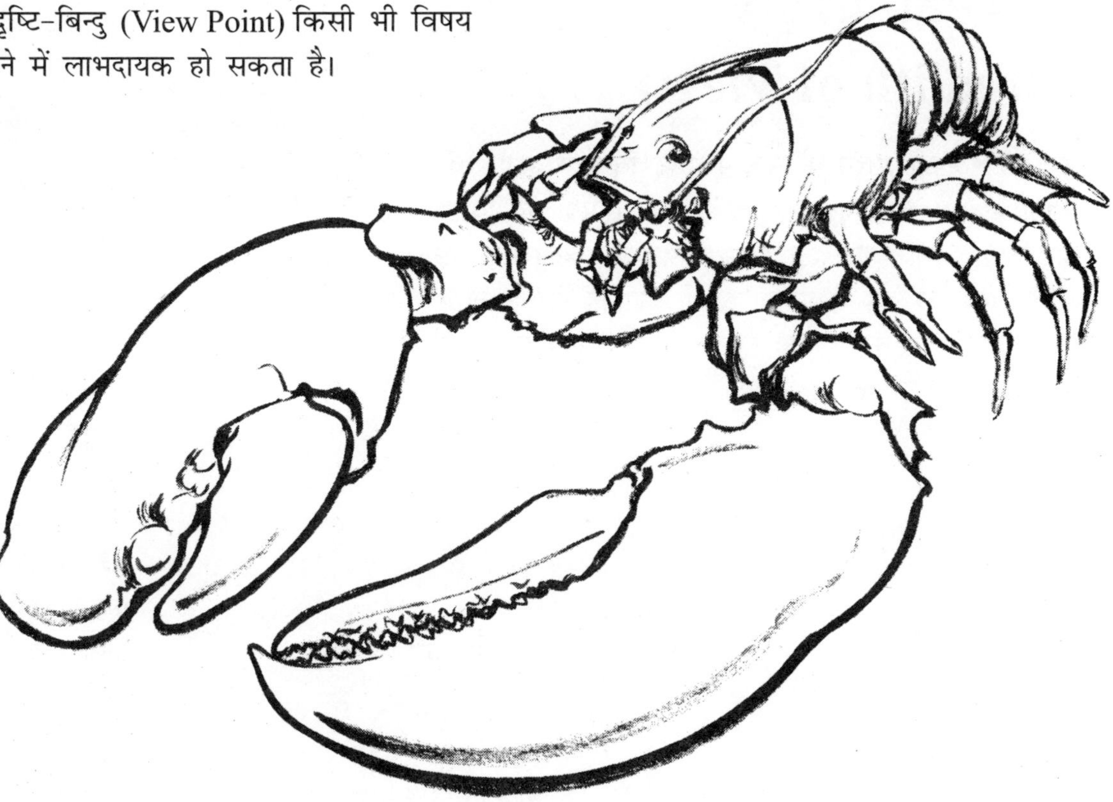

दृष्टि को नापना

निकट से देखने पर विषय का जो स्पष्ट बेढंगापन दिखता है उससे आप विषय का सटीक साइज नापने में भ्रमित हो सकते हैं। सटीक नाप-जोख के लिए आपकी पेन्सिल एक स्केल (Ruler) का काम दे सकती है। इसे अपनी आंखों के सामने रखकर अपने विषय का कोई हिस्सा नापें, उस हिस्से के शिखर पर पेन्सिल का टॉप रखकर उसकी लंबाई के निचले बिन्दु पर अपना अंगूठा रख लें (देखें चित्र) विषय के दूसरे हिस्से भी ऐसे हो सकते हैं जो आपके द्वारा नापे गए पहले हिस्से के बराबर हों (देखें चित्र)

अब आप जांच सकते हैं कि आपके अनुपात ड्राइंग के अनुरूप हैं या नहीं, गलती है तो उसे सुधार लें। उदाहरणत: मेरा दृष्टि-बिन्दु केकड़े (Lobster) के अग्रभाग (Fore Ground) के पंजे की चौड़ाई केकड़े के मुख्य शरीर के बराबर बैठती है (देखें चित्र) साथ ही यह दूसरे पंजे के एक हिस्से के बराबर है।

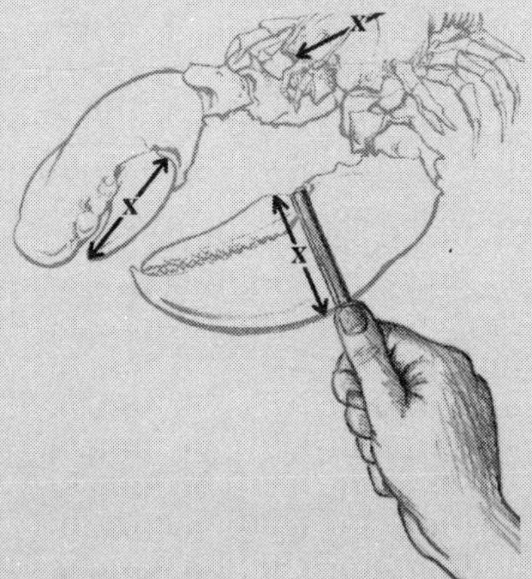

दृश्य की चौड़ाई
(Breadth of View)

जब आप अपनी ड्राइंग के बारे में दृष्टि-बिन्दु के कई चयनों के बारे में सोच रहे हैं तो आपको विषयों की विविध चौड़ाइयों पर भी ध्यान देना होगा। विषय की व्यापकता और उसके बीच की कई स्थितियों पर भी आपको गौर करना होगा। आप दृश्य को कितना चित्रित करना चाहते हैं, इसका भी ध्यान आपको रखना होगा।

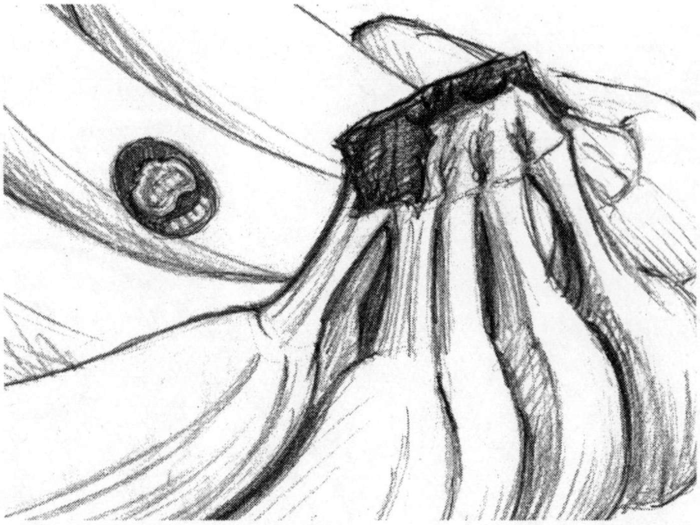

⬆ किसी भी विषय का एक छोटा हिस्सा चुना जाए तो यह कई नये आयाम खोलेगा, अन्यथा एक नीरस ड्राइंग ही आपके सामने होगी। ऐसी फ्रेमिंग एक असंगत (Abstract) संयोजना (Composition) होती है।

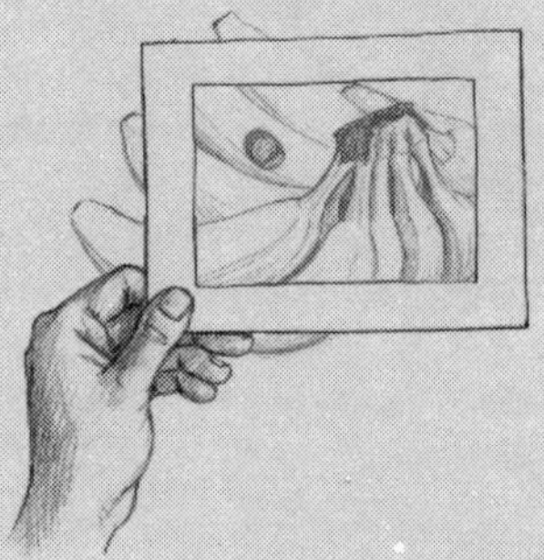

आर्टिस्ट की सलाह

अपने हाथ से बनाया गत्ते का फ्रेम एक अच्छा दृश्यदर्शक (View Finder) देगा जो आपको अपने विषय का उचित, सुन्दर और सटीक दृश्य प्रस्तुत करेगा।

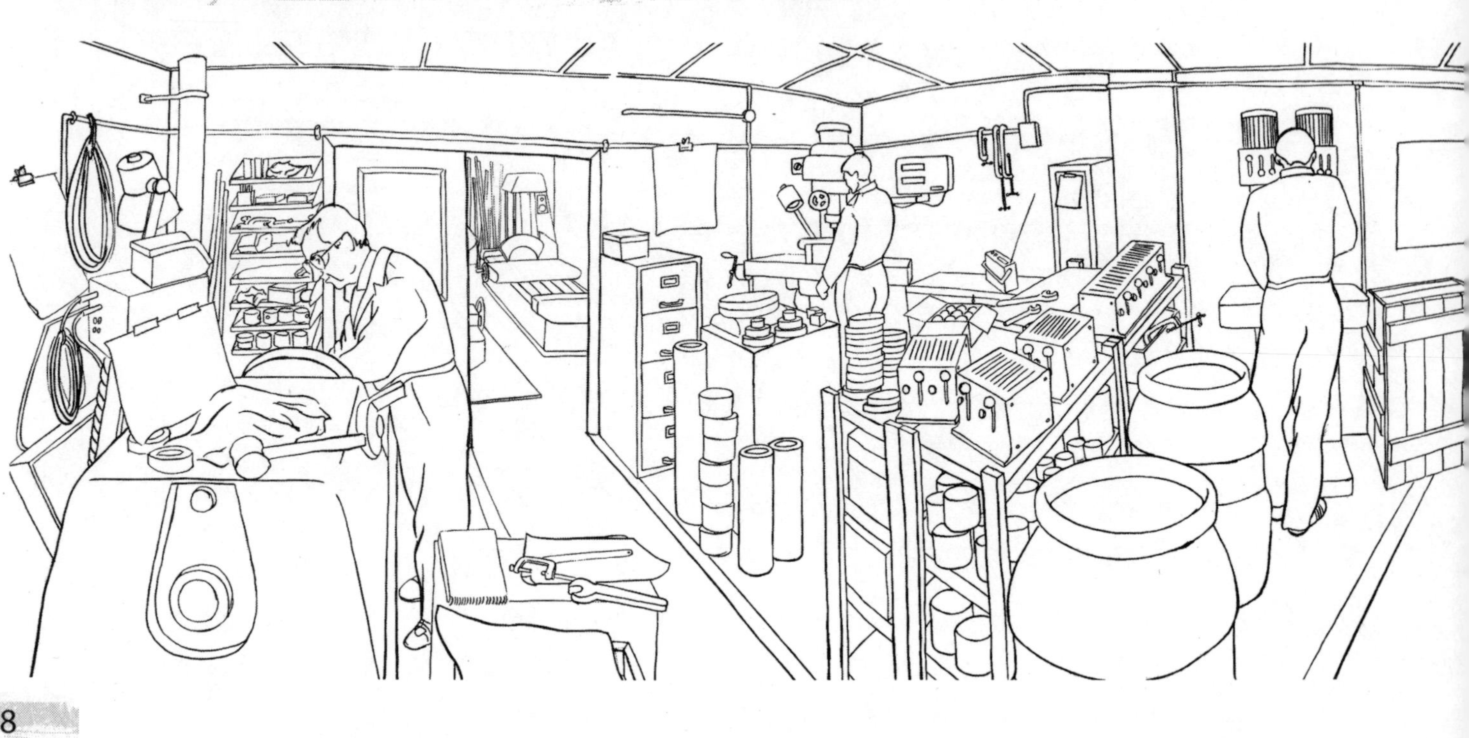

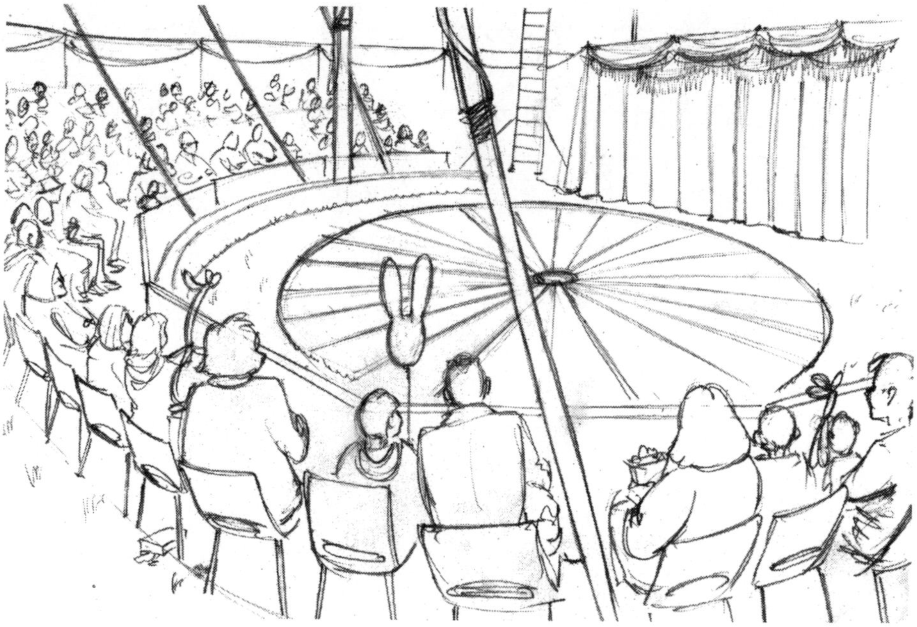

➲ अगर आप अपने दृश्यक्षेत्र को बड़ा बनाना चाहते हैं तो आपके चित्र में कई अन्य आकार जुड़ जाएंगें। इस चित्र का केन्द्र आकृति विहीन है, सारी दिलचस्प आकृतियां केन्द्र के किनारों पर हैं।

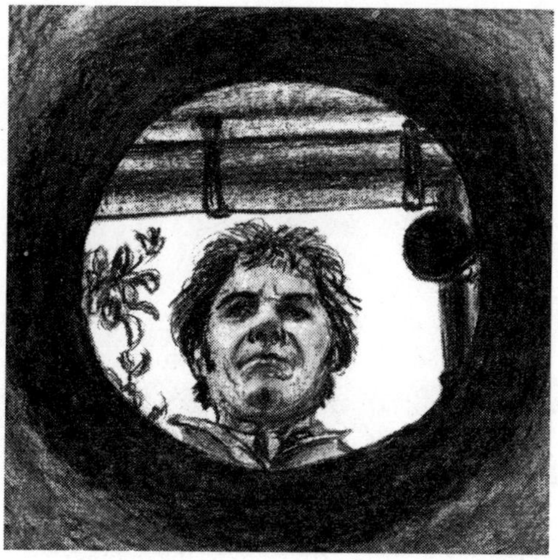

➲ पानी के एक पीपे में देखने पर मुझे जल में अपनी यह परछाई दिखी। दृश्य जैसे एक छोटे गोले में फ्रेम था। मैंने मुख्य रूप से आँखों की सूक्ष्मताओं की ज्यादा परवाह नहीं की। परिणाम आपके सामने है।

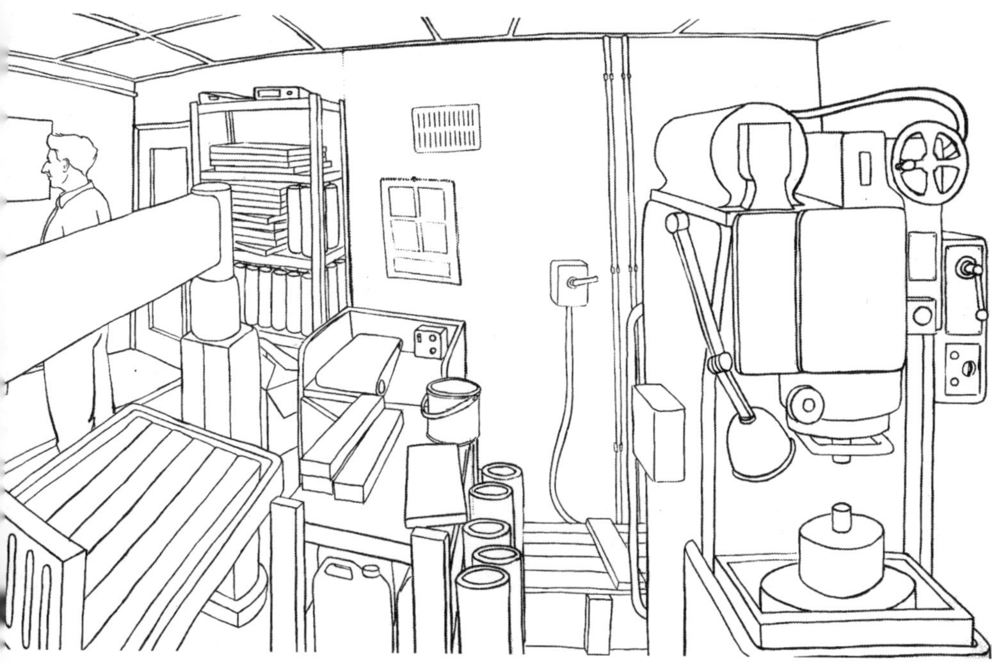

➲ यह पैनोरामिक रेखांकन लगभग 360 डिग्री तक का आयाम एक समतल चित्र में समेटे हुए है। यह उस स्थिति से अधिक है जिसमें दृष्टि एक छोर से दूसरे छोर तक बिना सिर हिलाए देखती है। इसके चित्रांकन में कई दिनों का समय लगा और तीन बड़े कागजों का प्रयोग करना पड़ा। गौर कीजिए पर्सपैक्टिव में कैसा बेढंगापन सा है।

विषय की व्यवस्था (Making Arrangements)

एक चित्रकार की हैसियत से आप पर यह नियम लागू नहीं होता कि आप विषयवस्तु को वैसा ही चित्रित करें जैसी कि वह दिखती है; आपका काम विषयवस्तु का दस्तावेज बनाना नहीं है उसकी यथार्थता संजोना नहीं है। आपका दृष्टि-बिन्दु (View-Point) का चयन आपके विषय पर आपकी सोच को प्रभावित करता है। आप इससे भी आगे जाकर विषय पर अपनी इच्छा का प्रभाव डाल सकते हैं, और अपने मन के अनुसार उसे व्यवस्थित कर सकते हैं।

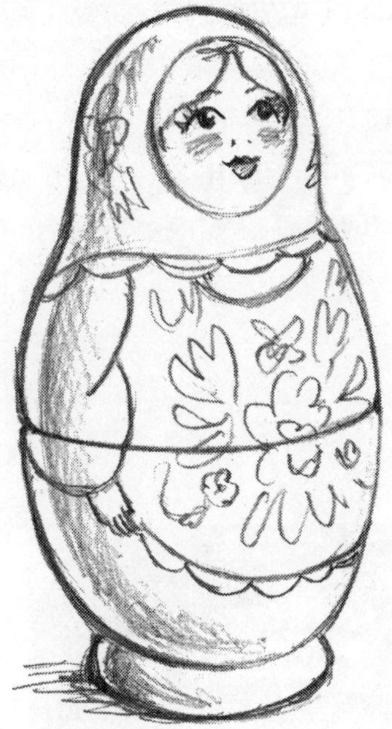

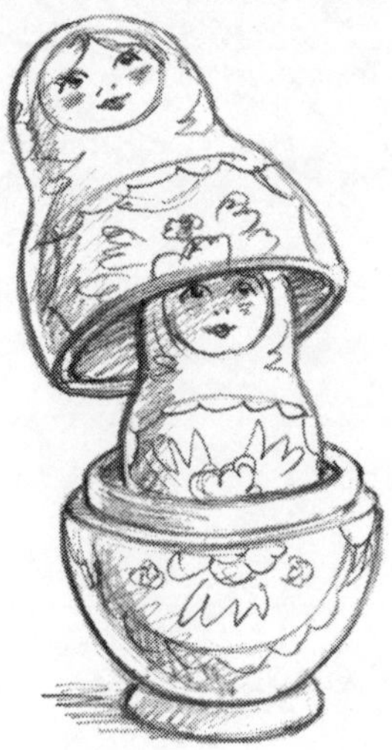

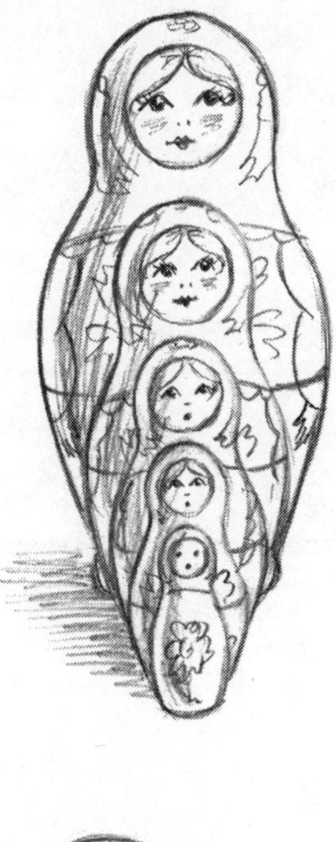

➊ यह रूसी गुड़ियों का एक सेट है, जैसा कि मैंने इन्हें शेल्फ पर पाया था। इसका चित्र नीरस है, परन्तु हर दृष्टि से नीरस है, ऐसा नहीं है। कोई भी विषय जो आकारहीन सा है, जिस पर कोई भाव नहीं है, उसे भी कई तरीकों से व्यवस्थित किया जा सकता है ताकि चित्र में इम्पेक्ट पैदा किया जा सके। आप विषयवस्तु पर अधिक ध्यान देना चाहते हैं, तो उन्हें एक के ऊपर एक रख कर (अपनी इच्छानुसार) टेप से चिपका दें (चित्र देंखे) ताकि वे अपने स्थान पर बने रहें। पर यह आवश्यक नहीं कि आप उन्हें वैसा ही बनाएं, आप कुछ भी जोड़ या घटा सकते हैं। ध्यान रहे कला को हर तरह की स्वतंत्रता प्राप्त है और कला में सब कुछ चलता है।

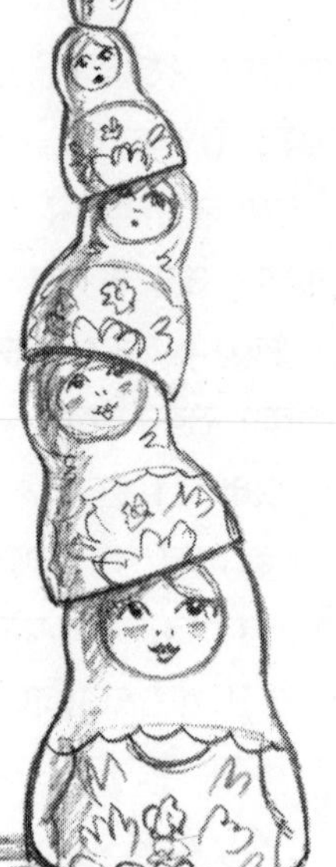

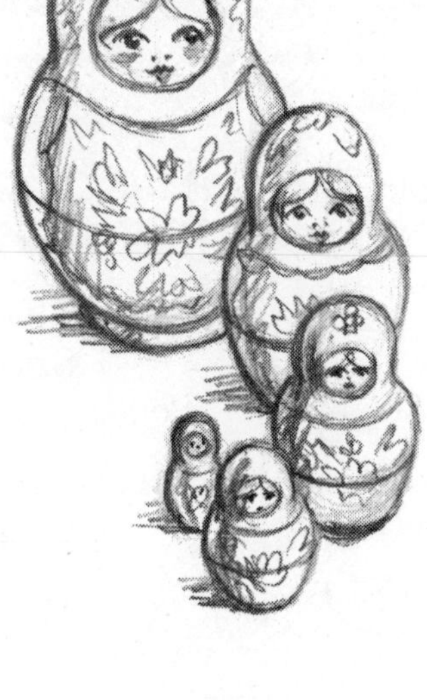

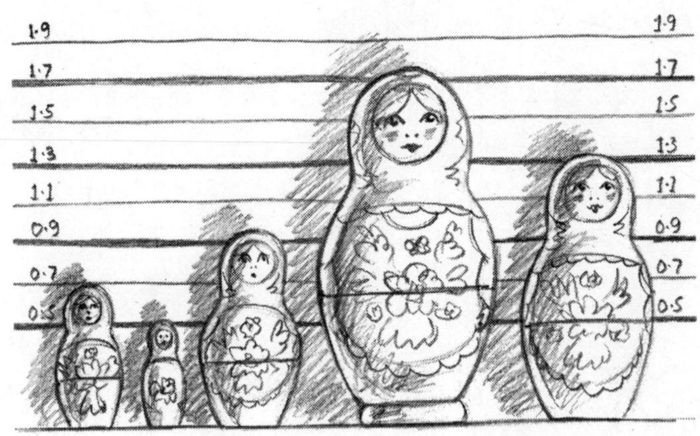

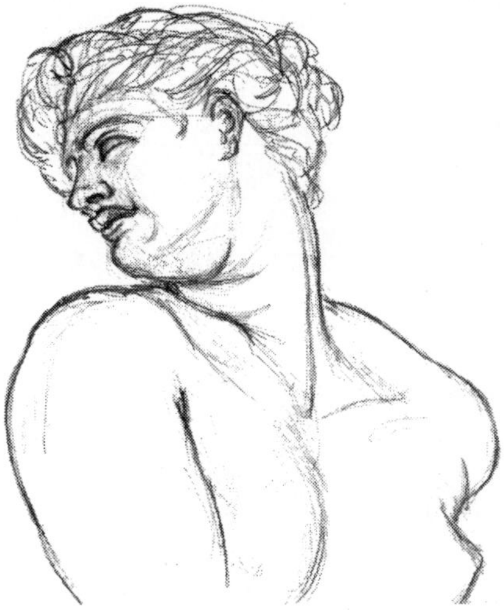

मानव शरीर जोकि संयुक्त अंगों का समूह है, में काफी संभावनाएं हैं। इस प्रतिमा के मॉडल को पोज़ करते समय मूर्तिकार ने पोज़ में भारी तनाव ला दिया। ऐसा उसने गर्दन को मोड़कर, और कन्धों के झुकाव से किया। किसी भी कोण से यह पोज़ स्कैच करते समय एक विलक्षण रेखांकन की स्थिति आपको देगा।

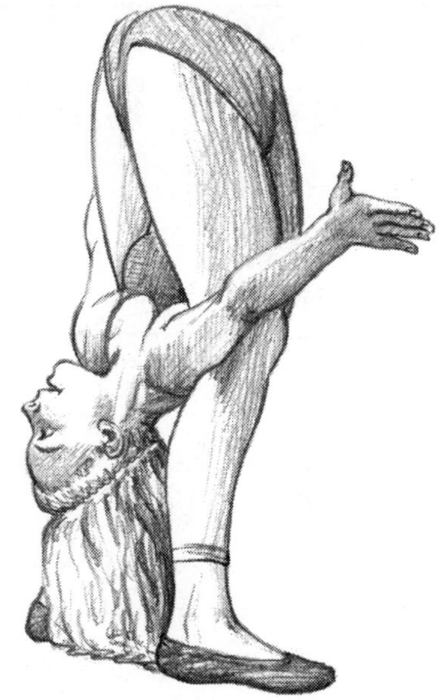

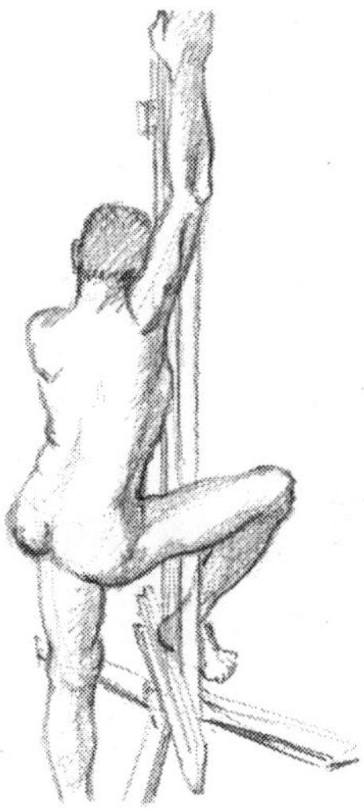

सबसे अच्छे पोज़ (Pose) तो आपको जीवित मॉडलों से ही मिलेंगे। उनसे आप सामान्य स्थिति में खड़े होने को कहें, या फिर बदल-बदल कर स्थितियां निर्मित करें। इससे आपके रेखांकन में अलग-अलग आयाम शामिल होंगे और आपका चित्र ज्यादा दिलचस्प बनेगा।

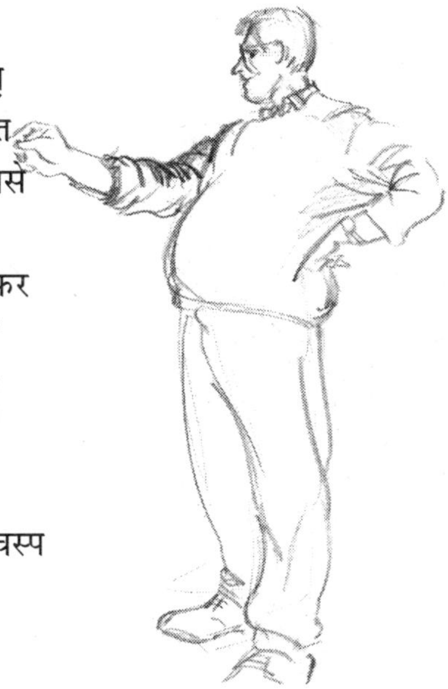

मानव शरीर रबर की तरह मुड़ने की क्षमता रखता है और विस्मयकारी पोज़ दे सकता है (चित्र देंखे) बहुत ज्यादा मुड़ जाना जैसा कि इस चित्र में देख रहे हैं, एक मंच-कलाकार का है। वह अधिक देर तक इस स्थिति में नहीं रह सकता इसलिए अच्छा हो कि आप ऐसे चित्र फोटोग्राफ से बनाएँ।

कलाकार की सलाह

जब आप कठिन पोज़ को व्यवस्थित कर रहे हों तो ध्यान रखें कि आपको त्वरित (Quickly) रेखांकन करना है, ताकि असहज स्थिति में बैठा आपका मॉडल ज्यादा कष्ट न सहे। समय का दबाव आपके काम को लाभ पहुंचाएगा, क्योंकि मॉडल के शरीर का तनाव आपके चित्र में भी दिखाई देगा।

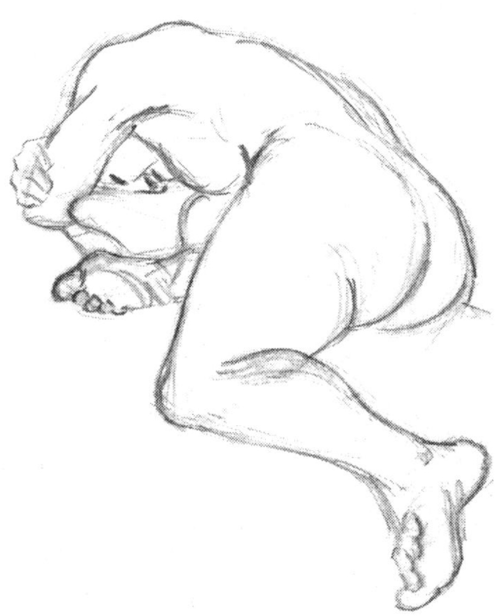

यह भी उचित है कि आप अपने मॉडल को उस स्थिति में स्थिर करें जितना कि उसका शरीर हो सकता है। शक्तिशाली बहते घुमाव, तीखे कोण, शरीरिक तनाव, सारे तत्व मिलकर एक पोज़ को प्रभावशाली बना देते हैं।

रेखांकन की भाषा
(Drawing Language)

अपने आस-पास की चीजों और अपने दृष्टिबिन्दु का चयन करते हुए कई बार हम अपना ध्यान इस बात पर लगा देते हैं कि क्या ड्रा करें। अगला कदम है, कि अपने विषय को हम कैसे बनाते हैं। यह हमें नेपथ्य में छुपी कला की भाषा या स्टाइल से परिचित कराएगा।

हर चित्रकार रेखांकन का एक अलग अन्दाज़ विकसित कर लेता है, ठीक वैसे ही जैसे हर एक का हेंडराइटिंग पहचाना जा सकता है। उदाहरण के लिए इस पुस्तक के अधिकतर आकारों में मेरे बनाए चित्रों को आप पहचान सकते हैं। यदि एक बार अपना स्टाइल विकसित करने के बाद हम इसे बदलें तो यह हमारी मूर्खता ही होगी। हर नया रेखांकन अनन्त संभावनाओं के द्वार खोलता है। हमारा मैटीरियल, तकनीक, स्केल आदि का चयन परिणाम को प्रभावित करता है। मुख्य बात तो यह है कि हम क्या व्यक्त करना चाहते हैं?

जब आप किसी आवश्यक मुद्रा में कोई काट-छांट करना चाहते हों या आप ड्राइंग के बारे में कोई वृत्तांत बताना चाहें जो प्रभावी हो, तो हमेशा स्पष्ट शब्दों में कहें कि आप हर रेखांकन में क्या अभिव्यक्त करना चाहते हैं।

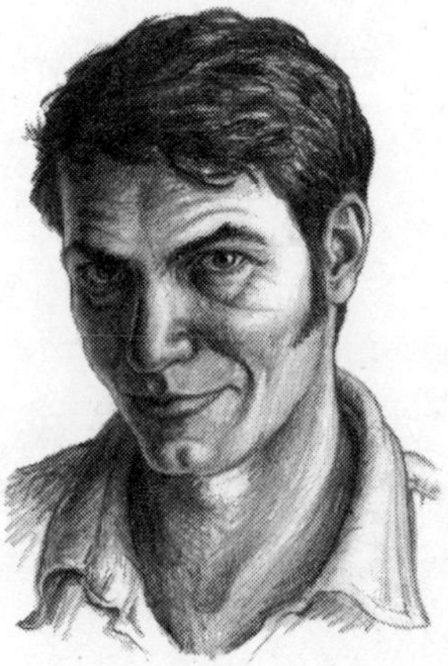

अगर आप किसी फोटोग्राफ को रेखांकन में बदलना चाहते हों, तो संभव है कि आपको काफी कठिन प्रयास करना पड़े। इस चित्र में मैंने सावधानी से प्रकाश के हर उतार चढ़ाव को चेहरे के हर लक्षण पर चित्रित किया है, पर फिर भी यह नीरस ड्राइंग है। ज्यादा से ज्यादा यह किसी कला की कक्षा में किया गया अभ्यास भर है।

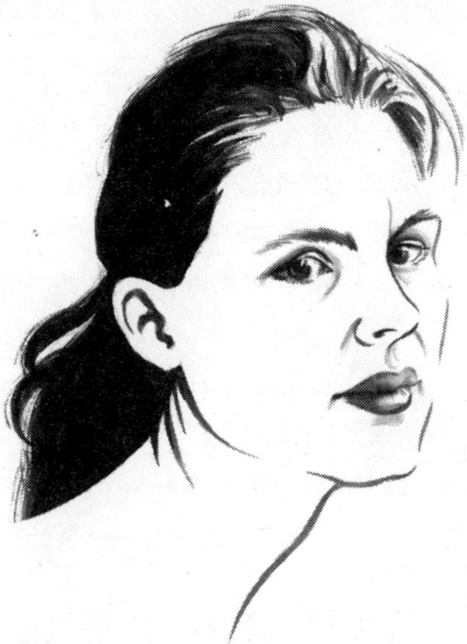

इस चित्र में ज्यादा ध्यान से रेखांकन किया गया है। प्रकाश और लक्षणों को महिला के चेहरे पर अधिक अंकित नहीं किया गया है। फिर भी उसके प्रारंभिक मुख-लक्षणों से मुख पर ताज़गी और शान्त भाव टपकते हैं, जो दृष्टि को अपनी तरफ खींचते हैं। साथ ही ऊपर की ड्राइंग के ओवरवर्क से मुक्त हैं।

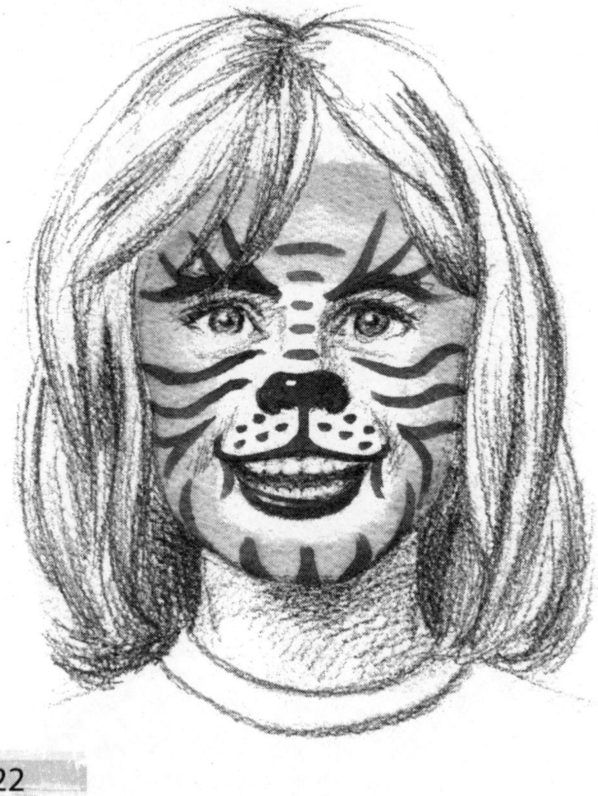

यह सिर दो अलग रेखांकनों की भाषाओं का चित्रण है। प्रारंभिक पोर्ट्रेट तो ढीली, हल्की पेन्सिलों से चित्रित किया गया है, लेकिन लड़की के चेहरे पर बाघ की पट्टियों के लिए मैंने ब्रश और वाटर कलर का प्रयोग किया है। यह प्राकृतिक और अप्राकृतिक चित्रांकनों में एक साफ अन्तर स्पष्ट कर देता है।

सरलीकरण

अगर कोई 'स्वर्णिम नियम' है जो आपको लुभावनी ड्राइंग बनाने में माहिर कर दे, तो वह नियम है "थोड़ा ही बहुत है" (Less is More)। यह आप पर न अधिक दबाव डालता है न ही इसे बार-बार प्रयुक्त करने को कहता है। एक अच्छा 'आर्टवर्क' वह है जिसमें ज्यादा जोर इस बात पर हो कि आपने क्या छोड़ने का निर्णय लिया है न कि इस पर कि आपने क्या अपनाया है। कोई भी मूर्ख चीजों को जटिल बना सकता है। पर विच. ारवान कलाकार वस्तुओं को (चित्रों को) सहज-सरल रखता है।

यहां मैंने जानबूझकर रेखांकन की भाषा को पेन्सिल की रेखाओं तक सीमित कर दिया है। उद्देश्य यह है कि रेखाओं के उलझाव और आकारों में एक भ्रम पैदा किया जा सके। एक उन्नत प्रयास विषय वस्तुओं में पृथक पहचान तो पैदा कर देगा पर यह चित्र की संयोजना को बर्बाद कर देगा।

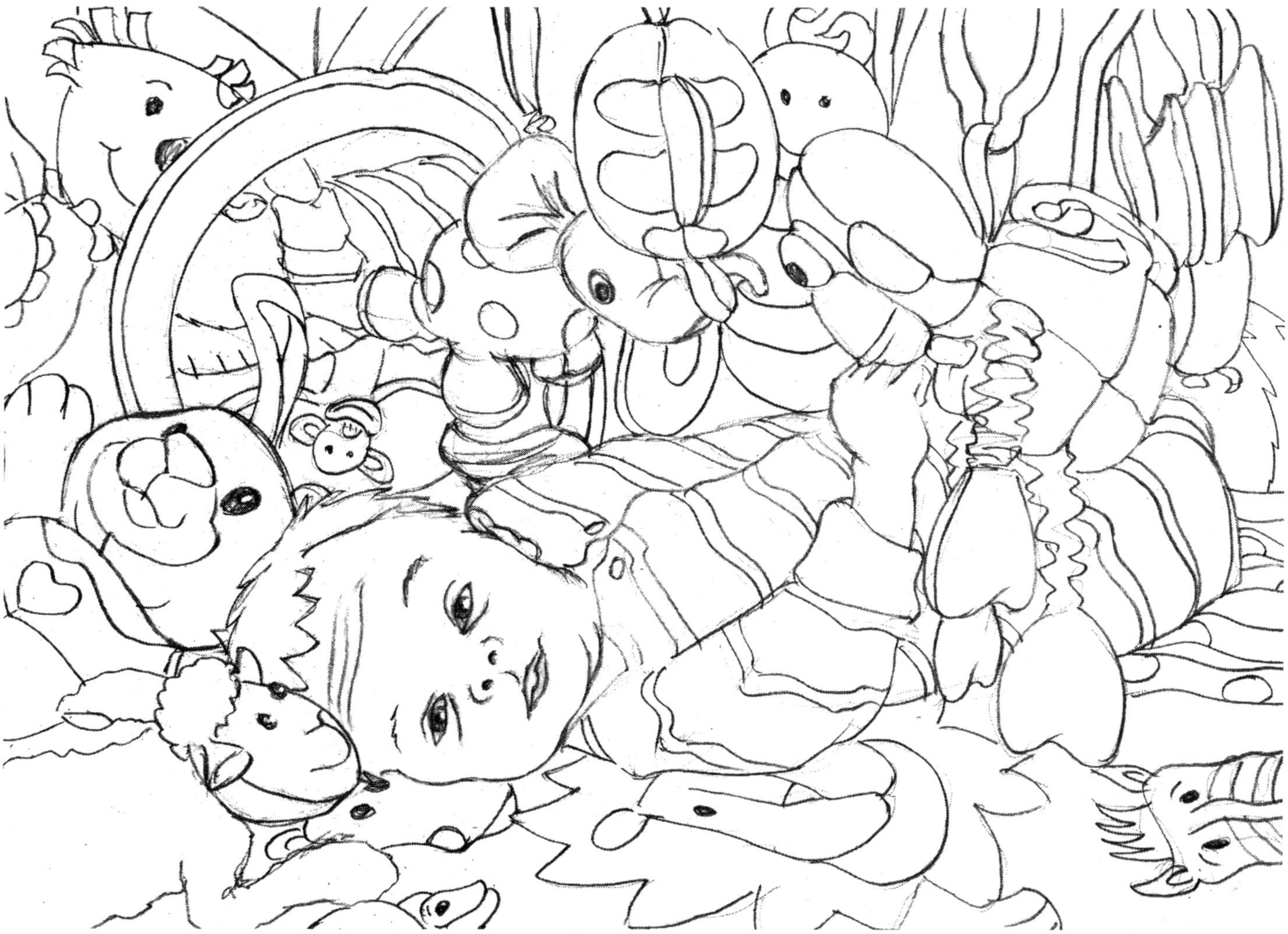

पेन्सिल की रेखाएं (Pencil Lines)

ड्राइंग की भाषा का अनुसंधान (Investigation) शुरू करने के लिए हमें 'प्रारंभिक लाइन ड्राइंग' (Basic Line Drawing) को कम करना पड़ेगा। यह ड्राइंग का सहज तरीका है, पर यह कठिनाई से मुक्त नहीं है। इस तरह आप शुद्ध रेखाओं के पीछे गलत रेखांकन को नहीं छुपा सकते। पेन्सिल के हर स्ट्रोक को आपको पहचानना होगा। यह काफी नहीं होगा कि आप केवल आकार या रेखाओं को मान्यता दें, आपको रेखाओं के वज़न और गुणवत्ता पर भी ध्यान देना होगा।

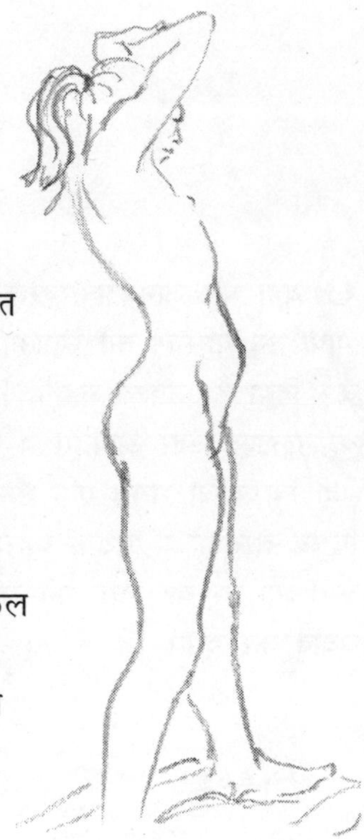

➲ एक जल्दी के स्कैच करने में बहुत आत्मविश्वास की आवश्यकता होती है। जैसी कि इस स्कैच में है, जिसमें बिना सोचे समझे अचानक ही रेखांकित किया गया है। फिर भी चित्र प्रभावपूर्ण बन पड़ा है। हर रेखा जो आप अतिरिक्त डालेंगे इसे बेढंगा बना सकती है। इसलिए जितनी कम रेखाएं आप डालेंगे उतना ही अच्छा होगा। एक सफल रेखांकन के लिए आपको बहुत प्रयास करने होते हैं। एक मौंथरी (Blunt) पेन्सिल एक नुकीली पेन्सिल से अधिक सुविधाजनक होती है अगर आप त्वरित (Quick) स्कैच कर रहे हों।

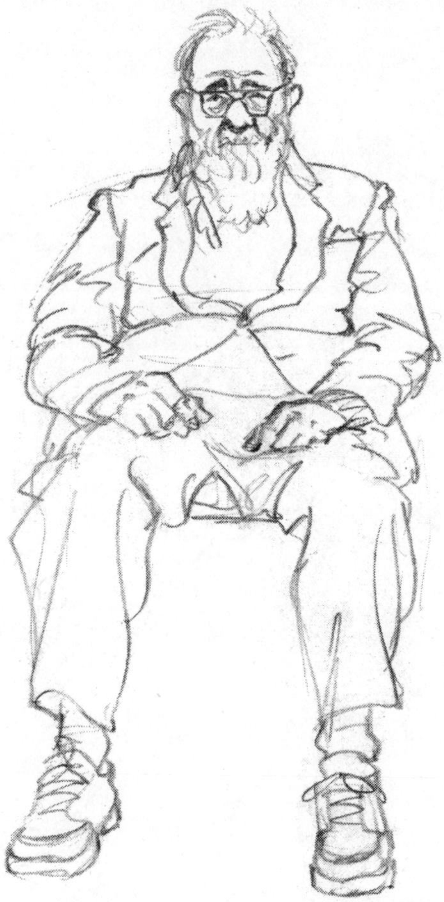

➊ अगर आप कोई ऐसा विषय चुनते हैं जो अव्यवस्थित, मैला-कुचैला हो तो आप पर रेखाओं को सटीक और सुन्दर बनाने का दबाव आ जाता है। पर यह आपकी ड्राइंग को प्रभावशाली भी बना देता है, आत्मविश्वास से भरपूर कर देता है।

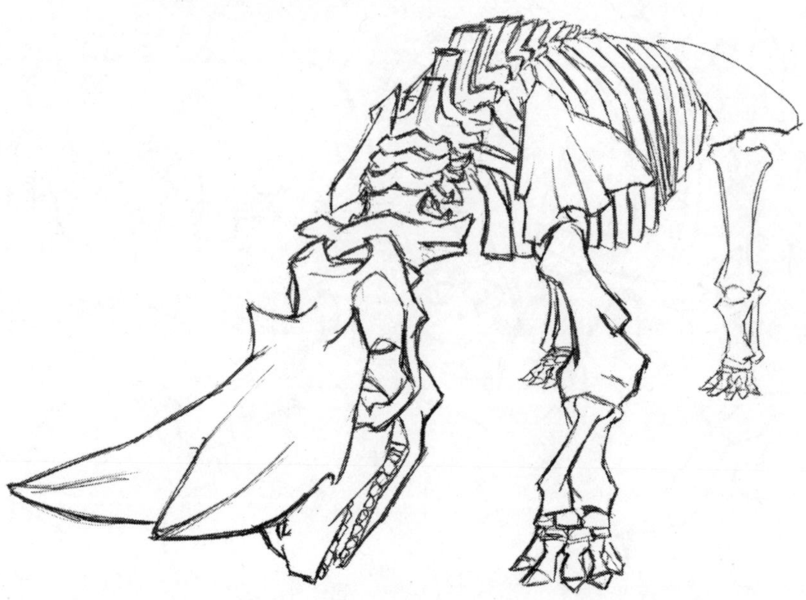

➊ एक नुकीली मैकेनिकल पेन्सिल (जिसे तराश कर तिरछी बनाया गया था), ने इस प्रागैतिहासिक जन्तु के कंकाल को एक कठोर रेखाओं वाला स्कैच बना दिया है। ध्यान दें कि अग्रभूमि (Foreground) में रेखाएं गहरी हैं और पीछे होते कंकाल पर वे कम गहरी हैं। इससे कंकाल में सटीकता आ गई है।

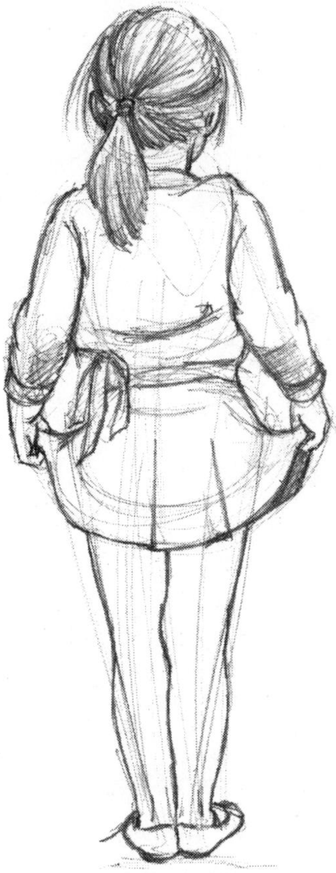

अक्सर यह आवश्यक होता है कि एक रेखांकन को दो बार बनाया जाए, ताकि वह सटीक बन सके। कुछ महान चित्रकारों ने कई रफ स्कैच अपने मास्टरपीस बनाने से पहले ड्रा किए थे। यहां मैंने सावधानी से निरीक्षण करते हुए स्कैच बनाया है। पर गौर करें, स्कैच में मैंने गाइड करने वाली रेखाएं भी खींची हैं।

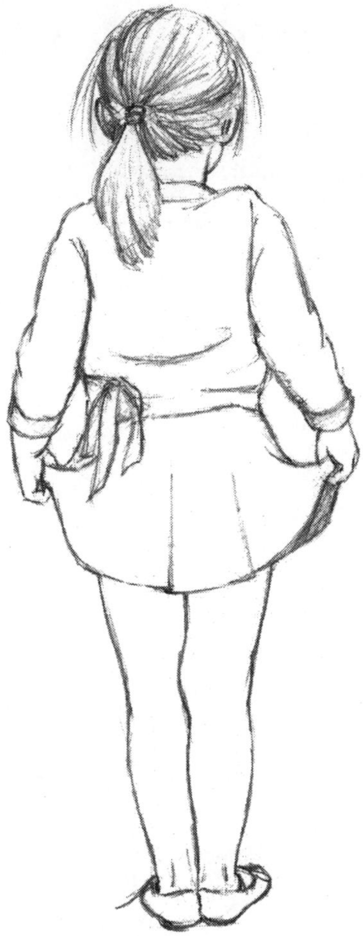

भले ही मैंने कितनी ही सावधानी से साफ ड्राइंग बनाने का प्रयास किया हो, यह फिर भी रफ और असुन्दर सी ही है। इसका हल है कि इसे दुबारा बनाया जाए। इसके लिए मेरी पहली ड्राइंग एक मार्गदर्शक का काम करती है।

चित्रकार की सलाह

फाइल ड्राइंग के लिए मैंने पतले कागज का प्रयोग किया जो इतना पतला है कि इसके नीचे रखी ड्राइंग को देखा जा सकता है। इसे ड्राइंग पेपर पर स्थानान्तरित करने के लिए एक लाइट बक्स की आवश्यकता होगी। इससे ड्राइंग के पीछे लैम्प से आता प्रकाश कागज को पारदर्शी बना देता है। अगर लाइट बाक्स उपलब्ध न हो तो खिड़की के शीशे पर कागज और ड्राइंग को ऊपर नीचे रख ड्राइंग को कागज पर उतारा जा सकता है।

प्रारंभिक ड्राइंग को साफ कागज पर ट्रेस कर लिया गया और हर रेखा पूरे आत्मविश्वास से लगाई गई है। इस अंतिम चित्र में मैंने कोमल और थोड़े चौड़े सिक्के वाली पेन्सिल से सावधानी और विचारपूर्वक वज़न और चौड़ाई को चित्रित किया है। छाया के हिस्से में पेन्सिल के गहरे निशान लगाए जो कागज की कोरों पर शून्य में विलीन होते दिखें। रेखाओं की यह विविधता विषय को एक कोमल बाहरी परिधि में बांधती है।

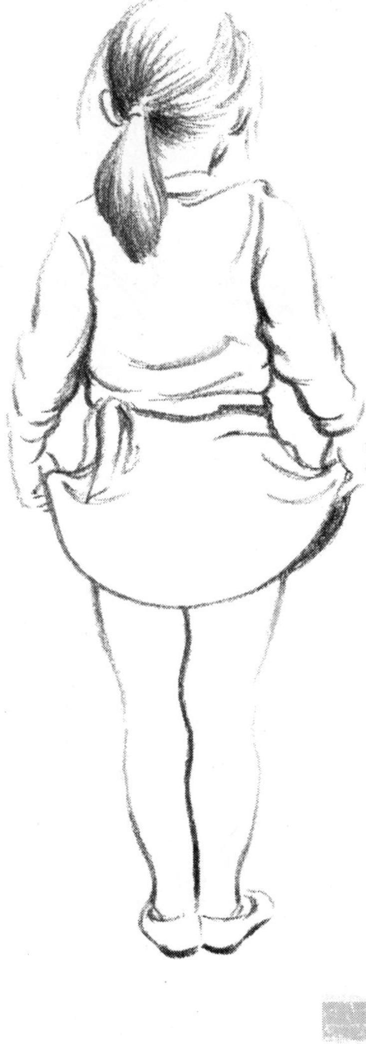

स्याही से खींचीं रेखाएं (Ink Lines)

शुद्ध स्याही से खींची रेखाएं एक सी काली होती हैं। रेखाओं की कालिमा एक मजबूत ग्राफिक प्रभाव डालती है और सूखने पर स्थिर हो जाती है। अब आप गन्दी मैली पेन्सिल की रेखाओं को आसानी से रबर से मिटा सकते हैं।

➲ यहां मैंने एक मिस्त्री का रफ स्कैच बनाया है जो कि एक पुरानी दीवार को ठीक कर रहा है। स्कैच ज्यादा सुन्दर तो नहीं है, पर इस पर फाइनल स्याही की रेखाएं सुगमता से खींची जा सकती है।

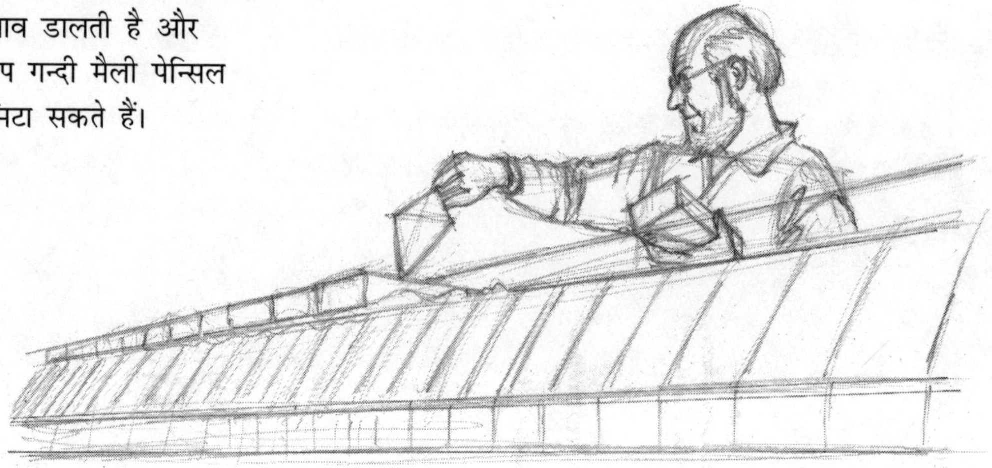

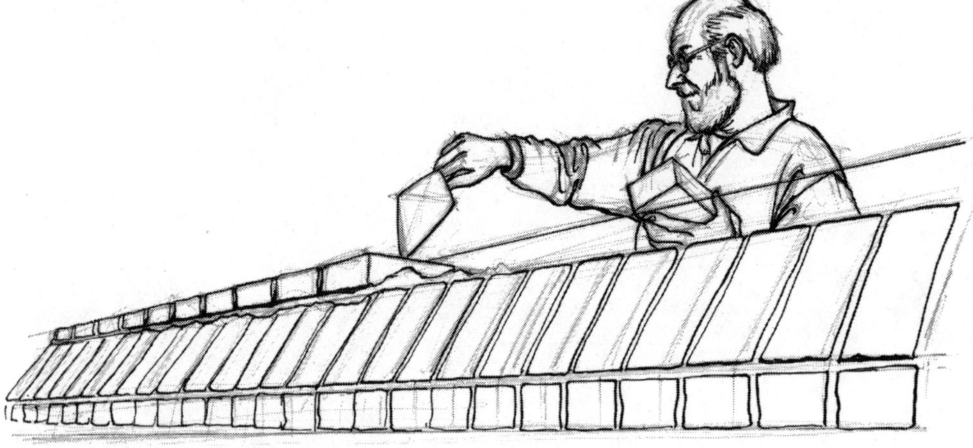

➲ एक पीतल या मेटल के निब को काली स्याही में डुबो कर मैंने सावधानी से रेखाएं खींचीं और चेहरे के लक्षणों को चित्रित किया। अनुभव से आप में ड्राइंग करने का आत्मविश्वास आएगा और आप बेढंगी सूक्ष्मताओं को बिना किसी संदर्भ के बना सकेंगे। मिस्त्री की ईंटों को लाइन में रखने वाली डोरी पर एक पैमाने (Scale) से मैंने सीधी रेखा खींच दी है।

➲ जब स्याही पूरी तरह सूख गई तो मैंने रबर से पेन्सिल की रेखाओं को मिटा दिया; स्याही की साफ और सुन्दर रेखाएं शेष रह गईं। फिर वज़न देने के लिए मैंने स्याही की लाइनों को मोटा किया ताकि रेखाओं में दृढ़ता आ सके। इससे ईंटों और मिस्त्री के आकार में ठोसत्व आ गया।

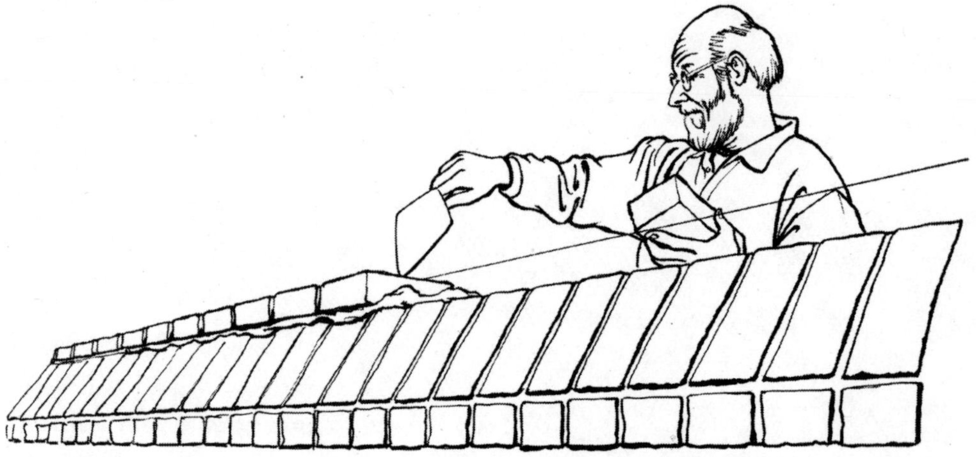

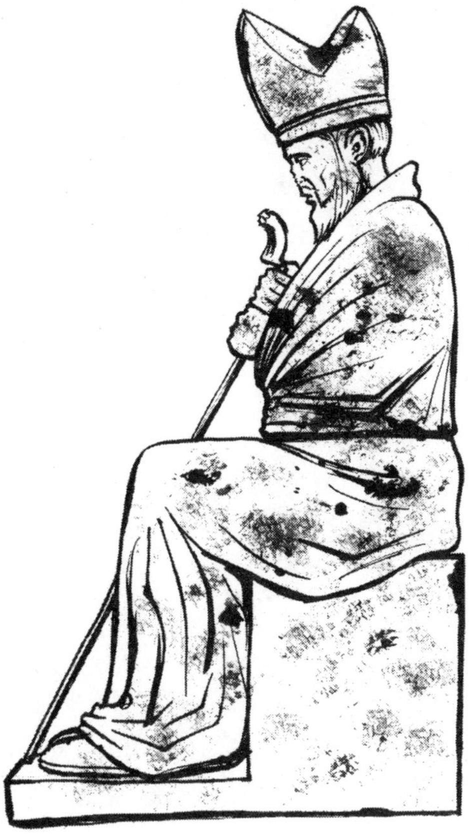

इस चित्र में मैंने एक पैन का प्रयोग किया है, जो विभिन्न तरह की चौड़ाइयां बनाने में बड़ा सुविधाजनक था। मैंने वस्त्रों में छाया वाले स्थानों में काली स्याही भर दी इससे चित्र में ठोसत्व आ गया।

मैंने असावधानीवश इस चित्र पर स्याही बिखेर दी थी। इसे सुधारने हेतु टिशू पेपर से स्याही को सोख उसी पेपर से जगह-जगह छाप लगा दी। मैं खुश हो गया क्योंकि जहां-जहां स्याही लगे टिशू पेपर से चित्र को टच किया था वहां एक पत्थर का सा प्रभाव आ गया था (चित्र देखें)। मैंने बार-बार चित्र के भिन्न-भिन्न हिस्सों पर यह प्रयोग किया। जब धब्बे सूख गए तो मैंने सफेद स्याही से वे धब्बे ढक दिए जो चित्र से बाहर निकल गए थे।

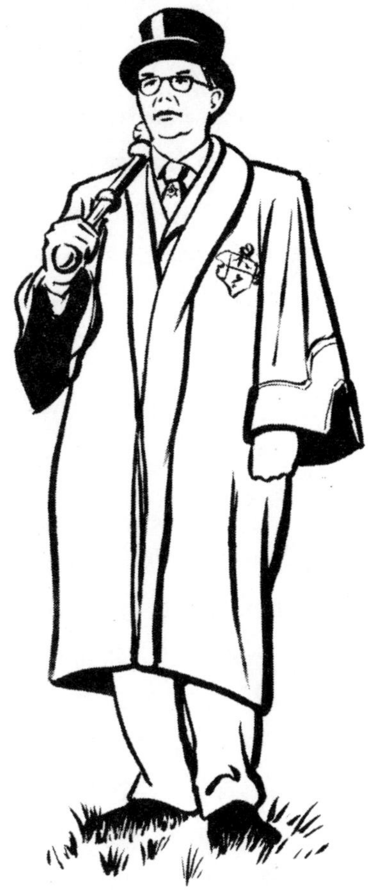

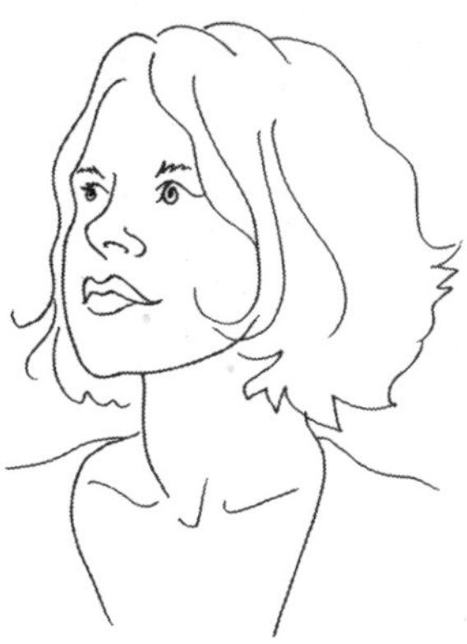

यह एक सी रेखाओं वाला चित्र भी एक फैल्ट टिप पेन से बनाया गया है। इसमें कोई फैन्सी तकनीक प्रयोग में नहीं लाई गई है। इस जैसे चित्र को बनाने के लिए यह सलाह दी जाती है कि आप हल्की पेन्सिल से मार्गदर्शक (Guide) रेखाएं खींच लें।

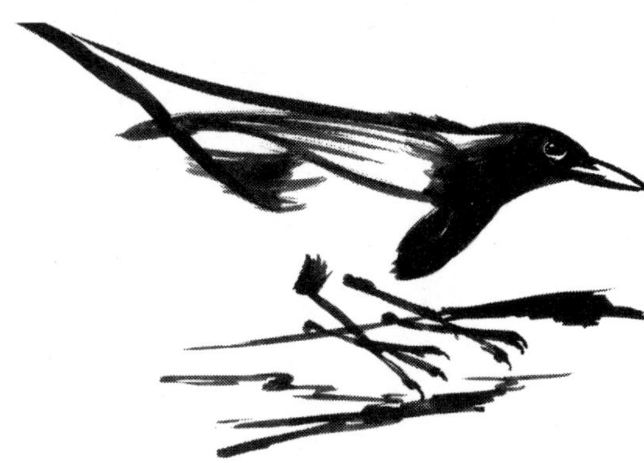

चित्रकार की सलाह

आर्टिस्ट के पैनों के प्रयोग में माहिर होने के लिए आपको थोड़े अभ्यास की जरूरत होगी। क्योंकि इस पर दबाव देने से ही भिन्न-भिन्न मोटाइयों की रेखाएं बनती हैं। किसी बेकार कागज पर हल्का सा अभ्यास करें ताकि आपको पैन पकड़ने के स्पर्श का अनुभव है। हमेशा नीचे और बायें-दायें इसका प्रयोग करें अन्यथा पैन स्याही छिटकने लगेगा। ध्यान रहे पैन के प्रयोग के बाद उसे पानी से अवश्य धोलें।

यह चित्र मैंने स्याही और ब्रश से चित्रित किया है। इसमें बहुत जल्दी ब्रश चलाना होता है। आपको पता होना चाहिए कि आप क्या बना रहे हैं। इसे मैंने एक फोटो से बनाया है और उस ब्रश का प्रयोग किया है जो चीनी सुलेख (Calligraphy) के काम आता है। स्याही सस्ते पैन की स्याही है।

स्याही और बुनावट (Ink and Texture)

अगर आप काली स्याही और सफेद रंग का प्रयोग करते हैं तो संभव है कि आप अपनी ड्राइंग को बुनावट (Texture) के द्वारा ज्यादा सुन्दर और सुरुचिपूण बना सकते हैं। काली स्याही से बुनावट (Texture) करना बिल्कुल मुश्किल नहीं है। पर सावधानी से रेखाएं खींचिए ताकि जो चित्र आप बना रहे है वह सटीकता से उकेरा जा सके।

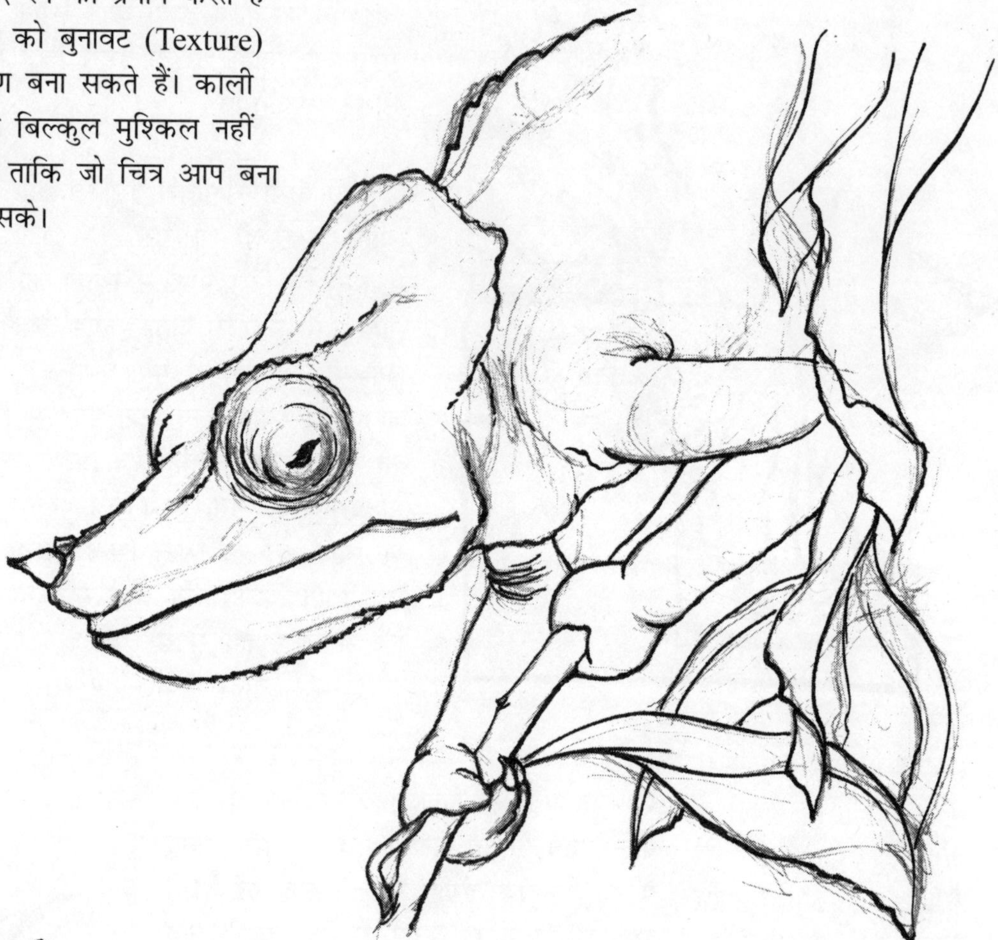

➲ इस चित्र में मैंने एक फैल्ट पैन से पेन्सिल ड्राइंग पर स्याही से रेखाएं खींची हैं। मैंने रेखाओं को जहां आवश्यक है वहां दरांती दार (Jagged) रखा है और जहां वे उचित हैं वहां कोमल रखा है। बाहरी लाइनों की बुनावट (Texture) बहुत आवश्यक है (अगर आप चाहते हैं कि आपकी पूर्ण चित्रकृति सुन्दर और लुभावनी बने)।

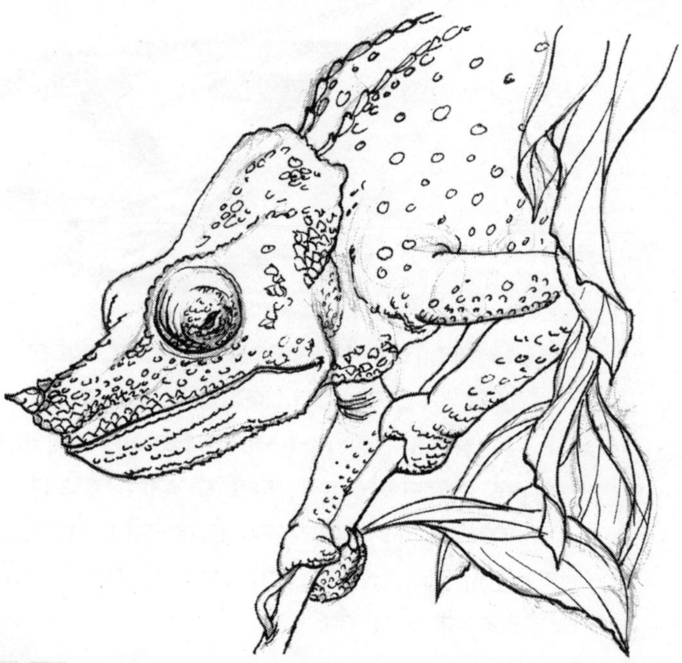

⮌ उसी फैल्ट पैन से मैंने गिरगिट के शरीर के शल्क (Scale) बनाएं हैं। शल्कों के आकार का ध्यान रखते हुए मैंने आँख के पास छोटे बिन्दुओं का प्रयोग किया है और उसकी पीठ पर बड़े बिन्दु लगाये हैं। यह आवश्यक नहीं है कि आप वे सारे शल्क बनाए जो वास्तव में गिरगिट की देह पर होते हैं। शल्कों को उचित स्थानों पर थोड़ा-थोड़ा बनाकर भी आप गिरगिट की चमड़ी का प्रभाव पैदा कर सकते हैं। यहां मैंने बुनावट की मध्यटोन (Mid Tone) पर अधिक ध्यान दिया है। पत्तियों पर भी मैंने थोड़ा सूक्ष्म काम किया है। ऐसा बिना टूटे टेढ़ी रेखाओं से गिरगिट और पत्तियों में अन्तर पैदा किया गया है।

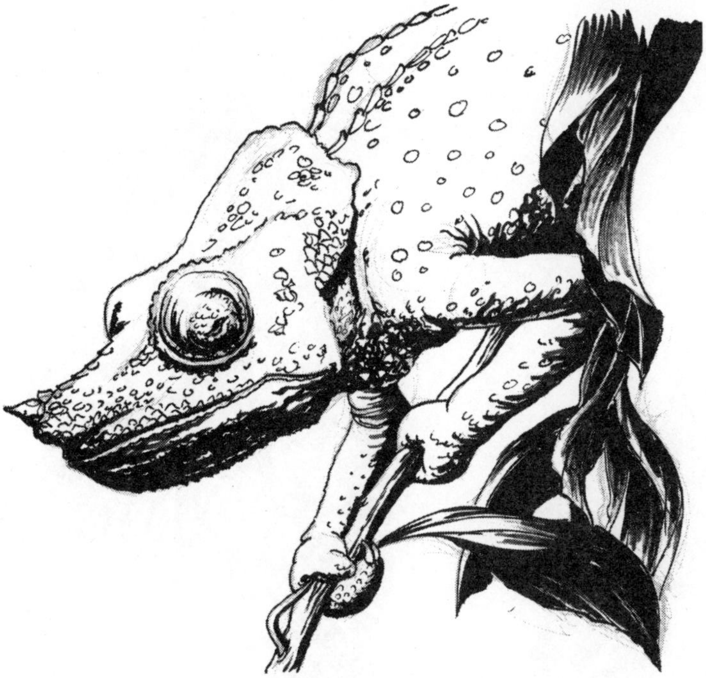

इस चित्र में पतले ब्रश को स्याही में डुबोकर छाया वाले स्थान को गहरी काली स्याही से भर दिया गया है। वास्तव में प्रकाश और छाया जो गिरगिट पर मौजूद है काफी सूक्ष्म थी, पर प्रकाश का सरलीकरण करके एक सशक्त प्रभाव पैदा किया गया है। इस तरह बुनावट (Texture) के शक्तिशाली लक्षण इस चित्र में प्रदर्शित हैं।

पेन्सिल के सभी निशानों को मिटा कर मार्गदर्शक के रूप में मैंने कुछ और शल्क (Scale) गिरगिट के शरीर पर बना दिए जो छाया से प्रकाश की ओर बने हुए हैं। मैंने सफेद स्याही का प्रयोग कर गहरी काली स्याही वाले पैचों पर कुछ शल्क बनाए और प्रकाश वाले स्थानों से कुछ अवांछित शल्क हटा दिए। इस चित्र की बुनावट (Texture) ने गिरगिट के शरीर को त्रिआयामी प्रभाव और ठोसत्व प्रदान किया है। शल्क (Scale) प्रकाश वाले स्थानों पर एक ग्रे (भूरा) रंग का सा प्रभाव पैदा कर रहे हैं।

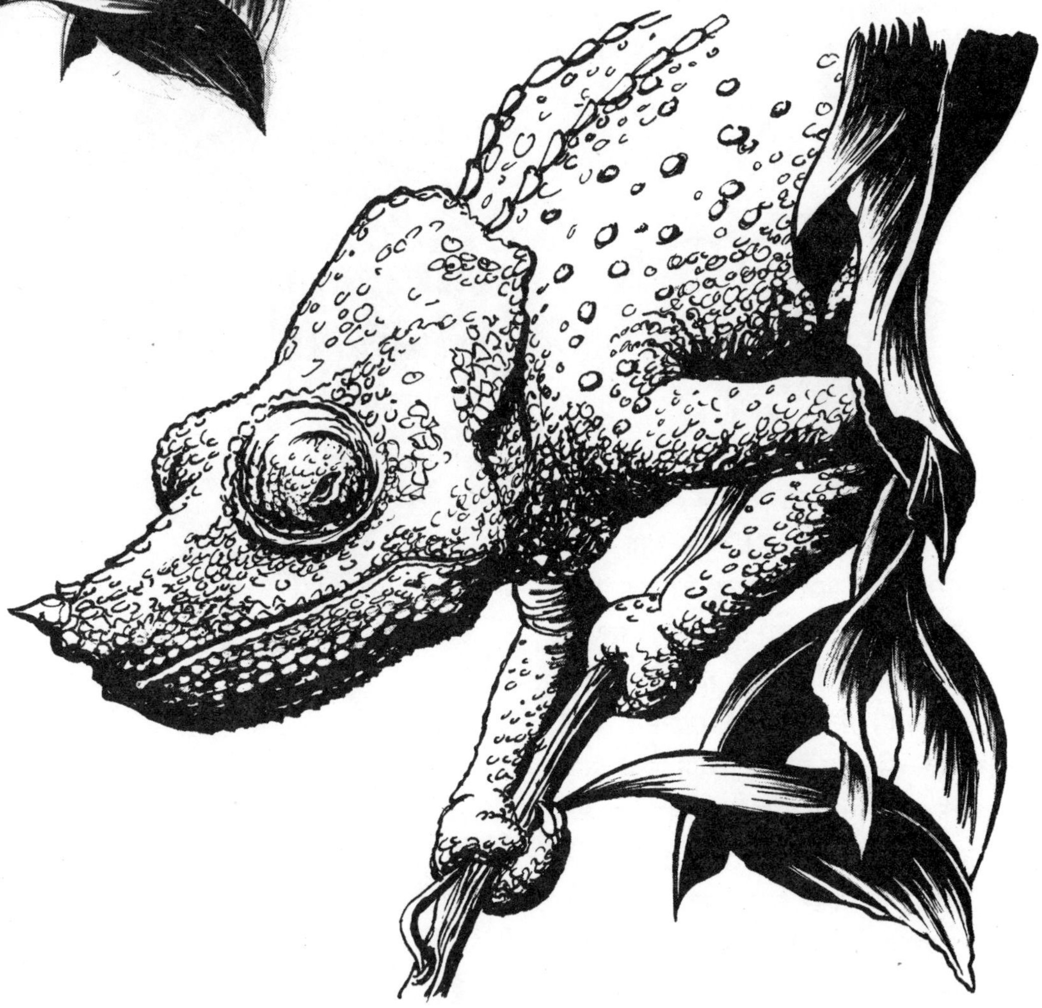

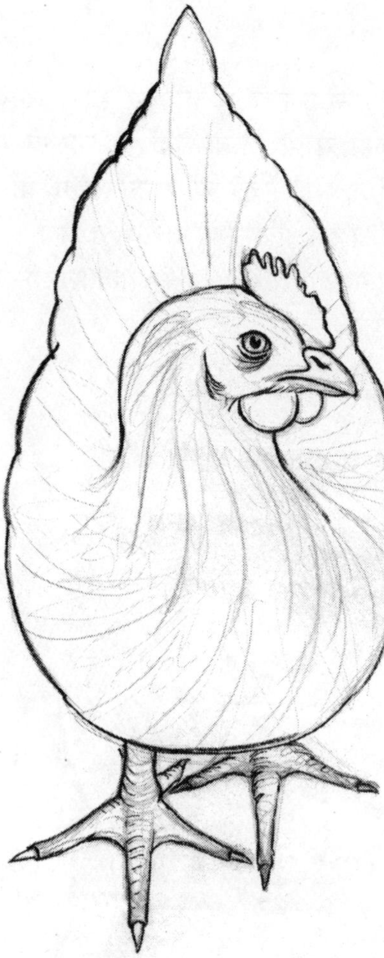

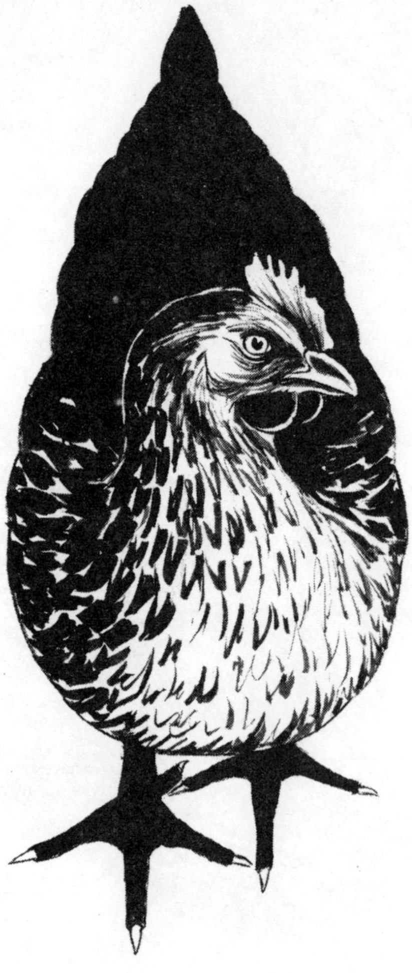

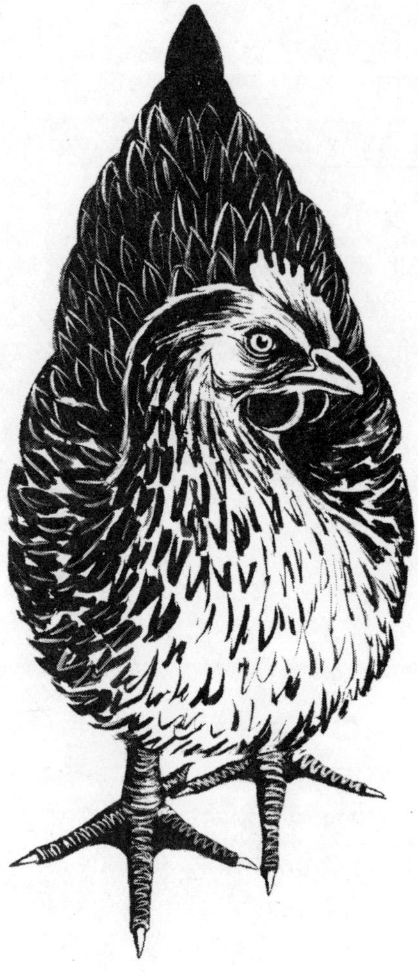

यह रेखांकन मुर्गे के एक फोटो को देख कर बनाया गया है। इसमें मुर्गा खड़ा है और उसका शरीर ढलवां है। मुझे मुर्गे के शरीर की सुडौलता और जिस तरह शरीर ने मुर्गे के सिर को फ्रेम किया है, पसन्द आया। मैंने साधारण रेखांकन से शुरुआत की और इसका ध्यान रखा कि पूंछ के पंख किस तरह एक झुंड के रूप में नुकीला शिखर बना रहे हैं। इसके बाद '3' नम्बर के वाटर कलर ब्रुश से मैंने काली स्याही से मुर्गे के शरीर की और मुर्गे के सिर की आउट लाइन बना दी है।

इसके बाद थोड़े मोटे ब्रश से मुर्गे की छाती से पीछे पूंछ के शिखर तक गहरी काली स्याही से भर दिया, और मुर्गे की छाती से ऊपर सिर तक मुर्गे की त्वचा से चिपके पंखों की बनावट भी चित्रित कर दी।

सफेद स्याही लेकर मैंने मुर्गे की पूंछ के शिखर से गर्दन के काले भाग की बनावट का चित्रण किया है। मुर्गे के पंजों में भी मैंने काली और सफेद स्याही से ठोसत्व प्रदान किया है। छाती की आउट लाइन को मैंने सफेद स्याही से मिटा कर छाती में कोमलता का प्रभाव पैदा कर दिया है।

टोन (Tone)

इन चित्रों में एकदम सफेद और एक दम काले रंग में छायांकन की टोन को दिखाया गया है। यह एक कोमल पेन्सिल शेडिंग का रूप सा दिखता है। इसमें एक इंक ड्राइंग, ग्रे रंग का समतल भरना, चाक का धुंधला प्रयोग आदि प्रदर्शित है। एक रेखांकन में टोन कई तरह से प्रयुक्त की जाती है। यह प्रकाश के प्रभाव को, छायांकन को, चित्र के तल की बुनावट को बखूबी दिखा सकती है। यह चित्र में त्रि-आयामी प्रभाव डालती है और ड्राइंग में सुन्दरता लाती है।

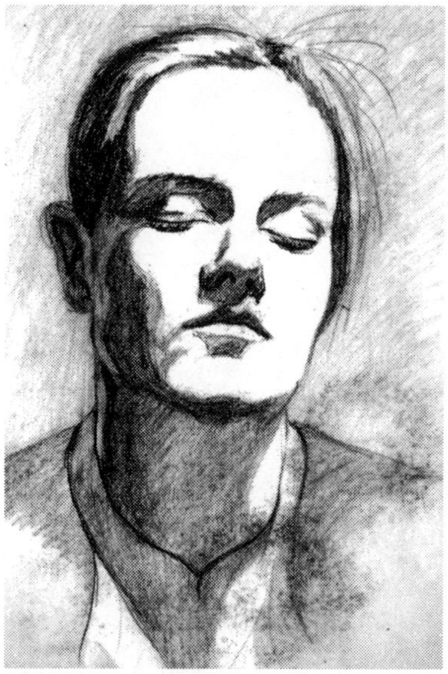

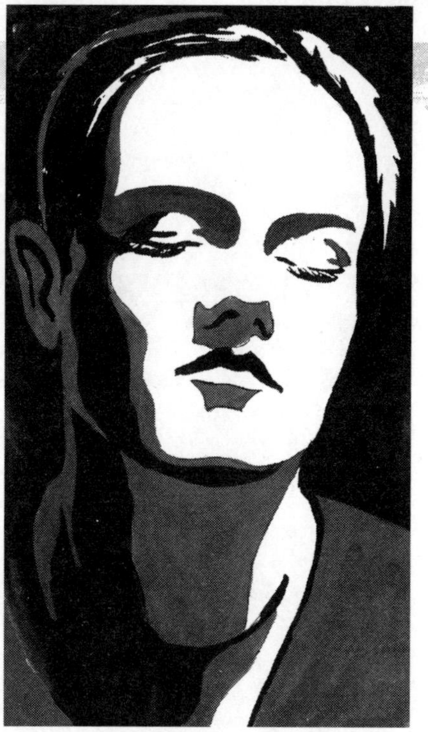

इस पेन्सिल स्कैच में तीव्र प्रकाश ने चेहरे के लक्षणपूर्ण हिस्सों को एकदम सफेद स्थान में बदल दिया है। छायांकन वाले हिस्सों को और भी हल्का करके उन्हें बड़े ग्रे पेचों में दिखाया गया है। कठोर तरीके से चित्रित करने पर भी चित्र में प्रभाव आ गया है।

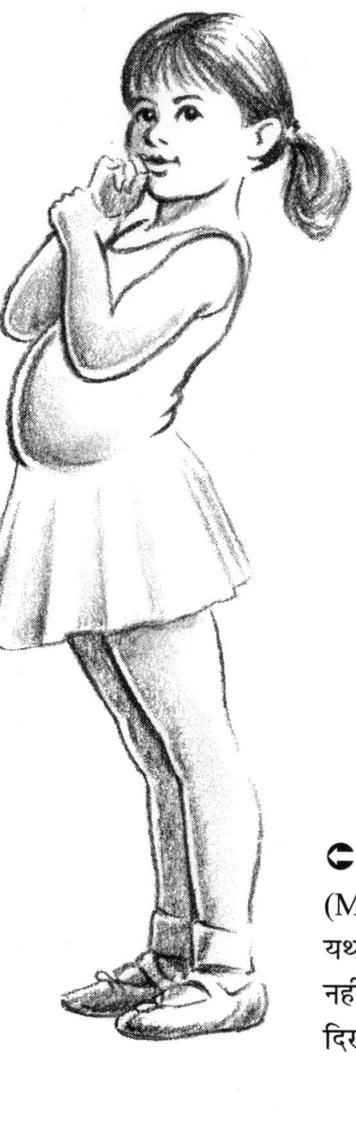

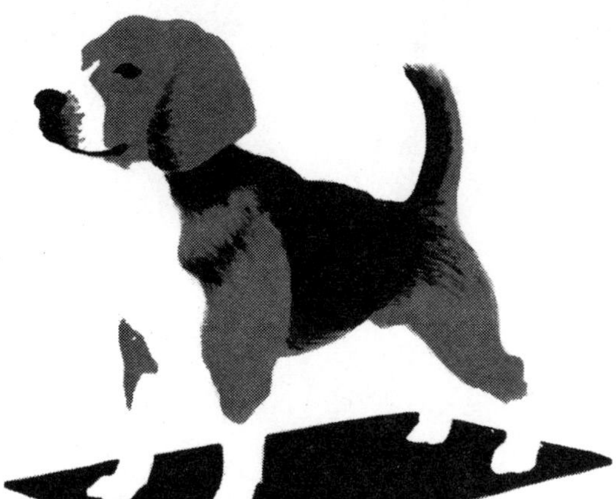

ग्रे को दो शेडिंग इस ड्राइंग में लोकल टोन को दर्शा रही हैं। बिना प्रकाश और छाया का आकार आपको भ्रमित कर सकता है। पर सतर्क संयोजना से (फर्श का काला पैच) आपको वह सूत्र मिल सकता है जो चित्र में पूर्णता को दिखाए।

इस चारकोल ड्राइंग में मैंने कम से कम शेडिंग करके विषय (Model) की गोलाइयों और कोमलता को चित्रित किया है। यह एक यथार्थवादी चित्रण नहीं है, बालों के अलावा कहीं टोन उतनी दिखाई नहीं दे रही। मेरा मुख्य उद्देश्य है गहरी रेखाओं को कम से कम दिखाना।

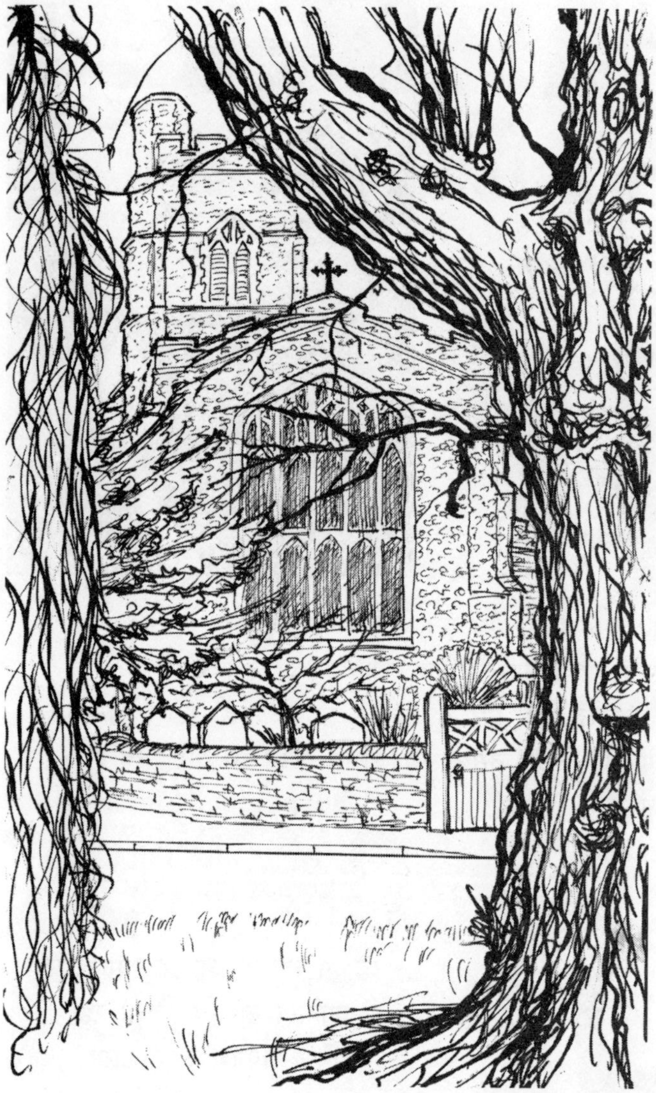

कितनी ही रेखाओं के बावजूद इस लाइन ड्राइंग के चित्र में रेखाएं सुघड़ता के लिए संघर्ष करती दिख रही हैं।

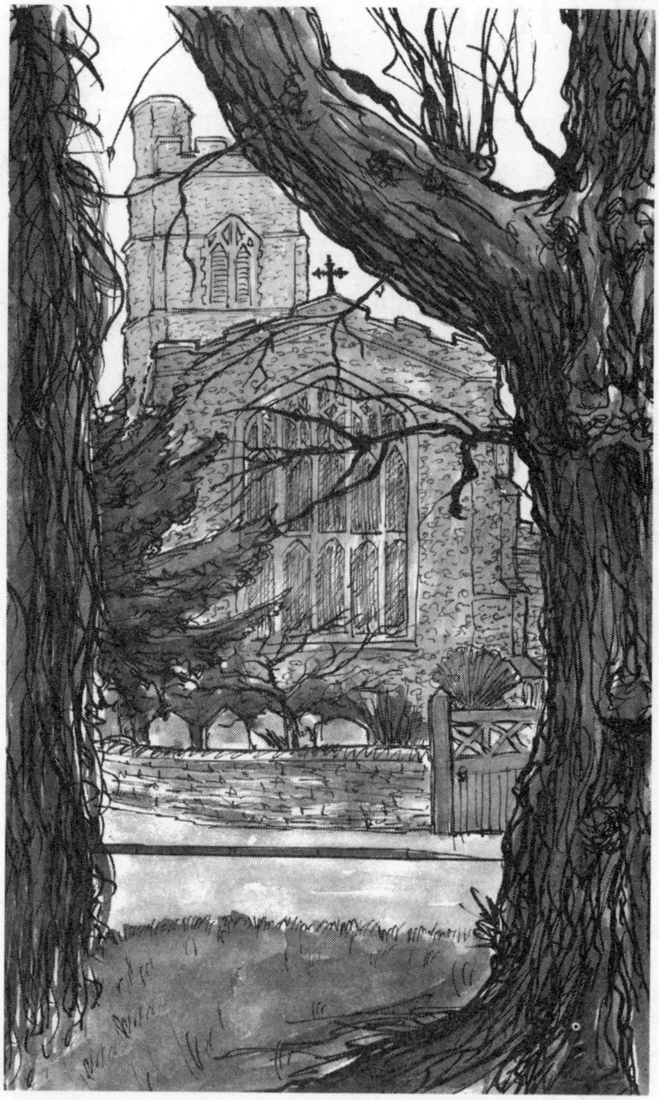

टोन के रफ वाश से गहराई की पर्तें आसानी से चित्र की वस्तुओं में विशिष्टता को दिखा रहीं हैं।

चित्रकार की सलाह

घुली हुई स्याही या वाटर कलर का प्रयोग एक जल्दी वाला (Quick) और आसान तरीका है। कोमल और रंग से भरपूर ब्रश से यह सुनिश्चित करें कि आप वाटर कलर केवल पेन्सिल ड्राइंग पर ही कर रहे हैं ताकि यह फैले (Smudge) नहीं। इस बात का ध्यान रखें कि जिस कागज का प्रयोग करें वह पानी की नमी को झेल सके। पतले कागज में नमी कागज को पार कर उसमें सिकुड़न डाल देगी।

ये तीन चित्र एक ही ब्लॉक से आए हैं। जिसमें दो, तीन या चार टोनों का प्रयोग किया गया है। आप देख सकते हैं कि टोनों की संख्या से कितना अन्तर है और दृश्य को कितना साफ उकेरा गया है। सूक्ष्मता (Detail) का स्तर वातावरण के मूड में अंतिम सम्पूर्ण चित्र में दिख रहा है।

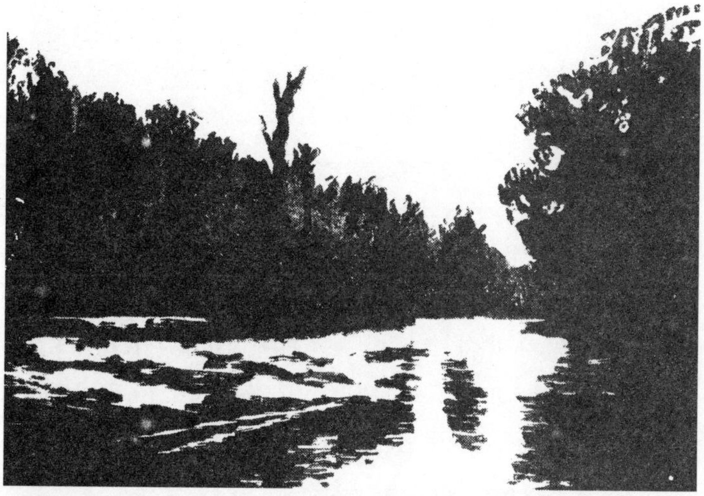

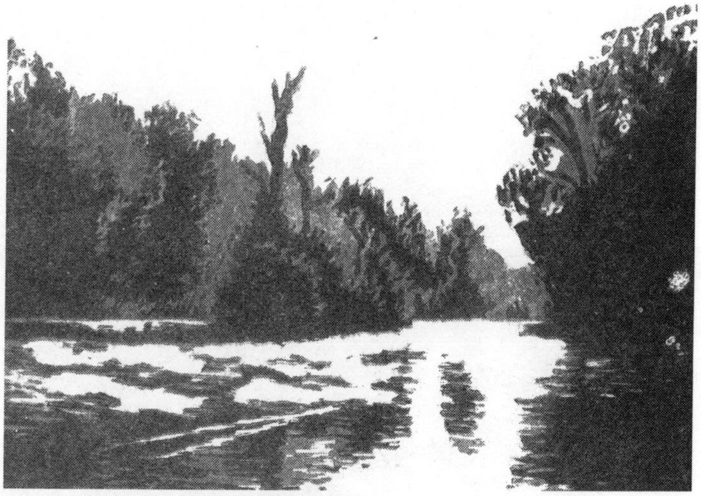

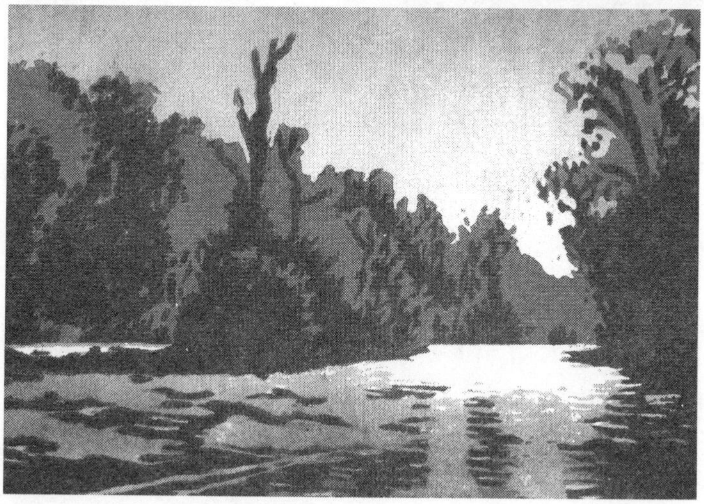

टोन वाले कागज (Toned Paper)

सरल और नियंत्रित टोन वाली कलाकृतियां चित्रित करने की आदत डालने का आसान तरीका है भूरे या रंगीन पेस्टल कागजों पर ड्राइंग बनाना! इन कागजों को टोन्ड पेपर कहते हैं। इसका एक लाभ तो यह है कि हल्की मध्य टोन तो कागज पर पहले ही मौजूद रहती है। बस आपको इतना करना होता है कि गहरे और बहुत हल्की टोन आप कागज पर उकेरें। यह ध्यान रहे कि यदि चित्र में पूरी ही टोन देनी हो तो आप मुख्य चित्र उभारें, बाकी कागज खाली छोड़ दें।

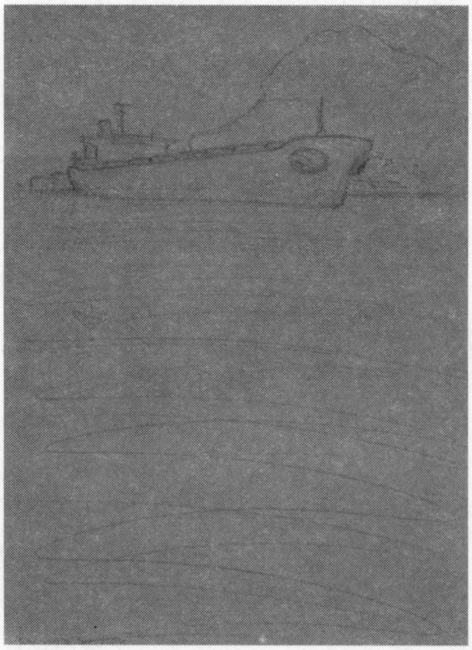

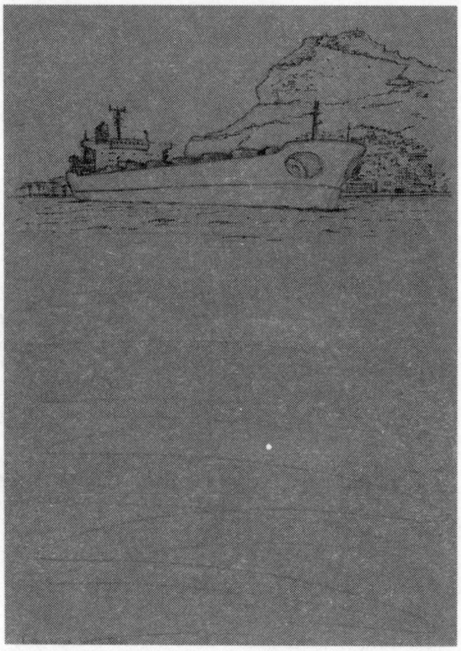

↑ यह चित्र एक फोटो पर आधारित है, जिसे मैंने एक नाव से खींचा था। निचले दृश्य-बिन्दु (View Point) ने मुझे जहाज का उभरता चित्र दे दिया। साथ में जहाज और मेरे बीच का विस्तार तो मुझे मिला ही, समुद्र के निकट की लहरों का दृश्य भी मुझे मिल गया। इसने एक तरह से चित्र को फ्रेम कर दिया। काफी रफ पेन्सिल रेखाओं ने एक मार्गदर्शक का काम किया और समुद्र की लहरों के साइज की मुझे नाप-जोख भी मिल गई।

↑ एक 5 mm का फेल्ट-टिप पैन (जिसमें वाटरप्रूफ स्याही भरी हो) एक अच्छा उपकरण है जिससे आप पार्श्वभूमि (Back Ground) में डिटेल काम कर सकते हैं। पतली रेखाएं और कम डिटेल देने के कारण बैकग्राउंड दूर लग रही है, इससे पर्सपैक्टिव सटीक लगता है।

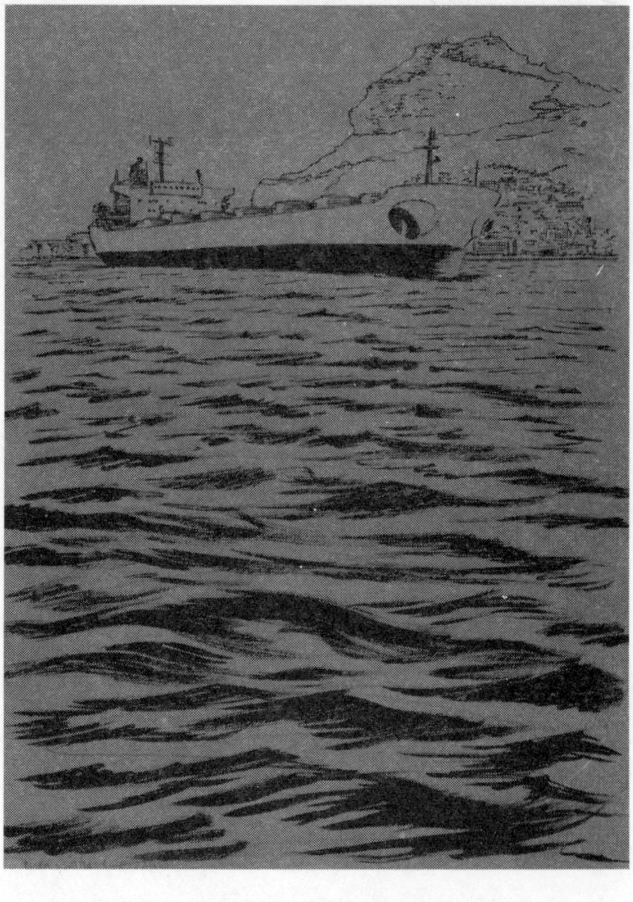

➲ एक मध्यम साइज का वाटर कलर का राउन्ड (गोल) ब्रश का प्रयोग करते हुए मैंने जलपोत (Ship) में काला रंग भरा और समुद्र पर भी काम किया (बजाय इसके कि मैं फोटो से यह काम करूं) । मेरा लक्ष्य था कि मैं लहरों की बनावट (Texture), उनके बहाव और उनकी गति को रेखाओं में उकेरूं। सबसे आवश्यक तो यह था कि आगे के भाग में बहती लहरों को बड़ा और गहरा रंग देना और जो क्षितिज की लहरें है उन्हें दूरी पर लगभग नगण्य दिखाना।

➲ जब समुद्र की टोन स्थापित हो गई, तो बैकग्राउन्ड कमजोर लगने लगी, तब मैंने पैन का प्रयोग कर बैकग्राउन्ड में अतिरिक्त डिटेल भर दिए। अब जलपोत और बैकग्राउन्ड, लहरें और समुद्र सब में एक तारतम्य (Harmony) स्थापित हो गया।

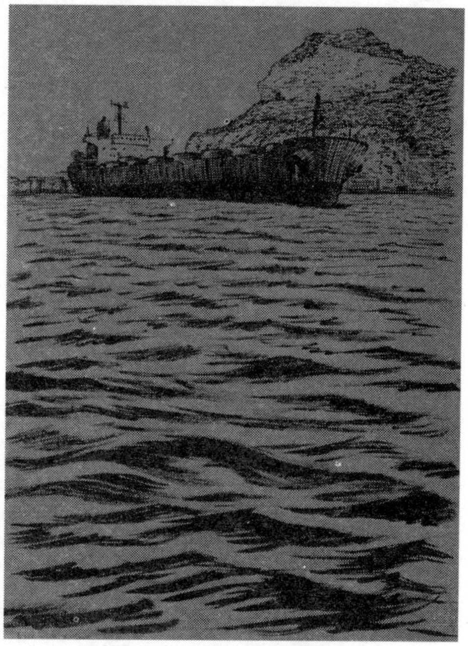

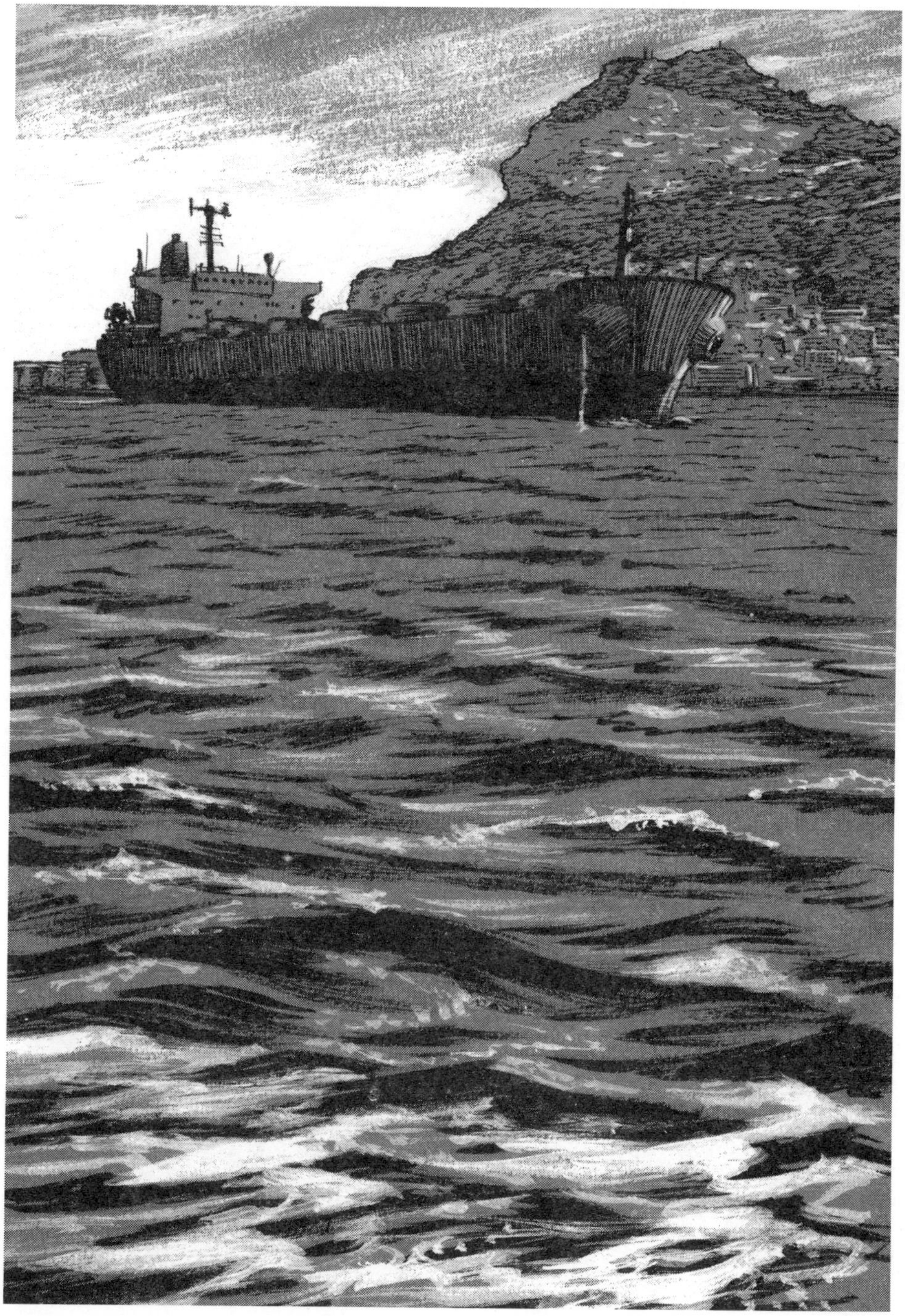

इस चित्र में आप टोन का बड़ा लाभ अपनी आँखों से देख रहे हैं। सफेद रंग या सफेद स्याही से लहरों में जान आ गई है। सफेद स्ट्रोक अलग ही प्रमुख रूप से दिख रहे हैं। चित्र के चित्रांकन के बहाव में मत बह जाइए। पेस्टल पेपर जहां-जहां खाली रह गया है, उसे रहने दें।

टोन और बुनावट (Toned and Texture)

जैसे-जैसे आप टोन ड्राइंग में डूबते जाएंगें, आप पाएंगे कि आपके लिए विभिन्न बुनावटें और कागज पर रेखांकन करना कितना आवश्यक है। यहां तक की बेसिक माध्यम जैसे पेन्सिल और चारकोल से भी आप बुनावट (Texture) का अच्छा चित्रण कर सकते हैं। इस तरह आप इनका प्रयोग करते हुए अपनी ड्राइंग को आकर्षक बना सकते हैं।

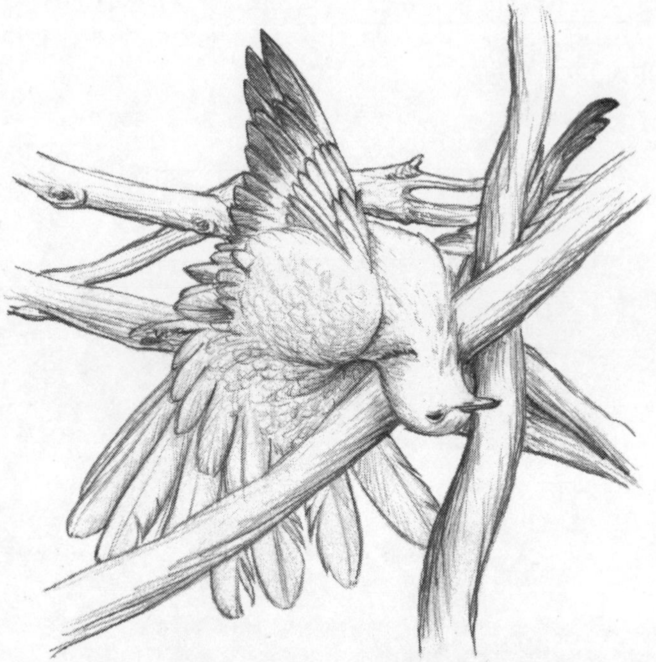

हालांकि चित्र भयानक लगता है, पर पक्षी अब भी सुन्दर लग रहा है। मैंने उसका कोमल स्कैच पेन्सिल से बनाया। पंखों के समूह को पेन्सिल के अलग स्ट्रोक से बनाया गया तथा उलझी हुई लताओं को सख्त स्ट्रोकों से चित्रित किया गया है।

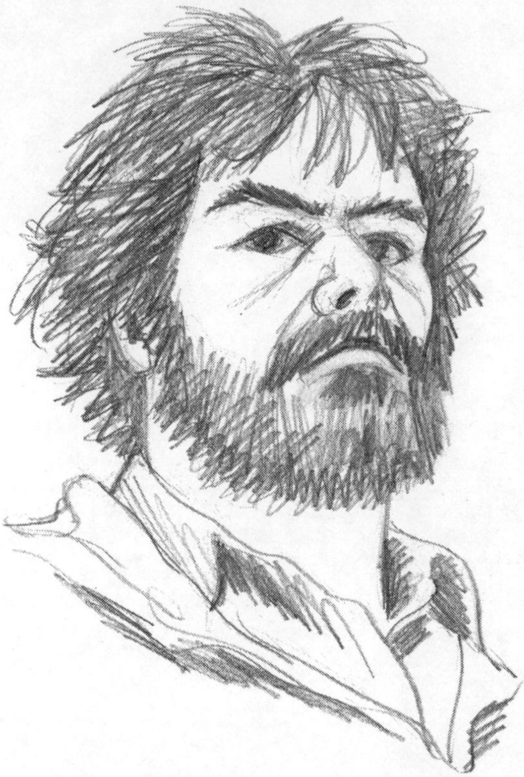

अपना दाढ़ीवाला यह स्कैच मैंने जल्दी जल्दी स्कैच किया था। बुनावट (Texture) की सशक्त रेखाएं इस स्कैच में दिखाई दे रही हैं। पोर्ट्रेट की आउटलाइन की सूक्ष्मताएं बनावट को आकार दे रही हैं।

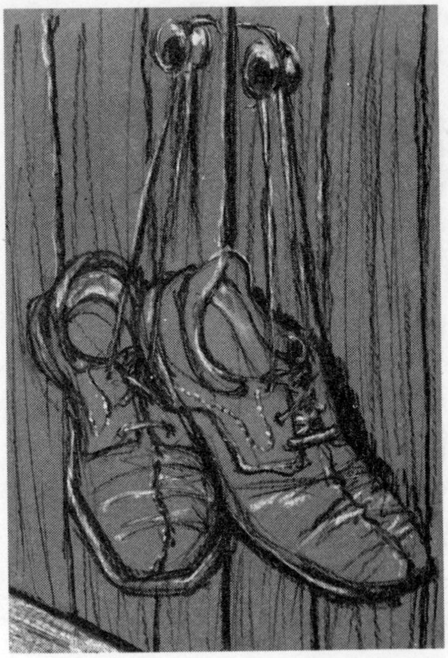

इन पुराने जूतों को मैंने उनके फीतों से लकड़ी के दरवाजे की मूठों से लटका दिया है। मैंने इन्हें ढीले तरीके से चित्रित किया है और चारकोल को चमड़े की झुर्रियां के चारों ओर चलाया है। लंबवत् रेखाएं लकड़ी के दरवाजे के टेक्सचर (Texture) जूते के कन्ट्रास्ट में साफ दिख रही हैं। मैंने चाक द्वारा हाईलाइट देने की कोशिश की है पर बहुत कम स्ट्रोक दिए हैं ताकि जूते चमकीले होकर नये से न लगें।

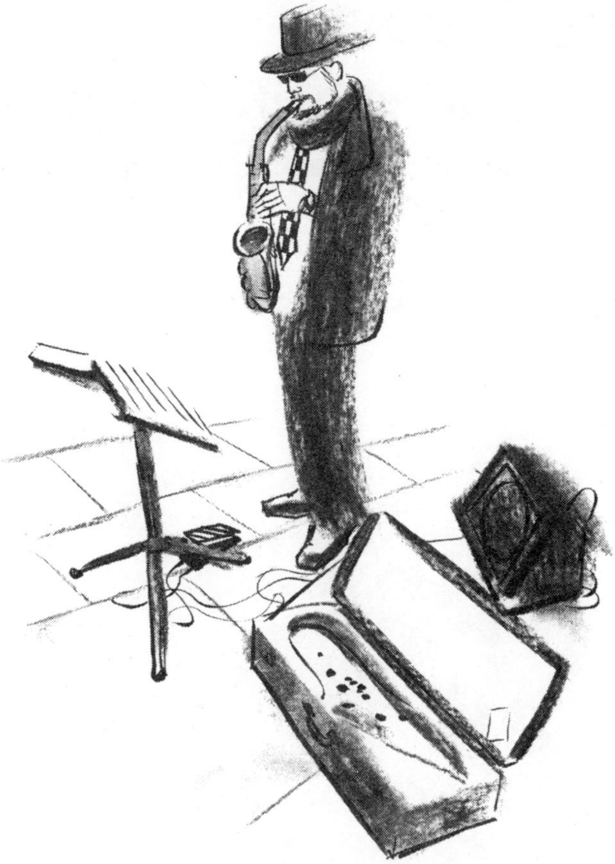

➲ यहां मैंने चारकोल की छोटी डंडी का प्रयोग किया है, उसकी चौड़ी साइड का प्रयोग कर टोन के चौड़े स्ट्रोक लगाए हैं। इसके बाद पैन से सूक्ष्मताएं (Detail) चित्रित कीं। मैंने इस बात की सावधानी बरती कि सूक्ष्मताएं कम रखी जाएं, और चारकोल के स्ट्रोक बाकी का काम पूरा कर दें।

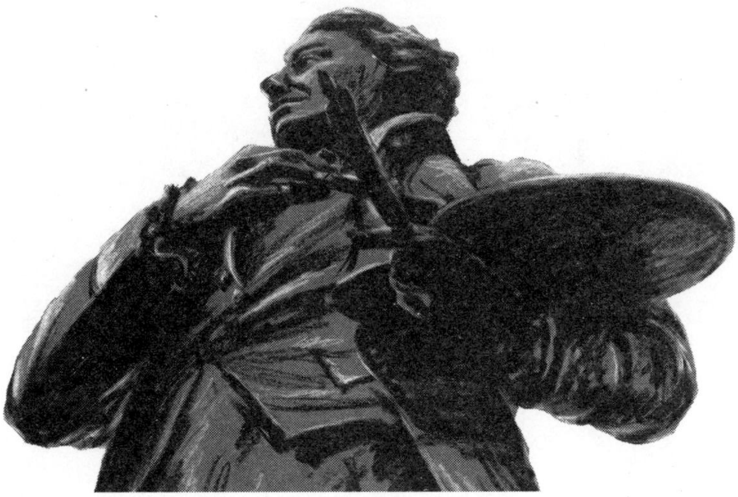

➲ कांसे की इस मूर्ति को स्कैच करने में मैंने स्ट्रोक लगाने में कोई खास सतर्कता नहीं बरती। अधिकतर इस बात का ध्यान रखा कि मूर्ति का आकार और प्रकाश तथा छाया सटीक रहे। इसमें भूरे (Grey) कागज का प्रयोग किया और चाक एवं चारकोल को माध्यम बनाया। इसके बाद बैकग्राउन्ड को सफेद रंग की स्याही से भर दिया।

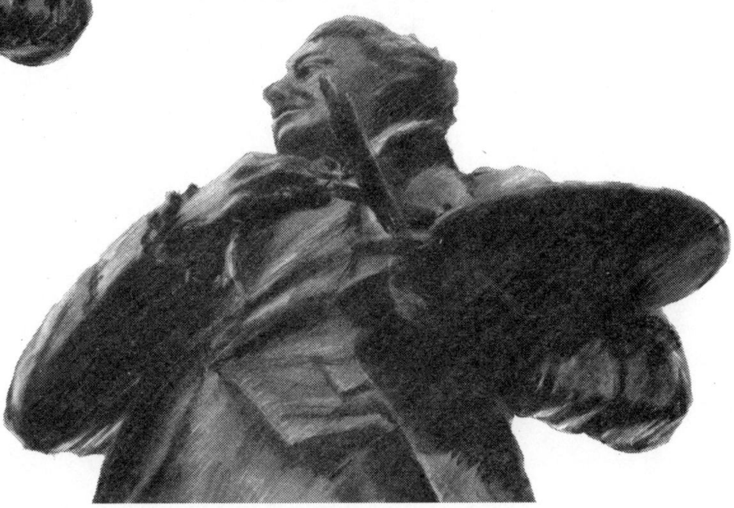

➲ चाक और चारकोल कागज पर स्थिर रहने में ज्यादा विश्वनीय नहीं हैं। इसलिए मैंने उंगली से मसलकर उन्हें ज्यादा स्थिर कर दिया। इस चित्र में स्ट्रोकों को एक कोणीय दिशा में लगाया है। इसमें कुछ सूक्ष्मताएं चाक और चारकोल से और भी बनाई गईं हैं। सभी नए स्ट्रोक उसी कोणीय दिशा में हैं।

टेक्सचर के प्रयोग
(Experimenting with Texture)

प्रत्येक उपकरण (Tool) और माध्यम की अपनी खास शक्ति और विशिष्टताएं (Characterstics) होती हैं। आप जैसे-जैसे इनसे परिचित होते जाते हैं आप समझ जाते हैं कि किस के प्रयोग से क्या प्रभाव आ सकता है। तकनीक और माध्यम का मिश्रण चित्र पर गहरा प्रभाव डालता है। कई बार तो विस्मयकारी और नितान्त अप्रत्याशित परिणाम आते हैं।

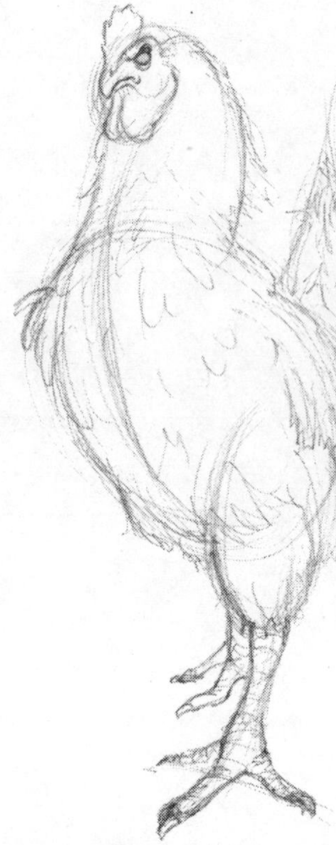

यह मुर्गा मेरे अपने जीवन में देखे गए प्राणियों में सबसे ज्यादा बदसूरत था। मैं इसकी गर्दन के पीछे के ऊपरी भाग को चित्रित करना चाहता था। साथ ही इसकी उस अकड़ को भी रेखाओं में कैद करना चाहता जो वह मेरी चाची के फार्म हाउस में दिखाता फिर रहा था। अच्छी तरह मन बना कर मैंने एक सस्ता और बेकार सा कागज लिया और मुर्गे को स्कैच कर लिया। ताकि पेन्सिल की रेखाएं, चित्र को स्याही लगाते समय मार्गदर्शक (Guide) का काम दें।

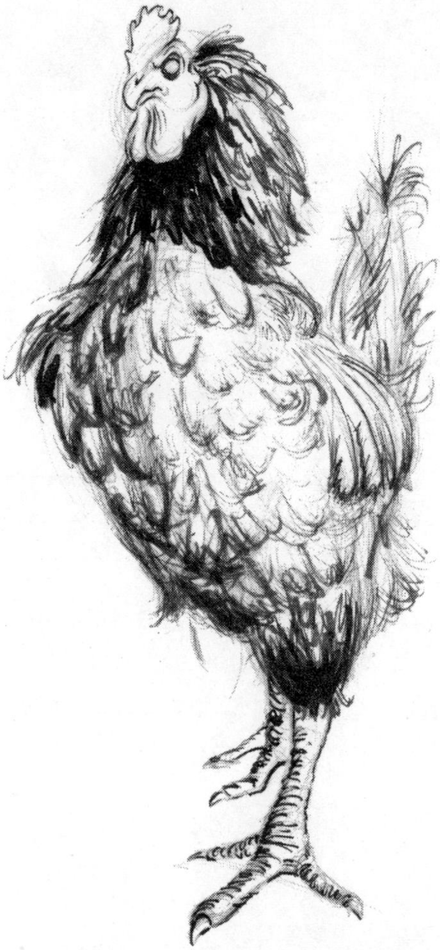

एक अच्छे ब्रश और साफ काली स्याही से मुर्गे के स्कैच में की रेखाएं खींचना शुरू किया। इस तरह स्याही की रेखाएं पहचाने जाने वाले लक्षणों को उभार रही थीं। मुड़े-तुड़े पंखों के लिए मैंने पुराना घिसा सा ब्रश लिया और कई स्थानों पर पंख बना दिए। इससे पंखों का प्रभाव चित्र में आ गया।

चित्रकार की सलाह

अपने घिसे पुराने ब्रशों को फेंकिए मत। वे भिन्न-भिन्न प्रभाव देने में काम आ सकते हैं। नए ब्रशों से आप यह प्रभाव पैदा नहीं कर सकेंगे।

➲ सामान्यत: आर्टिस्ट इस बात का ध्यान रखते हैं कि उनकी उंगलियों के गन्दे पोर (Tips) उनकी कलाकृति पर न लगें। लेकिन मैंने अपनी उंगलियों के पोरों को स्याही में डुबोया, मेरा उद्देश्य लापरवाही से लगाए स्ट्रोक मारने का था। फिर मैंने स्याही में पानी मिला दिया, फिर एक भद्दे खड़े बालों वाला ब्रश लिया और मुर्गे के पूरे शरीर को ब्रश से तैयार स्याही का एक वाश दिया। गर्दन पर अतिरिक्त प्रभाव देने के लिए पुराने ब्रश को स्याही में डुबो कर मुर्गे पर धूल का प्रभाव पैदा किया।

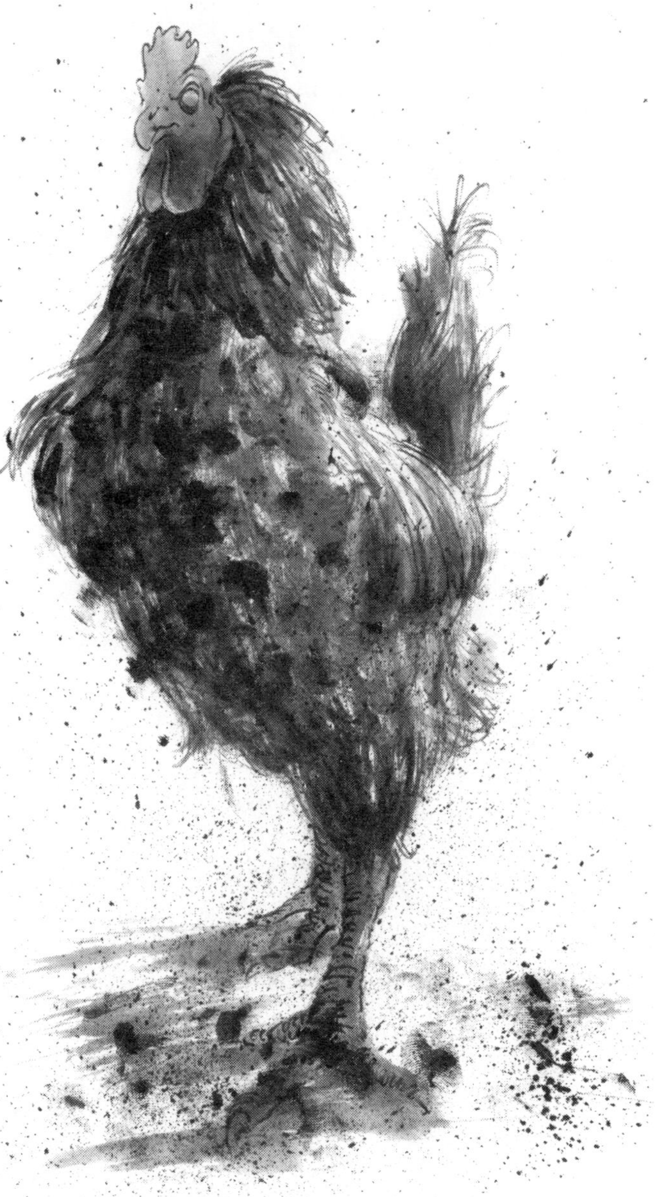

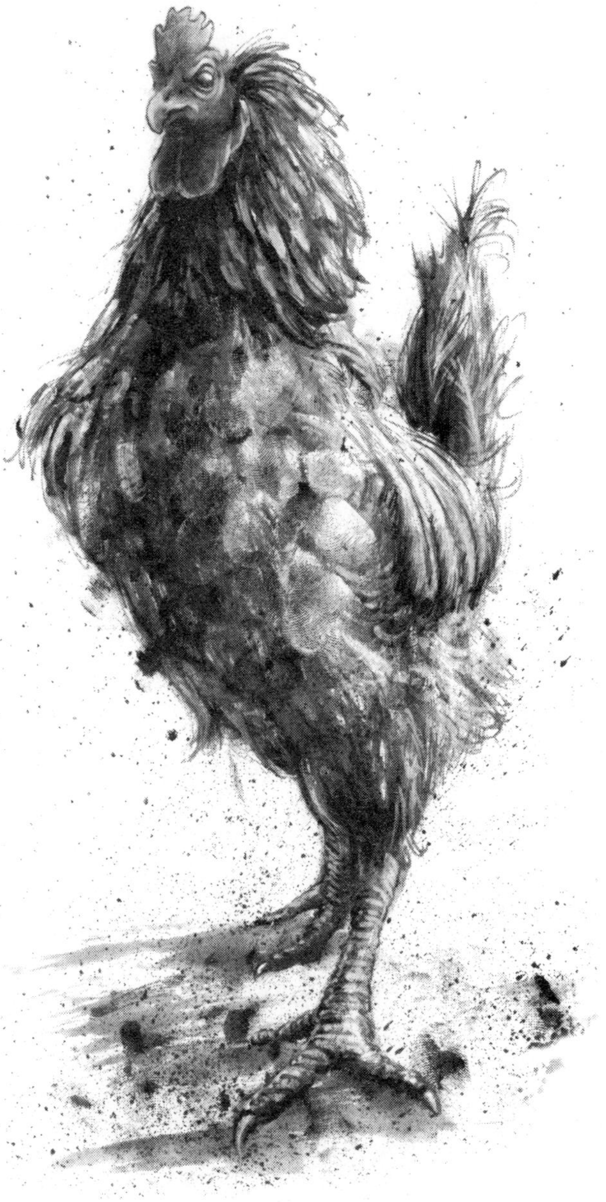

➲ जैसे ही वाश और स्याही सूखी, मैंने उंगली के पोरों का और प्रयोग किया। पर इस बार सफेद स्याही का प्रयोग किया। इससे चित्र में गोलाइयां और उस टेक्सचर का प्रभाव आ गया जैसा कि मैं चाहता था। मैंने उसी स्याही और ब्रश का प्रयोग किया था जिसका पहले चित्र में इस्तेमाल किया था। फिर प्रकाश बिन्दुओं (Highlights) और टेक्सचर में विभिन्नताएं डालीं जो पंखों में प्रभाव पैदा कर रहीं थीं।

जगमगाहट (Illumination)

पिछले पृष्ठों में अधिकतर प्रकाश और छाया का समावेश है। हम टोन के बिना इनकी कल्पना नहीं कर सकते। फिर भी हमें चाहिए कि हम जगमगाहट पर अपना ध्यान केन्द्रित करें जो कि एक रेखांकन का आवश्यक भाग होता है। प्रकाश एक कलाकार का बेहद शक्तिशाली उपकरण है जो परिवेश पैदा करता है, नाटकीयता लाता है और विलक्षण प्रभाव पैदा करता है, जैसा कि किसी फिल्म (Cinema) में होता है।

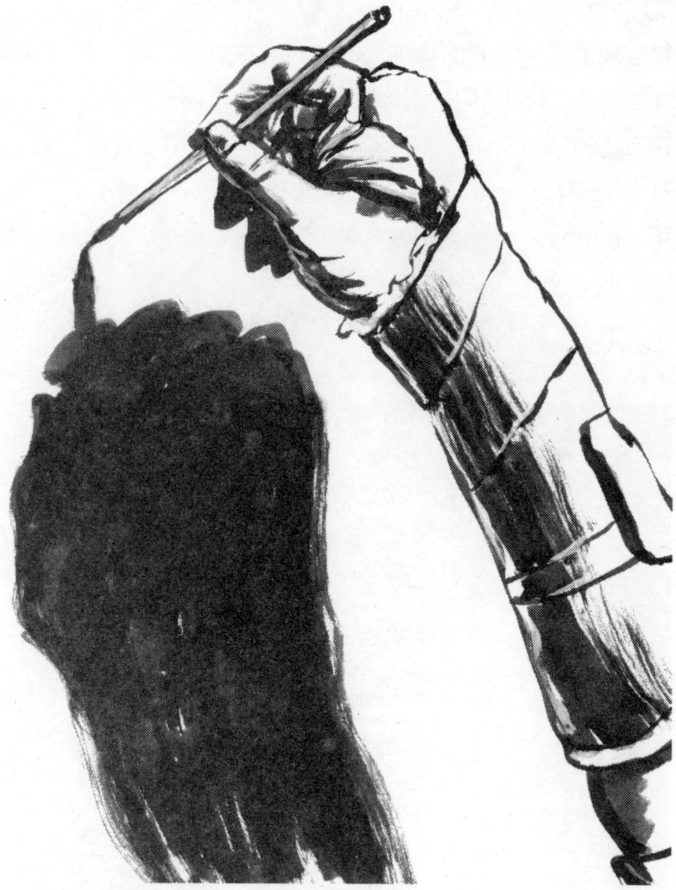

➲ नीचे के रफ स्कैच को मैंने तब बनाया था जब मेरी कलाई का ऑपरेशन हुआ ही था। यह अनौपचारिक तरीके से बनाया गया है, पर प्रकाश व्यवस्था ने इसमें प्रभाव ला दिया है। साथ के चित्र (दाएं) में हम दो जगमगाती प्रकाश व्यवस्था को देख रहे हैं: हाथ के अन्दर शेड दिया गया है और उसकी गहरी छाया हाथ के नीचे पड़ रही है।

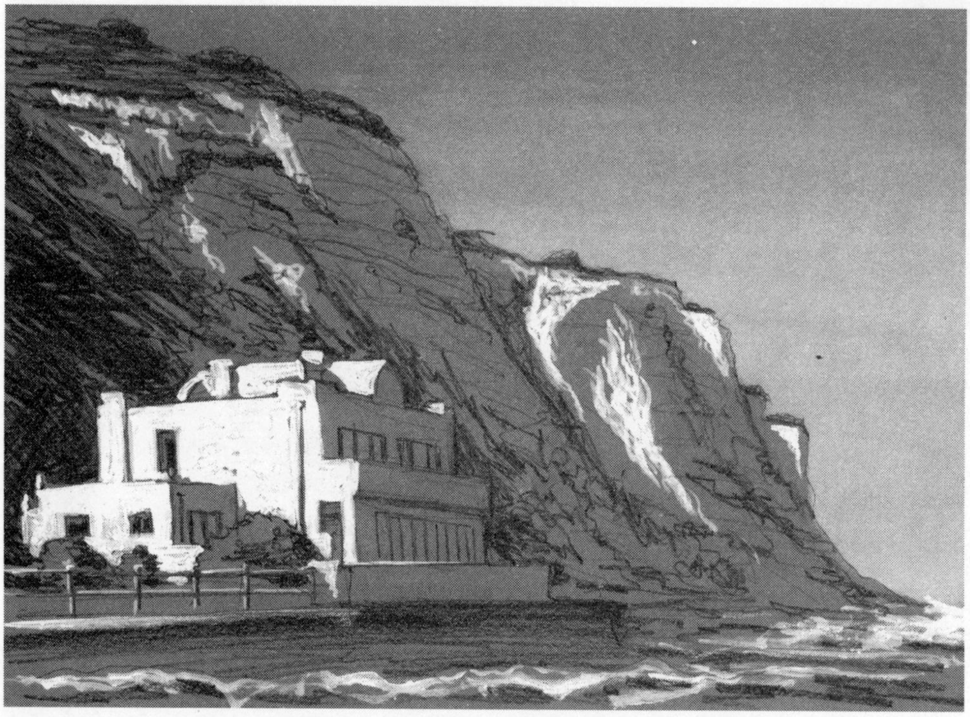

➲ तीव्र प्रकाश की चमक ने इमारत को बैकग्राउन्ड से अलग कर दिया है। प्रकाश, चित्र को समझने में ज्यादा सहायता कर रहा है। यह हमारा ध्यान संयोजना (Composition) पर अधिक खींच रहा है जिसके बिना चित्र बैकग्राउन्ड में छुप जाता।

➲ शेड की गुणवत्ता और गहराई प्रकाश की शक्ति दिखलाती है, आकार चाहे जितना साधारण हो। मॉडल के इस त्वरित (Swift) अध्ययन में मैंने पानी मिली स्याही से कुछ दक्ष स्ट्रोक लगाए हैं। भूरी टोन से आकार की आउट लाइन से गहरी काली स्याही के मुकाबिले ज्यादा चमक आ गई है।

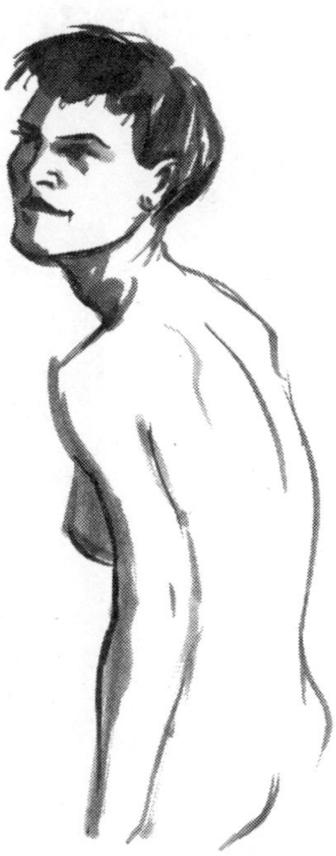

चित्रकार की सलाह

अगर आप किसी विषय की टोन की सूक्ष्मताओं से चकित हैं तो आप विषय को अप्रत्यक्ष (Indirect) तरीके से विश्लेषित (Analyze) कीजिए।

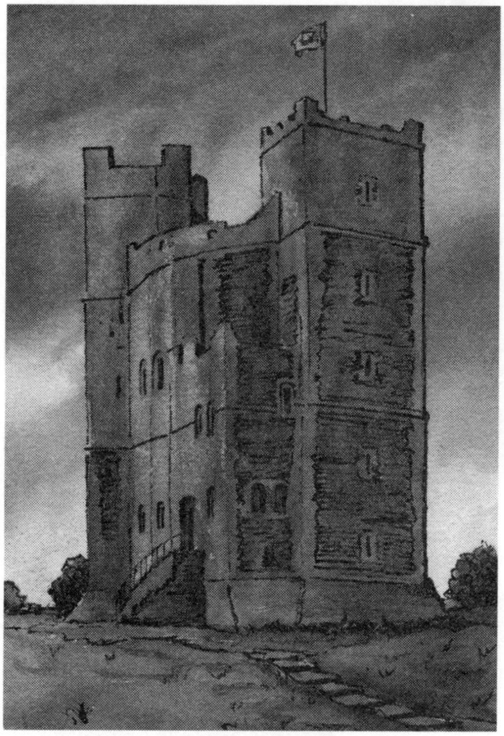

➲ प्रकाश व्यवस्था को प्रभावशाली होने के लिए नाटकीय होने की आवश्यकता नहीं है। यहां मैंने जानबूझ कर प्रकाश को हल्का कर दिया है। इसके लिए टोन के कन्ट्रास्ट को ग्रे शेड में बदल दिया गया है। परिणामतः एक सुस्त सा वातावरण इमारत के चारों ओर है। इससे यह कम गहरी छाया और प्रकाश की तीव्रता से प्रभावहीन हो गया है।

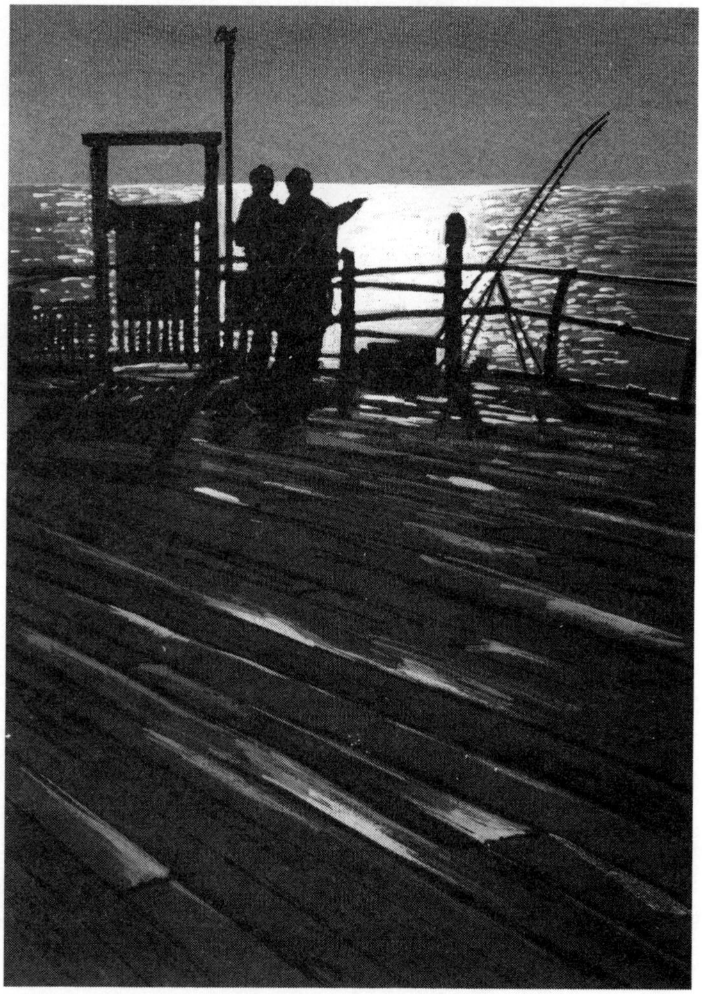

➲ प्रकाश की दिशा में देखने से हमें एक चमकदार प्रतिबिम्ब दिखाई देता है। इससे व्यक्तियों और आस-पास की चीजें काली छायाओं (Silhouetted) में बदल गई हैं। पूरा चित्र अनुपमता का आभास देता है।

प्रकाश के साथ रेखांकन (Drawing with Light)

हमने देखा कि कैसे चमकते प्रकाश को जोड़ देने से रेखांकन में तत्काल ही प्राण आ जाते हैं। हम ऐसा रेखांकन (Drawing) भी कर सकते हैं जो पूर्णतः प्रकाश पर ही आधारित हो। काले तल पर सफेद रेखांकन से वह प्रभाव उत्पन्न किया जा सकता है जिसे ''चियारो स्कूरो'' (Chiaro Scuro) कहते हैं। यह इसलिए विचारणीय है क्योंकि यह परंपरागत रेखांकन के विपरीत है।

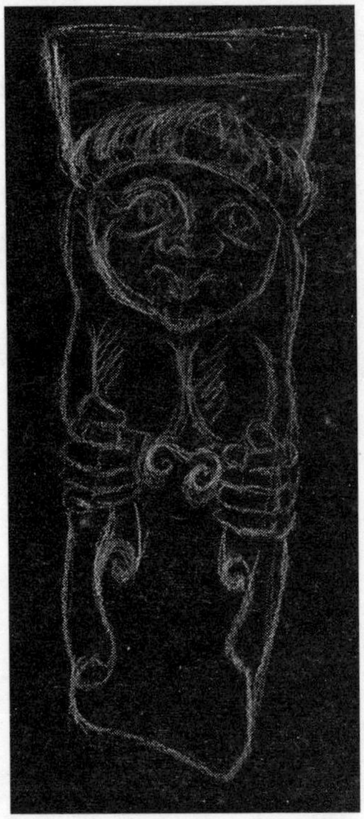

➲ स्क्रेपर बोर्ड एक चाक की परत का बना होता है, जिस पर काली सतह होती है। स्क्रेपर से जब ऊपर की काली सतह खुर्ची जाती है तो नीचे की झक सफेद सतह उभर आती है। यह माध्यम उन रेखांकनों के लिए आदर्श है जिनमें टोन का कन्ट्रास्ट (Contrast) आवश्यक होता है इसमें गहन सूक्ष्मताएं उभर आती हैं। एक फोटोग्राफ से काम करते हुए जो कि मध्ययुगीन काष्ठ उत्कीर्णन (Carving) का था, मैंने एक रफ आउटलाइन पेन्सिल से बोर्ड पर खींची।

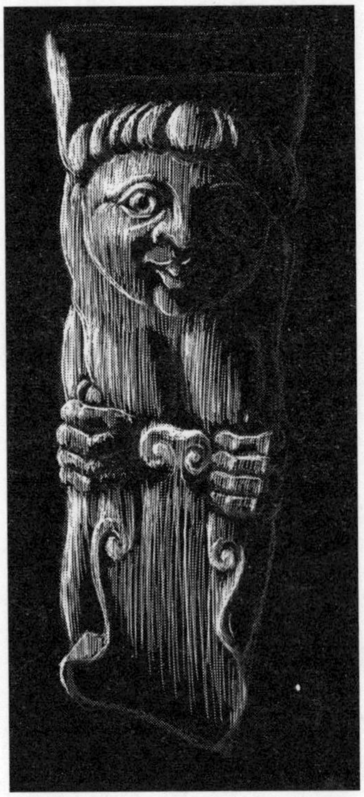

➊ लकड़ी के खुरदरेपन का लाभ उठाते हुए मैंने पेन्सिल की रेखाओं को स्क्रेप कर दिया और सावधानी से प्रकाश की चमक को जो कि काठ के बाएं हिस्से पर उभारनी थी, मैंने स्क्रैपिंग कर दी। जैसा कि उपरोक्त चित्र में दिख रहा है।

चित्रकार की सलाह

रचनात्मक क्रिया का एक आवश्यक भाग है बिना ढूँढ़े स्वयं किसी अच्छी चीज को पाने की शक्ति। यह तब होता है जब वस्तुएं अचानक उभर आएं। वे आर्टवर्क के लिए लाभदायक होती हैं। सामने के पृष्ठ पर कपाल का ही उदाहरण लें तो इसमें चाक को घिसकर धुंध लेपन का प्रभाव पैदा किया गया है, बजाय इसके कि रबर से इसे मिटाया जाए। मैंने इसे आकार की आकृति बनाने का प्रयास किया। अपने काम में आप इसी तरह के आकस्मिक प्रभावों से प्रसन्न होकर चित्रांकन कीजिए। कई बार आपको यह लगे कि चित्र भद्दा या खराब हो गया है, तो संभव है यह चित्र की विशेषता हो।

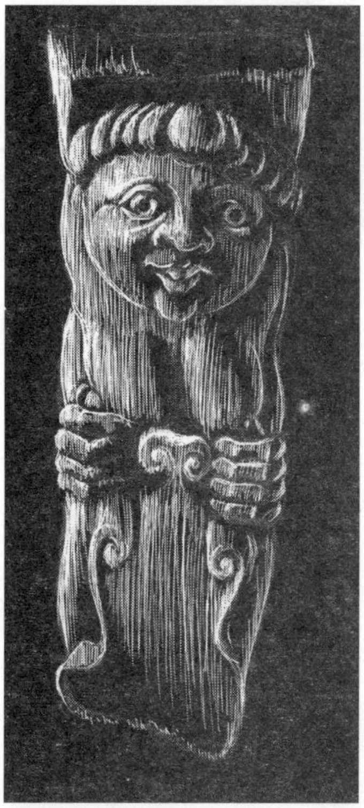

➲ फिर मैंने हल्की दायें हाथ की दूसरी प्रकाश व्यवस्था पर काम किया। भले ही प्रकाश स्रोत कितना ही चमकदार और एकदम सामने हो। हमेशा ही प्रकाश का एक खास परिमाण (Degree) प्रतिबिंबित (Reflected) प्रकाश को ही है, जो आसपास के तल से टकराकर विषयवस्तु को प्रभावित करता है।

➲ प्रमुख प्रकाश पर अपना ध्यान लगाकर, मैंने मूर्ति के उन भागों पर काम शुरू किया जो चमकदार प्रकाश में थे, फिर मूर्ति के तल की गोलाइयों को उभारा। अतिरिक्त चमक के लिए मैंने स्क्रैपिंग (तराशना) में भिन्नताएं लानी शुरू कीं। काली स्याही के धब्बों की कुछ छोटी-मोटी गलतियों में सुधार किया और बाकी बची पेन्सिल की रेखाओं को गीले कपड़े से मिटा दिया।

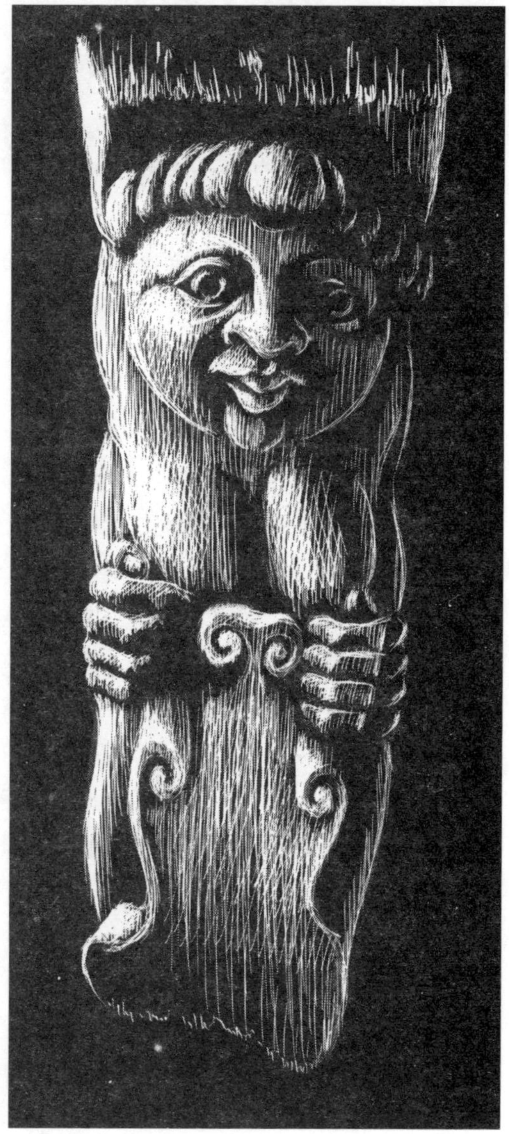

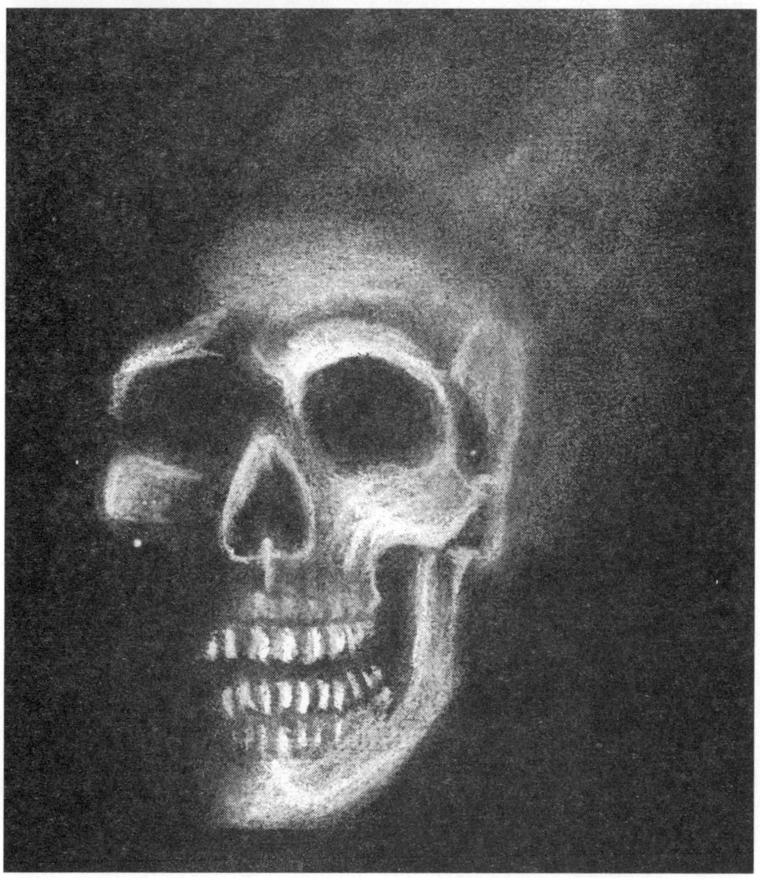

➲ इस चाक ड्राइंग के लिए मैंने कपाल (Skull) को अंधेरी बैकग्राउन्ड में रख दिया। इस पर प्रकाश डालने के लिए मैंने एक मोमबत्ती जला दी और उसे कपाल पर डरावना प्रभाव लाने के लिए नीचे रख दिया। फिर चाक के टुकड़े से प्रकाश क्षेत्रों को उभारना शुरू किया। अपनी उंगली के पोर से मैंने कपाल पर चाक की सफेदी को घिस कर कपाल के चमकदार हिस्सों को डरावना प्रभाव दे दिया। फिर एक इरेजर (रबर) से मैंने अनावश्यक चाक के निशानों को मिटा दिया।

रबर से रेखांकन

Drawing with a Eraser

निश्चय ही रबर (Eraser) विषयवस्तु को सुधारने में प्रयोग की जाती है। इससे पेन्सिल के मार्गदर्शक चिन्ह या रेखाएं, अनावश्यक धब्बे या गन्दे निशान मिटाए जाते हैं। तथापि, जब प्रकाश और छाया का अन्तर रेखांकन का लक्षण हो तो रबर (Eraser) एक आवश्यक उपकरण बन जाता है, जिससे प्रकाश और टोन के संतुलन को रबर द्वारा ठीक किया जा सकता है।

चित्रकार की सलाह

रेखांकन करते समय इस बात से मत डरिए कि ड्राइंग खराब या गन्दी बन रही है। अक्सर यह होता है कि कई बार खराब सी दिखने वाली रेखाएं एक सुन्दर चित्र की रचना कर देती हैं।

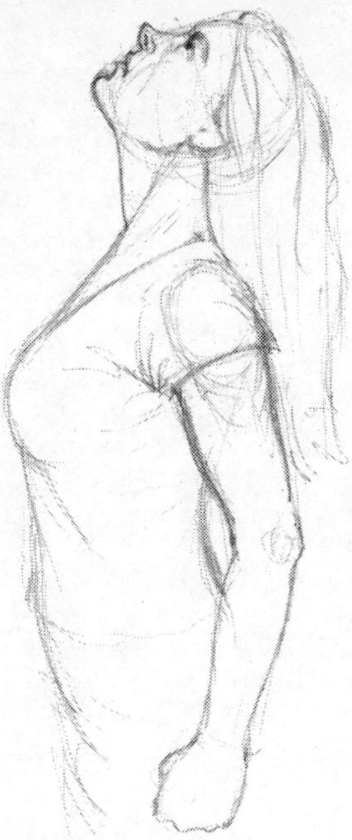

मैंने मॉडल को आउटडोर में बिठाया और उसे ऊपर देखने को कहा, जहां दिन का प्रकाश बिखरा हुआ था। इस पोज में मॉडल अधिक देर तक खड़ा नहीं रह सकता, इसलिए मुझे जल्दी-जल्दी उसे स्कैच करना था। उसका एक सॉफ्ट पेन्सिल से स्कैच किया। इसके बाद आगे के संदर्भ के लिए मॉडल का एक फोटो भी लिया।

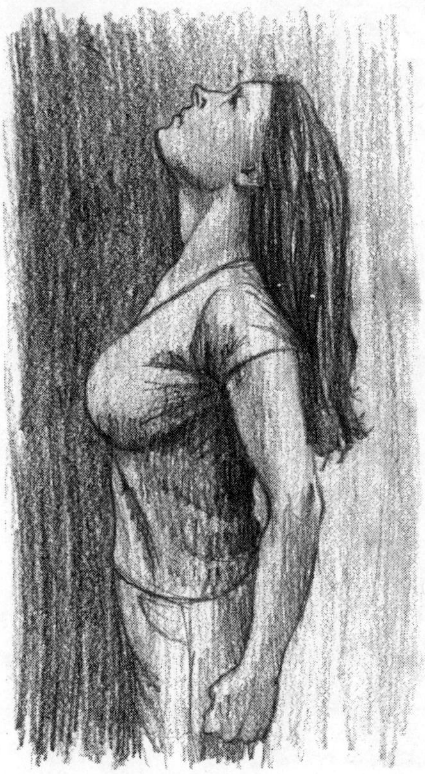

मैंने एक गहरी पेन्सिल (4B) से छाया (Tone) को रेखांकित किया, जो कि इस स्कैच के लिए मेरे दिमाग में थी। शेडिंग लंबवत रेखाओं में की और ग्रेफाइट (Graphite) से कवर कर दी।

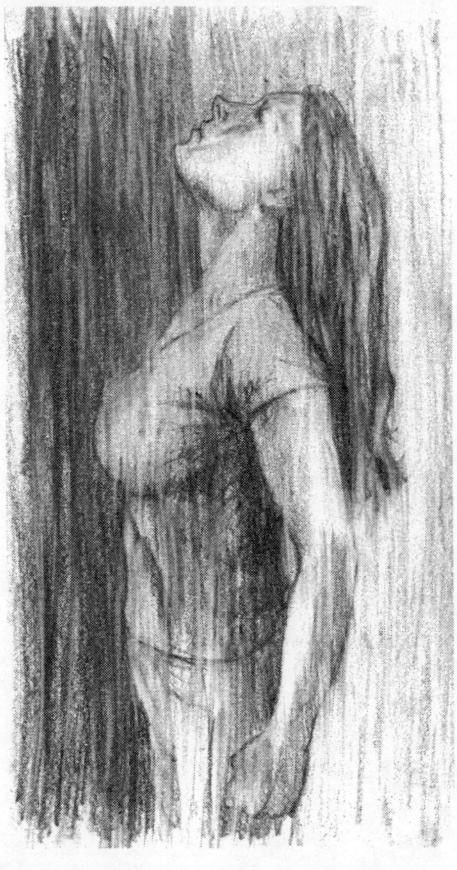

एक सख्त प्लास्टिक की रबर (Eraser) से प्रकाश को लंबवत (Vertical) उभारा, और प्रयत्न किया कि रबर छाया में वांछित रेखाओं को उभरने दे।

➲ मैंने रबर (Eraser) के कोनों को एक चाकू से नुकीला बना दिया और इस नुकीले रबर से उस प्रकाश को उभारना शुरू किया जो कोमल था। इस तरह आकार बनना शुरू हो गया। मैं रबर को बार-बार साफ कर देता था ताकि साफ रबर हाईलाइट को स्पष्टता से उभार सके।

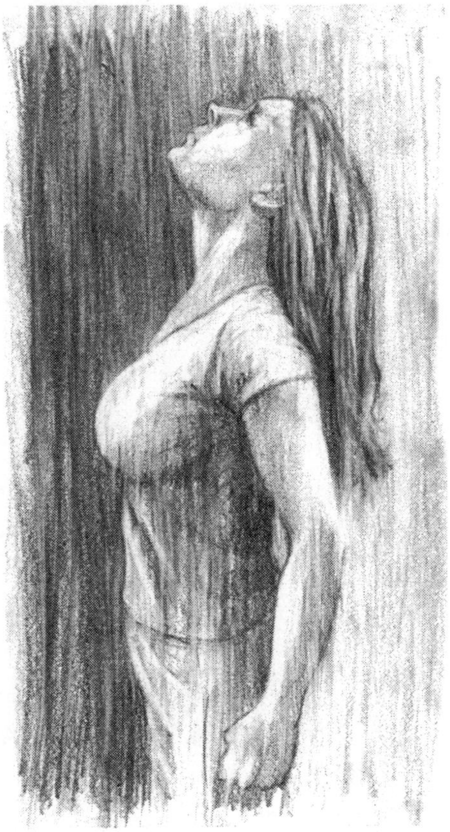

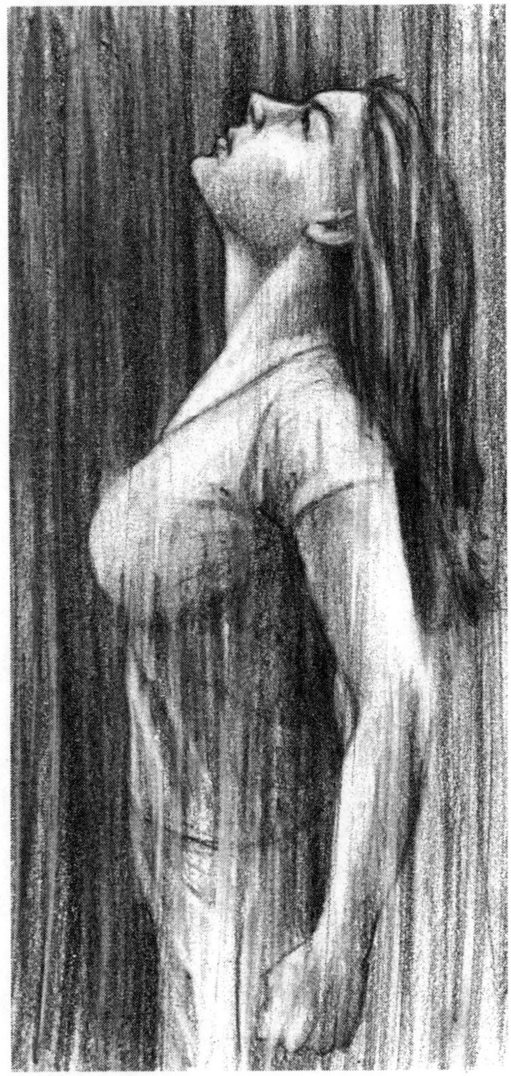

➊ इस अंतिम स्थिति में, मैंने ऐसी पेन्सिल का प्रयोग किया जिसके सिरे पर रबर लगी होती है। इसे और नुकीला कर दिया गया। ताकि कोमल हाइलाइट जो सिर पर थी उसे उभारा जा सके। फिर मैंने पेन्सिल उठाई और सिर और बालों में सूक्ष्मताएं उभारना शुरू किया; फिर पेन्सिल और रबर (Eraser) की सहायता से पूरे चित्र को संवार दिया।

चित्रकार की सलाह

ग्रेफाइट के गहरे प्रभावों को हथेली से भी मिटाया जा सकता है। इस चीज से बचने के लिए यह जरूरी है आप चित्र पर काम करते समय एक साफ कागज अपनी हथेली के नीचे रख लें। यह भी एक अच्छी आदत है कि बार-बार अपने हाथ को साबुन से धोते रहें।

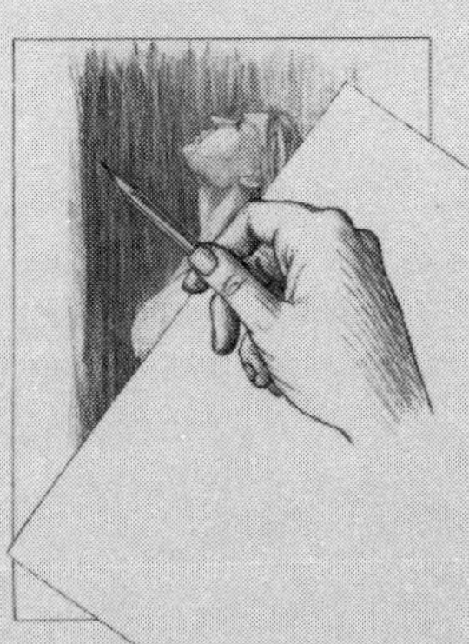

संयोजना (Composition)

इस पूरी पुस्तक में आर्टबुक अधिकतर निश्चित किनारों में बंधे या फ्रेम में जड़े दिखते हैं। यह छायाओं को चित्र में समावेश (Incorporate) करने का स्वाभाविक परिणाम है। पर यह अपने आप में भी एक आवश्यक विषय है। आगे बढ़ने से पहले हमें फ्रेमिंग और विषयवस्तु की संयोजना की तरफ विशेष ध्यान देना होगा।

संयोजना का अर्थ है चित्र में संतुलन और सक्रियता। यह एक विशाल और विस्मयकारी विषय है। यह पूरी पुस्तक में उपस्थित है, पर अब कुछ उदाहरण विषय को समझने के लिए आवश्यक हैं।

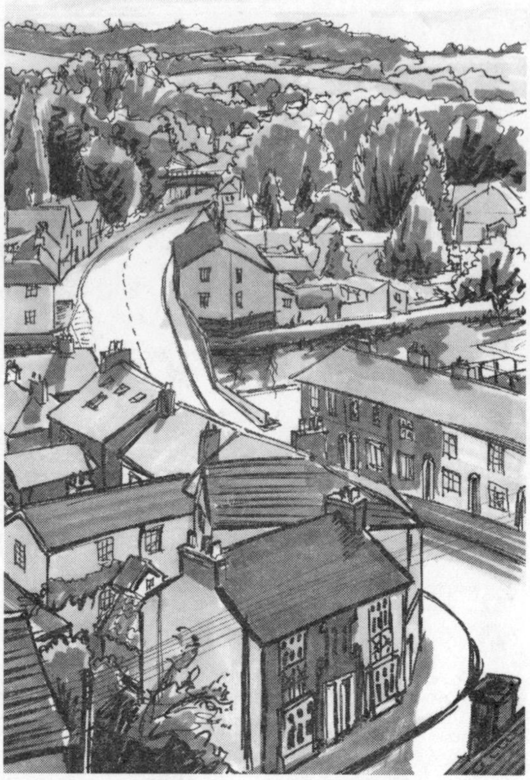

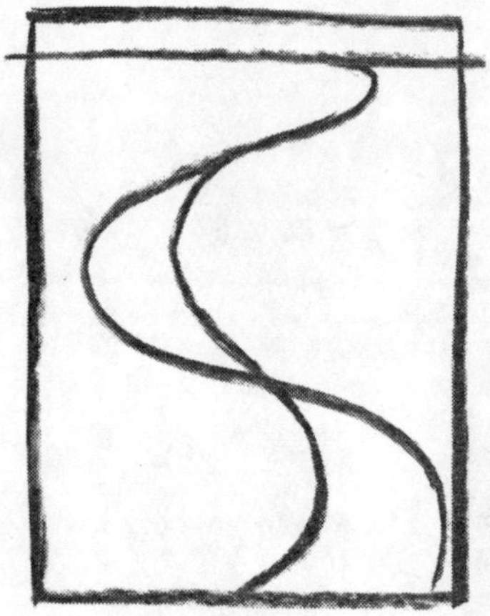

बांकपन (Curves)

इस जटिल दृश्य का मुख्य बिन्दु वह सर्पीली सड़क है जो चित्र में प्रमुखता से दिख रही है। यह संयोजनात्मक कल्पना है जिसे आपको सबसे पहले ड्रा करना चाहिए। अगर बांक (Curve) संतुलित और लुभावनी है, तो चित्र निश्चय ही शक्तिशाली बन जाएगा।

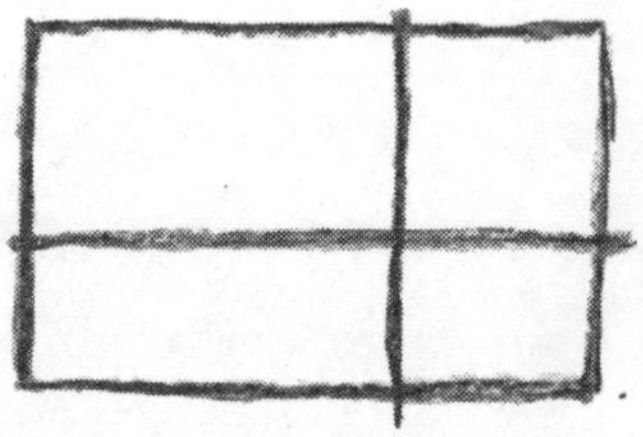

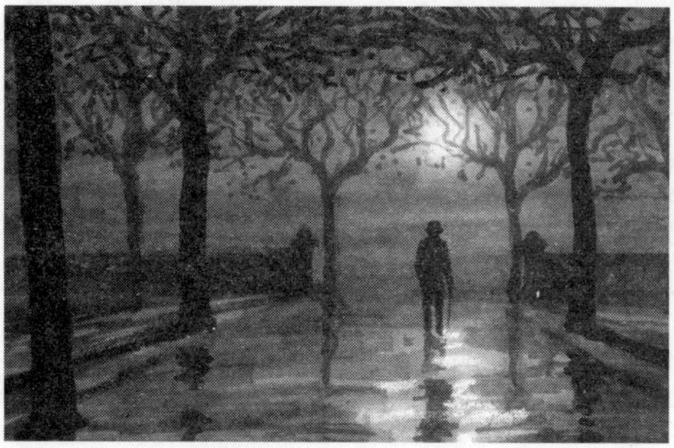

स्वर्णिम पृथक भाग (The Golden Section)

पुरातन काल से ही कलाकारों और वास्तुकारों ने एक गणितीय 'स्वर्णिम नियम' का पालन किया है, जो बेहद आकर्षक स्थल बटवारे को दर्शाता है; और वह है 6/10 इस तरह इस चित्र में क्षितिजीय बटवारा संयोजना का 6/10 नीचे की तरफ होगा और मुख्य बिन्दु 6/10 की रेखाओं के काटने के स्थान पर होगा। 'स्वर्णिम नियम' एक छोटा रास्ता है जो आपको तुरन्त एक संतोषप्रद संयोजना देता है। (चित्र देखें)

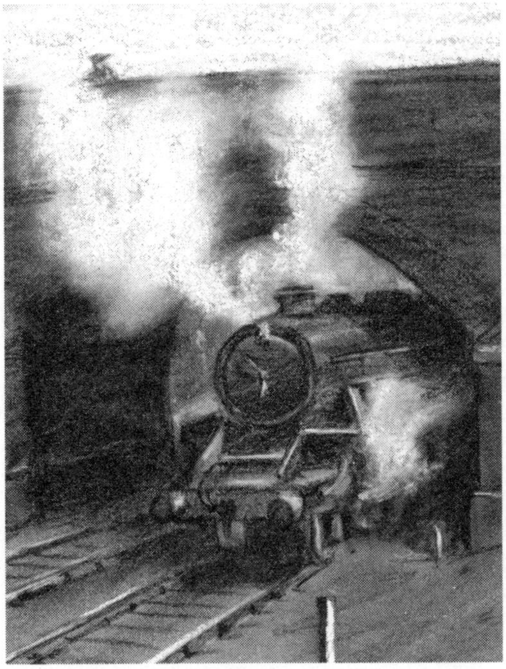

फ्रेम के अन्दर फ्रेम

बहुत सारी संयोजनाएं (Compositions) गहरे ज्यामितीय आकारों पर आधारित होती हैं। वे अक्सर तुरन्त ही दिखाई नहीं देतीं, पर फिर भी चित्र का मुख्य भाग या आर्कषण हो सकती हैं। ऐसी योजना (Device) एक फ्रेम जैसी होती हैं, जिससे फ्रेम के अन्दर फ्रेम जैसी संरचना चित्र में पैदा हो जाती है। चित्र का लुक (Look) आपको ऐसा आभास देता है, जैसा कि स्टेज का अग्रभाग हॉल में फ्रेम के अन्दर एक फ्रेम हो।

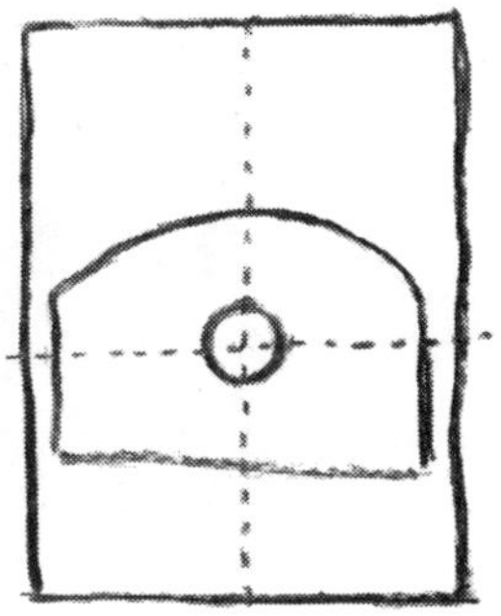

चित्रकार की सलाह

अपनी ड्राइंग करने से पहले जल्दी से एक संयोजना बनाइए, ताकि आप बाद में एक मार्ग-दर्शक संयोजना की सहायता ले सकें, और यह आपको परिपूर्ण चित्र का सूत्र भी देगी।

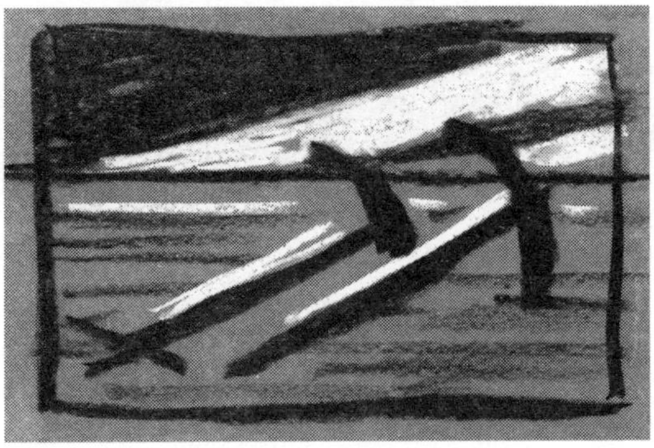

कर्ण रेखाएं (Diagonals)

यहां हम देखते हैं जहां एक क्षितिज है और चित्र का संयोजन 6/10 की स्कीम से किया गया है। चित्र में पीछे क्षितिज का फैलाव है, पर अग्रभूमि (Foreground) में दो लंगर (Anchors) कर्ण रेखा की तरह तट पर पड़े हैं, जो बादलों की टोन तक पहुंचे हुए हैं।

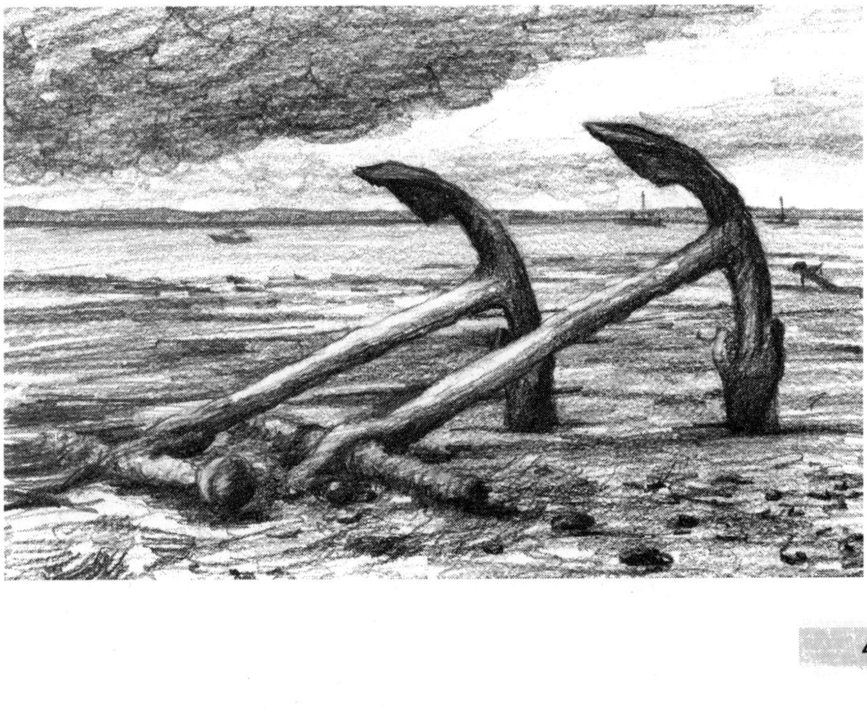

बूंद-बूंद संयोजना (Distilled Composition)

जैसे-जैसे आप रेखांकन में आगे बढ़ते हैं, वैसे-वैसे आप संयोजना के मूल्य की सराहना करने को विवश हो जाते हैं। कई चित्रकारों के लिए संयोजना उनके काम का मूल तत्व होती है बाकी सारी चीजें संयोजना में सहायक की भूमिका अदा करती हैं। नीचे का उदाहरण दिखाता है कि कैसे वास्तविक जीवन से लिया गया दृश्य एक विशुद्ध संयोजना को प्रेरित कर सकता है।

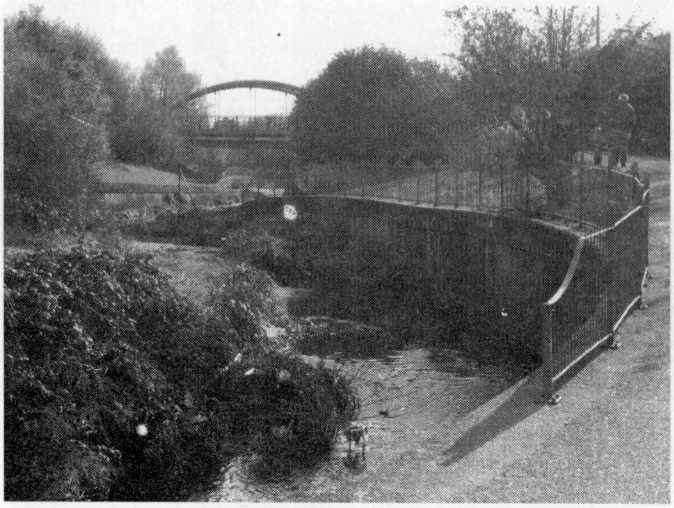

यह किसी उपेक्षित नहर का फोटो है। यह प्रकृति की सुन्दरता का लुभावना उदाहरण नहीं हैं, लेकिन इसके बांकपन और वृक्षों की सुन्दर आकृति ने मेरी दृष्टि को आकर्षित किया।

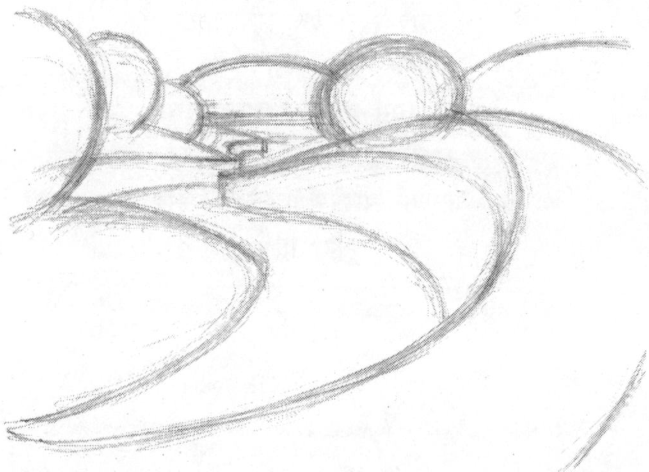

एक फोटोग्राफ से मैंने काम शुरू किया और दृश्य को दुबारा डिजाइन किया। एक आदर्श संयोजन की तरह इसे अंकित किया। दृश्य के लक्षणों और इसके अव्यावहारिक आकार को रेखांकित किया ताकि इसके बांकपन को स्क्रैप पेपर पर उतार लिया जाए।

चित्रकार की सलाह

गहराई का आभास देने के लिए किसी चित्र को ऊंचाई से बनाना होगा। इससे टोन का कन्ट्रास्ट कमजोर बनेगा। ऐसा वातावरण के धुंधलके के कारण होगा। इसके लिए दूर की चीजों को हल्की शेड देनी होगी, हल्के प्रकाश की रेखाएं लगानी होंगी। जैसे जैसे आप अग्रभूमि (Foreground) की तरफ बढ़ेंगे, गहरे शेड और तीखी रेखाएं लगाना आवश्यक होगा।

➲ एक मुलायम पेन्सिल से मैंने आकारों में शेड भरी ताकि मैं छायाओं (Tones) के एक सेट पर पहुंच सकूं, जो चित्र में एक संतोषप्रद संतुलन दे सकें। साथ ही साथ दृश्य के लक्षणों सहित उसमें गहराई और ठोसत्व ला सके।

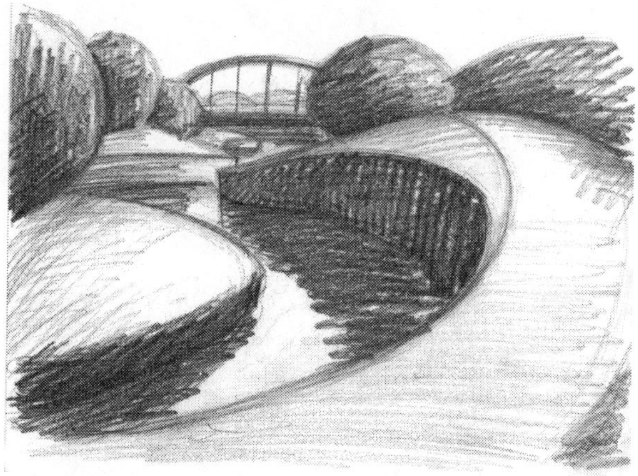

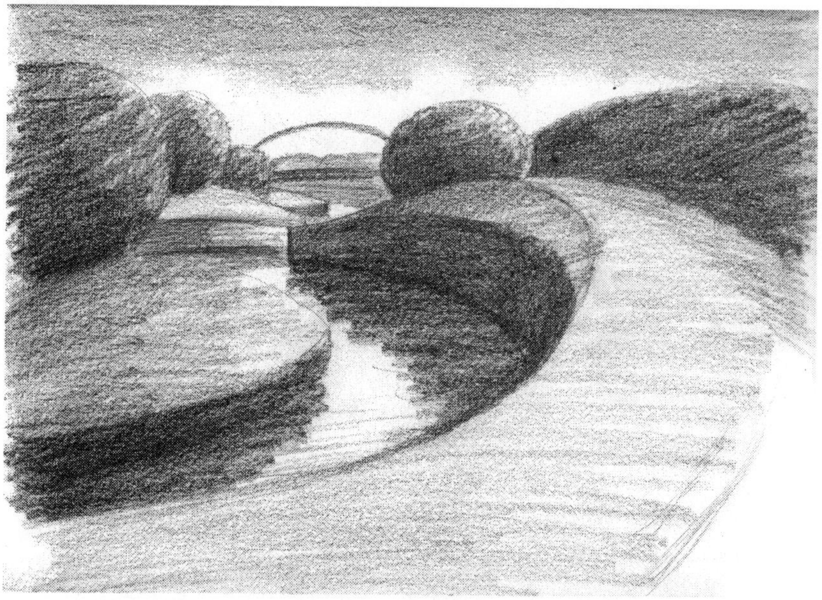

➲ जब मैं संतुष्ट हो गया कि मेरी छाया की संयोजना ठीक थी तो मैंने एक नया कागज लेकर दृश्य को दुबारा ड्रा किया। फिर मैंने पेन्सिल की तिरछी साइड से समतल भागों को भर दिया।

➲ जब प्रारंभिक टोन स्थापित हो गई, तो मैंने पूरे चित्र पर काम किया। छायाओं (Tones) को और व्यवस्थित बनाया। बुनावट (Texture) को कम से कम रखा, बस इतना ही कि तल में अन्तर भर दिखे। परिणाम, एक साफ-सुथरा पर विपरीत सा दिखने वाला दृश्य था, जो अपने फोटो से बिल्कुल ही अलग था।

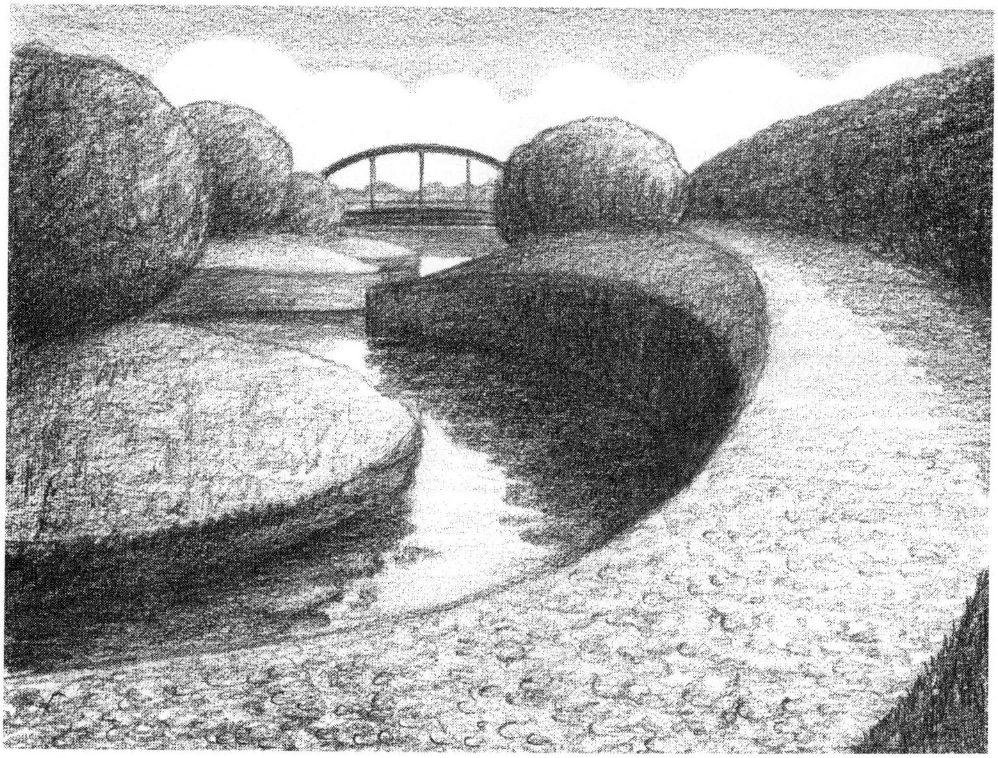

संयुक्त संयोजना (Combined Composition)

आर्टिस्ट को यह स्वतंत्रता होती है कि वह अपने विषय को जैसा चाहे, जिस स्टाइल में चाहे चित्रित करे। भले ही वह किसी वास्तविक दृश्य को देखकर ही चित्रण क्यों न कर रहा हो। यह आम रिवाज है कि कुछ सूक्ष्मताएं (Details) आर्टिस्ट बनाते ही नहीं हैं। वे लक्षणों को सरका सकते हैं या नाप जोख में अपने मन से जोड़-तोड़ या अन्य व्यवस्था कर देते हैं। जो कुछ भी ड्राइंग को संतोषजनक और समुचित बनाए, आप ड्राइंग की नोक पलक संवारते रहिए।

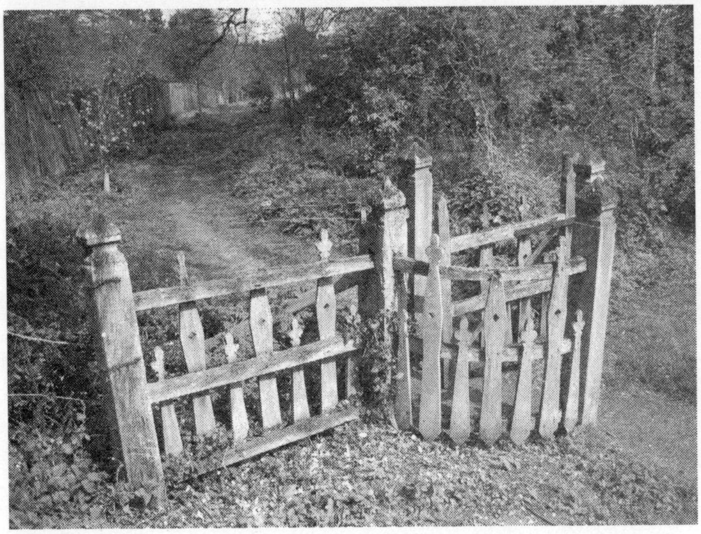

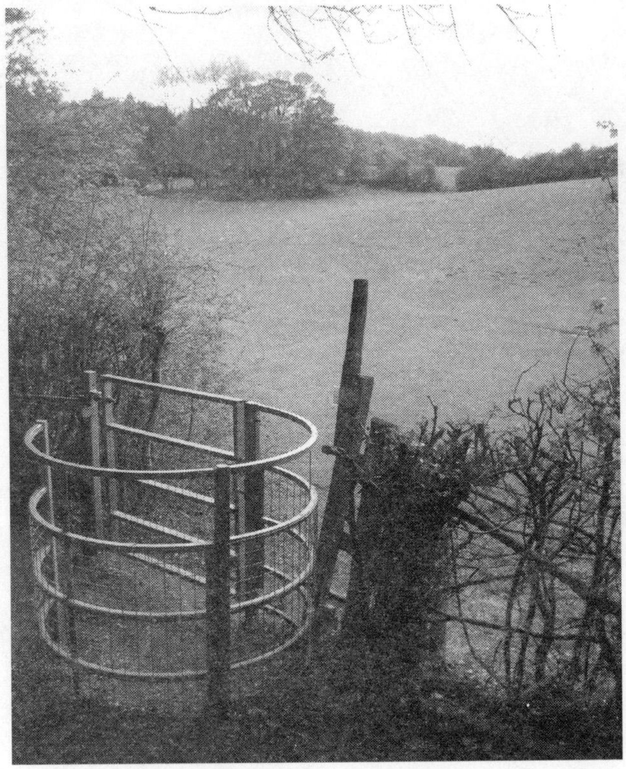

भाग्यवश मैंने एक दृश्य देखा, जब मैं छुट्टी वाले दिन घूम रहा था। मैंने उसका फोटो खींच लिया यह सोचकर कि कभी यह किसी कहानी के चित्रण में बैकग्राउन्ड का काम देगा। अग्रभूमि (Foreground) में आपस में मिलते गेटों से मेरे दिमाग में अधिक सृजनता के साथ एक लोकल चर्च से जोड़ने की कल्पना आई। जिसे मैंने बाद में फोटोग्राफ किया ताकि अपने गेट के फोटो से उसे जोड़ सकूं।

➲ एक सख्त पेन्सिल से मैंने पुराने गेट को स्कैच किया, और फोटो के बेढंगे पर्सपैक्टिव को ठीक किया। मैंने गेट के झुकते डंडों को लम्बवत किया। बेकग्रउान्ड में दृश्य के मुख्य लक्षण स्कैच किए, पहाड़ी को थोड़ा बढ़ा चढ़ा कर बनाया और वृक्षों को कलात्मकता और सुन्दरता से चित्रित किया।

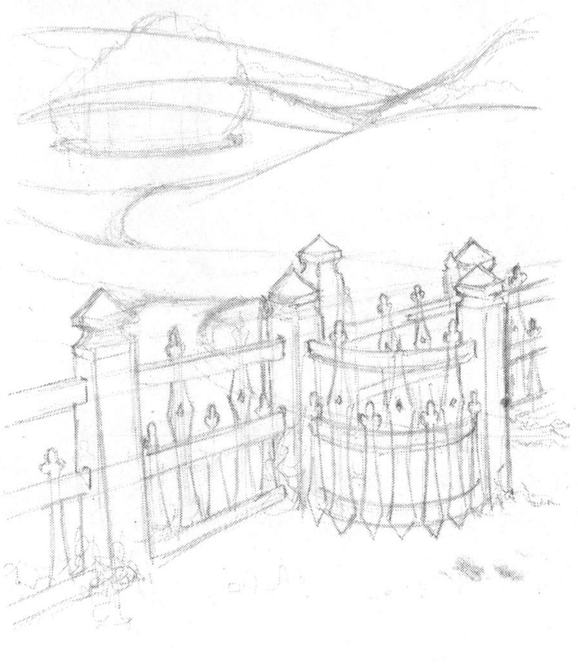

➲ एक पैन और काली स्याही से मैंने गेट की आउटलाइन खींची और कुछ रफ शेडिंग भी की। प्रकाश के लिए अपने फोटो की मदद ली और प्रकाश को उकेरा। बाद में जमीन पर उगी खर-पतवार को भी स्कैच किया।

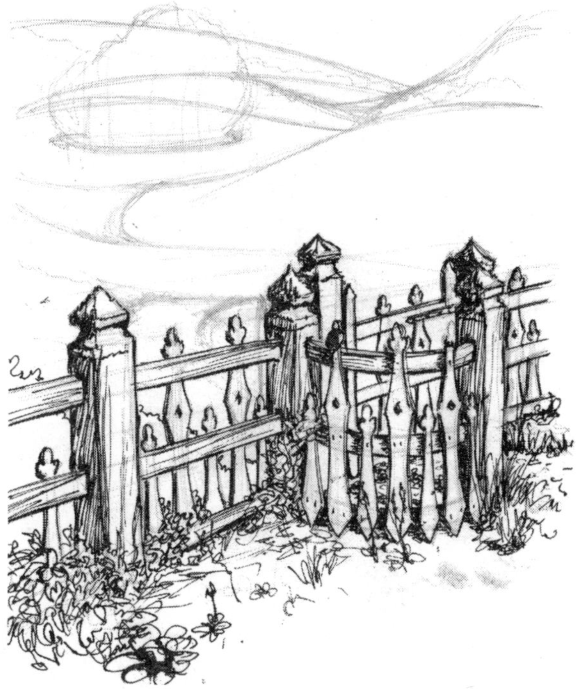

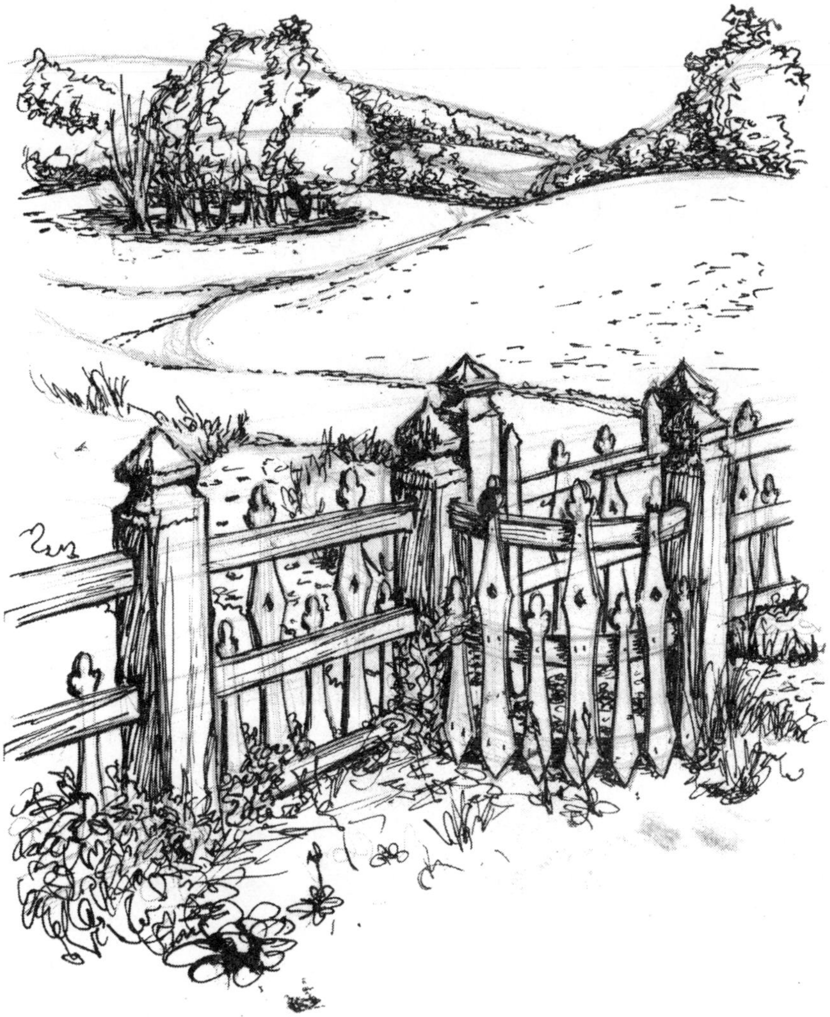

➲ जब अग्रभूमि (Foreground) ठीक तरह स्थापित हो गई तो मैंने बैकग्राउन्ड पर काम किया। ढीले तरीके से पेड़ का आकार बनाया जो फोटो में था और उसी तरह की चमकदार प्रकाश रेखाएं रखीं जैसी कि अग्रभूमि में थीं।

➲

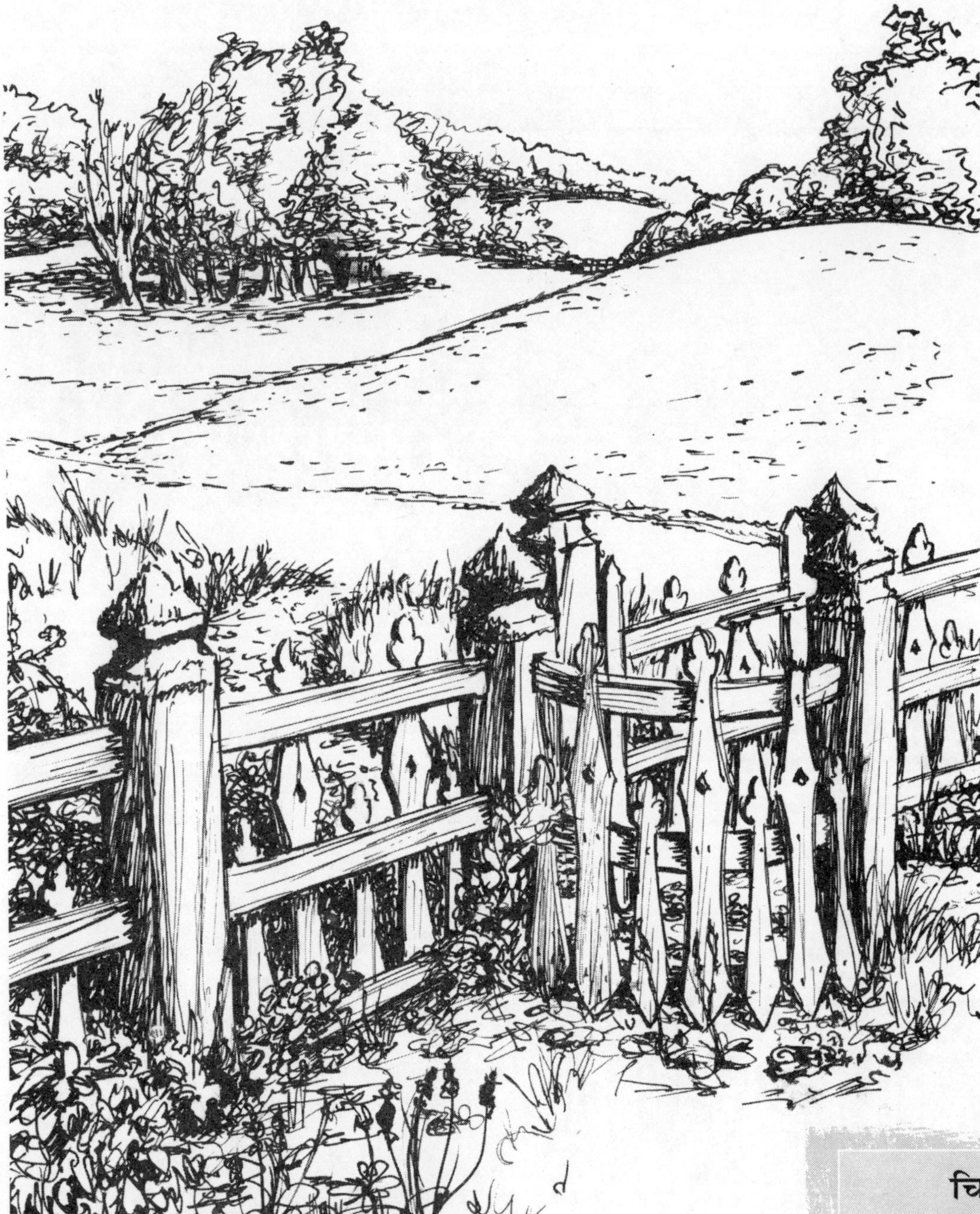

मैंने पेन्सिल की सभी मार्ग-दर्शक रेखाओं को रबर (Eraser) से मिटा दिया। फिर सूक्ष्मताओं को पूरे चित्र में संवार और सुधार दिया। एकाग्रता से अग्रभूमि (Foreground) को उभारते हुए उन्हें गहरी रेखाओं से बनाया जो हल्की बैकग्राउंड की तुलना में ज्यादा उभर रहीं थी और एक ऊपरी पर्सपैक्टिव का आभास दे रही थीं। मैंने नीचे खरपतवार का भी चित्रण कर दिया तथा चित्र के निचले बाएं भाग को खाली छोड़ा ताकि कुछ रिलीफ मिल जाए।

चित्रकार की सलाह

जब आप लाइन ड्राइंग कर रहे हों तो इस बात का ध्यान रखें कि स्थानीय छायाओं (Tones) के प्रति उदासीन रहें, और अपना ध्यान केवल प्रकाश, गहरे क्षेत्रों और बुनावटों पर केन्द्रित रखें; ताकि चित्र में शक्तिशाली और सुन्दर स्वाभाविक फिनिश आ सके।

जमी हुई संयोजनाएं (Condensed Composition)

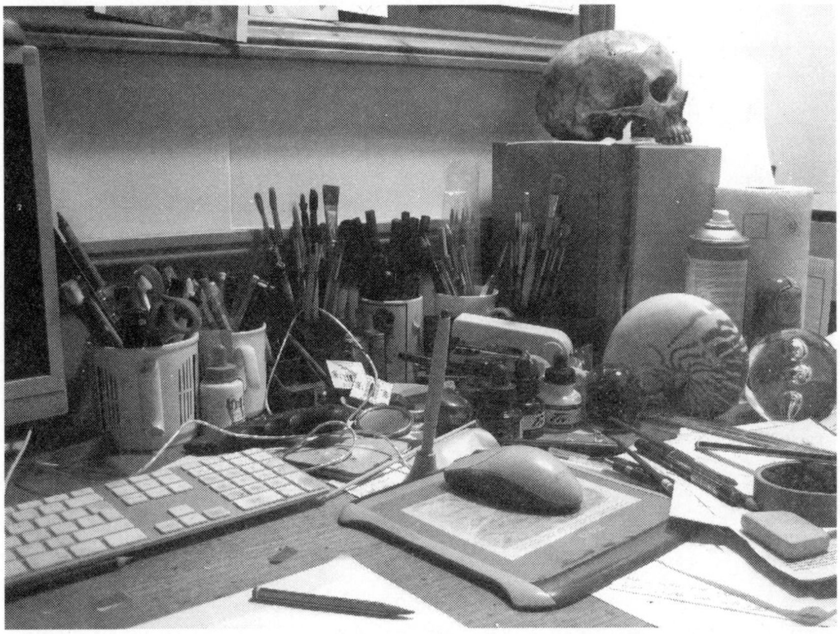

अगर आप कल्पना से काम लें तो आप अपने रेखांकन में प्रेरणात्मक तत्व डाल सकते हैं और किसी भी नीरस पर जान-पहचान की वस्तु और आसपास के परिवेश से प्रेरणा ले सकते हैं। जब मैं किसी सुनिश्चित विषय पर विचार कर रहा था, तो मुझे ज्यादा दूर नहीं जाना पड़ा, मेरी अपनी मेज एक अच्छी विषय वस्तु है। मुझे हालांकि अपनी अस्त-व्यस्त मेज पर शर्म आ रही है, पर मेरा मन कह रहा है कि मैं इसे दिलचस्प चित्र में बदल दूंगा।

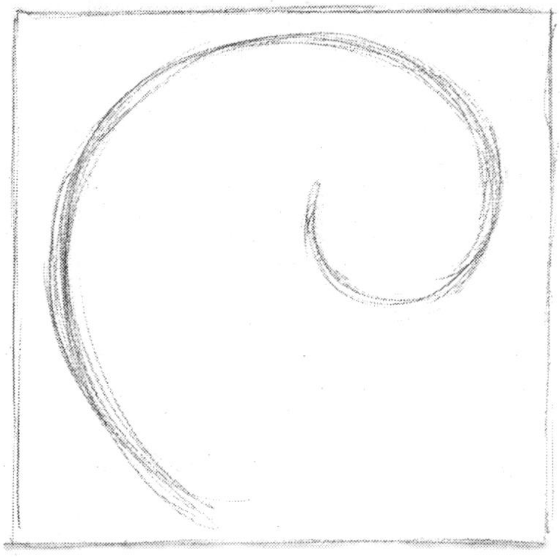

जैसे ही मेरे मन को एक घोंघे (Seashell) का चित्र बनाने का सिग्नल सा मिला मैंने अपनी ड्राइंग को वर्गाकार बनाया जो एक आम संयोजना स्कीम थी। इसे मैंने चर्तुभुज किया और कुछ रफ आकारों को इसमें रेखांकित कर दिया। इसमें मोटा वाटर कलर कागज प्रयुक्त किया।

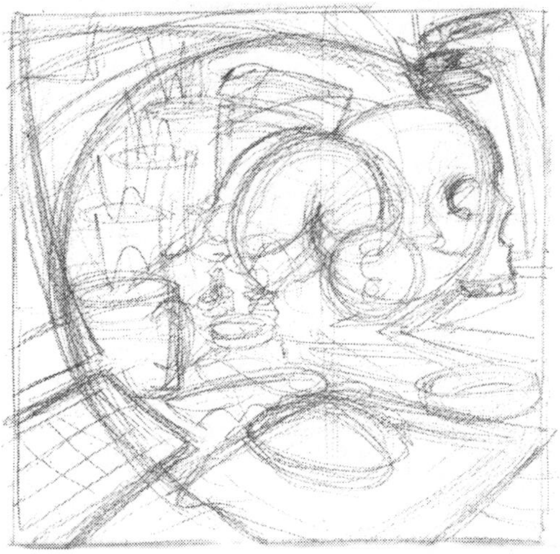

बिना किसी चीज को हटाए, मैंने कुछ तत्वों (Elements) का चयन किया ताकि वे मेरी संयोजना में समा सके। तत्व बाकी चीजों को छुपा रहे थे। मुझे ऐसा लग रहा था, जैसे मेरे अन्दर वह डर पैदा हो रहा है जो चीजों का बेतरतीब ढेर देख कर मन में उठता है। मैंने हर चीज को निकट कर लिया। यहां तक कि किनारों वाले स्थानों पर ऐसा ही किया और कुछ वस्तुओं को उस चकरी (Spiral) के निकट समेटा जो कि मूल संयोजना के रूप में बनाई थी।

➲ सूक्ष्मताओं को उभारते समय कई परिवर्तन सामने आ जाते हैं। ड्राइंग को पेन्सिल से बनाते समय मैं इस बात का ध्यान रखता हूं कि रेखांकन में बहाव रहे और परिवर्तन के लिए भी तैयार रहूं।

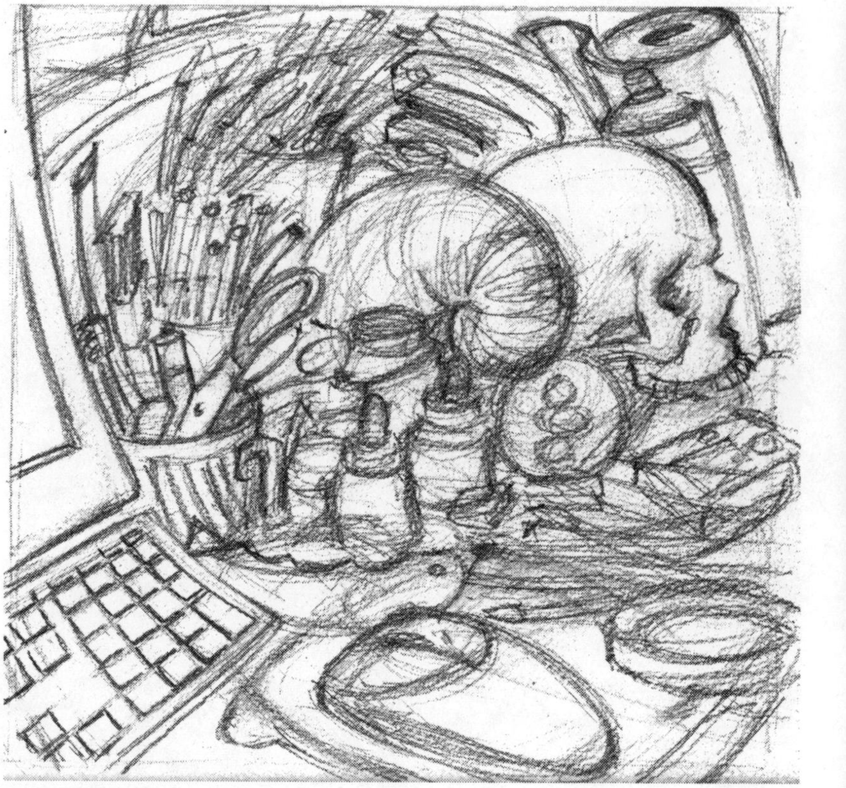

➲ मैं जैसे ही पेन्सिल ड्राइंग से संतुष्ट हुआ मैंने ब्रश और स्याही से ड्राइंग की आउट लाइन भर दी। इसके अलावा पेन्सिल की लाइनों के बगैर भी कुछ सूक्ष्मताएं और बना दीं। स्याही का ऐसा काम चित्र में ताज़गी लाता है और इसे फालतू काम से बचाता है।

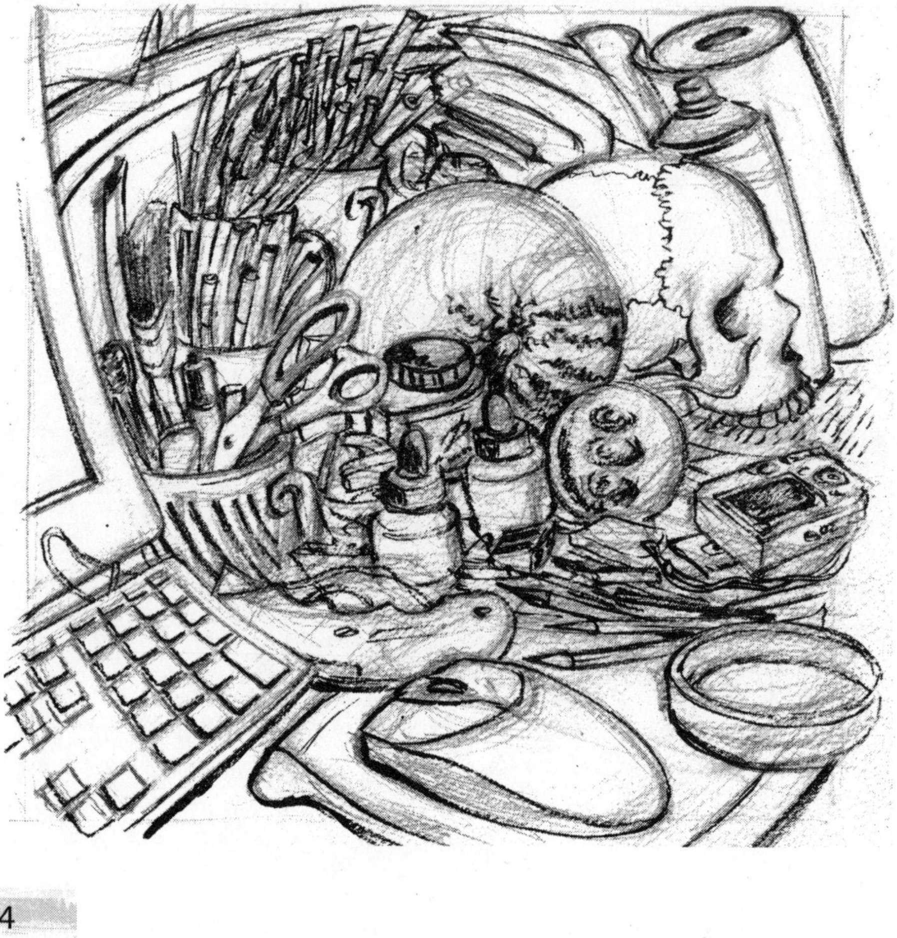

चित्रकार की सलाह

यह बड़ा लाभदायक है कि आप भिन्न स्थितियों को दर्पण (Mirror) में देखें। यह अपरिचित दृश्य उन गलतियों को उभार देगा और कई असंतुलित वस्तुओं को ठीक कर देने का निर्देश देगा, जो शायद आपको पता ही न चलतीं।

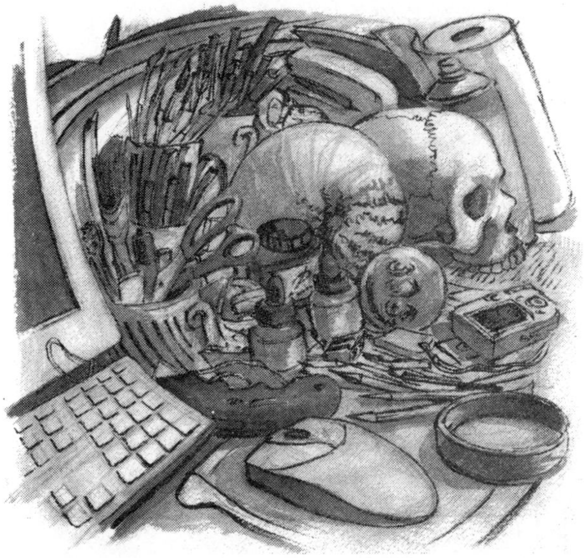

➲ पेन्सिल के निशानों को मिटाने के बाद मैंने एक पतले काले रंग को पानी में मिलाकर वाश बनाया और छाया वाले हिस्सों में पोत दिया। गहरे छाया भागों में और गहरा वाश कर दिया। यह भी कोशिश की कि ब्रश बिना बाधा के सुचारु रूप से चित्र पर चले।

➲ अन्त में मैंने शायद ही चित्र की तरफ देखा। इसके बजाय मैंने चित्र की गाइड लाइन को अच्छे छाया (Tonal) संतुलन के लिए प्रयुक्त किया जो वस्तुओं के ठोसत्व को उभार सके। फिर और ज्यादा खाली स्थानों को काली स्याही और वाटर कलर से जहां आवश्यक था भर दिया। बाद में नुकीले ब्रश से प्रकाश स्थलों की सफेद स्याही से टचिंग कर दी।

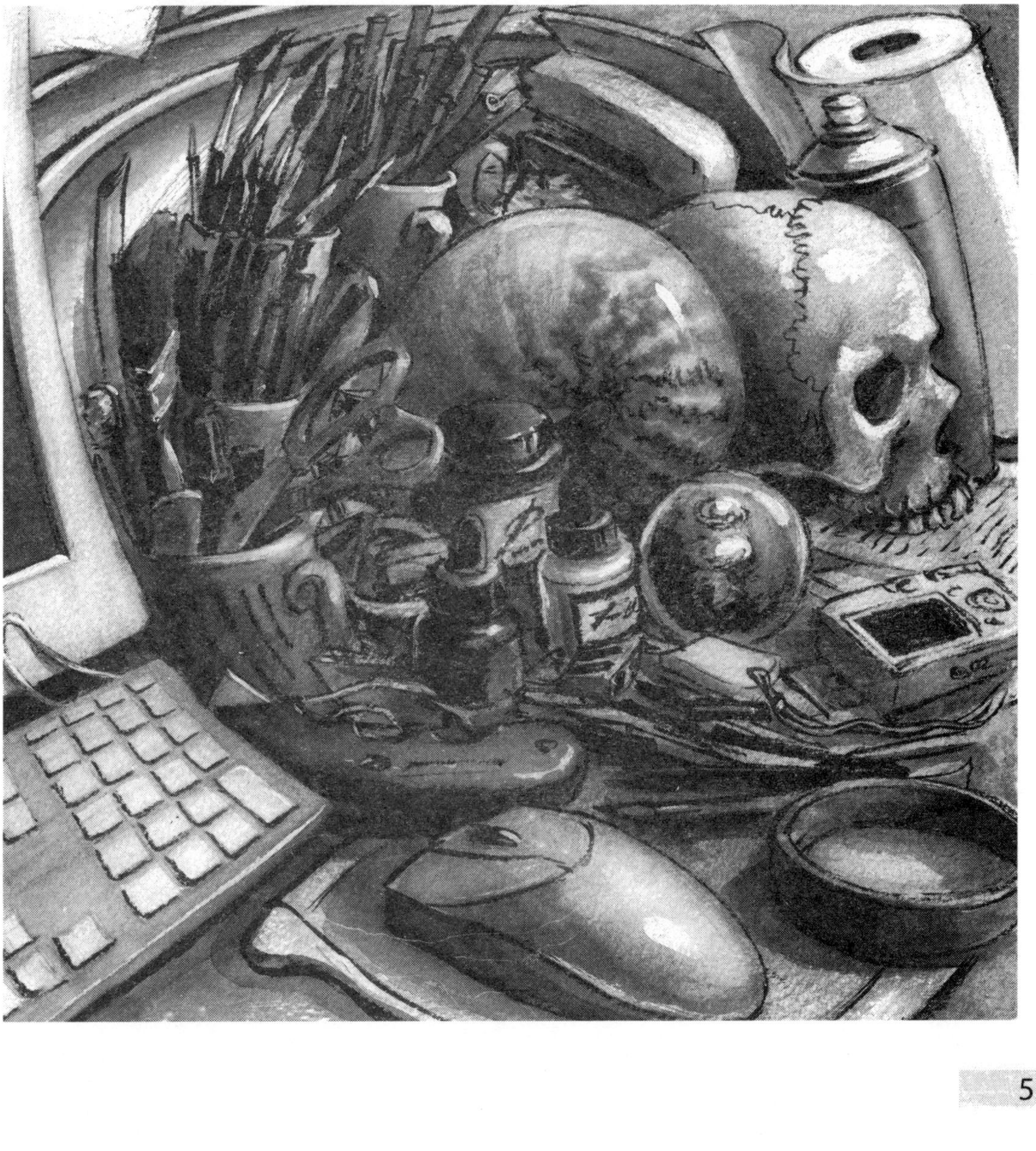

तुलनात्मक संयोजना (Collated Composition)

तुलनात्मक संयोजना चित्रण (Painting) की एक अन्य पहुंच है जिसमें संयोजना इतनी सुविधाजनक होती है कि इसमें अन्य तत्व (Elements) भी जुड़ते चले जाते हैं। पारिवारिक पिकनिक जो कि एक फार्म के बगीचे में सम्पन्न हुई, ने मुझे प्रेरित किया और मैंने नीचे के चित्र को बना डाला। वस्तु-विषयों का बार-बार एक ही तरह से मुख्य चित्र में शामिल होना ही मुख्य विचार (Motif) था, जिसने अलग संयोजना का निर्माण कर दिया।

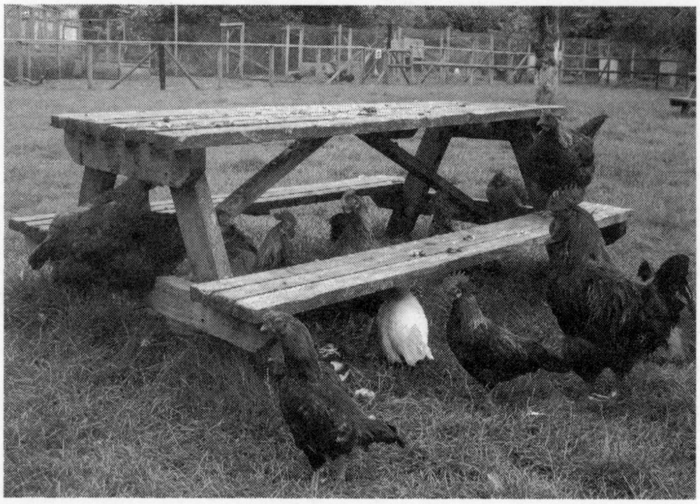

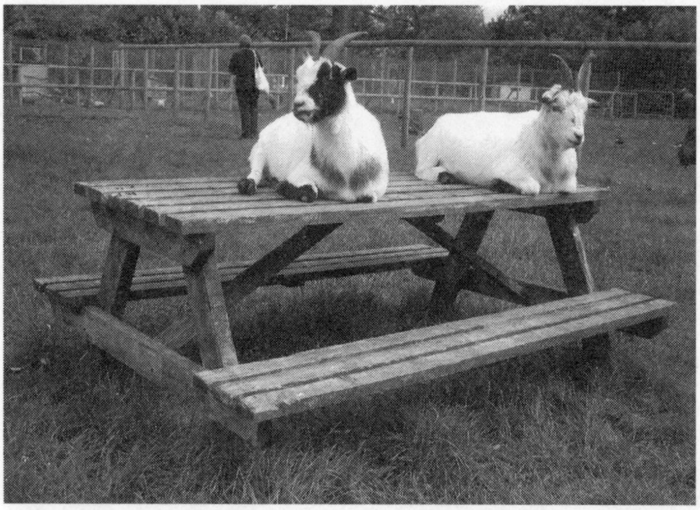

एक पिकनिक बैंच पर मैंने दो बकरों को बैठे देखा और दूसरी बैंच पर मुर्गियां भी बैंच के नीचे आस पास बैठी थीं। तीसरी बैंच पर मैंने अपने परिवार को बैठाया और तीनों स्थितियों को एक ही कोण से फोटोग्राफ कर लिया।

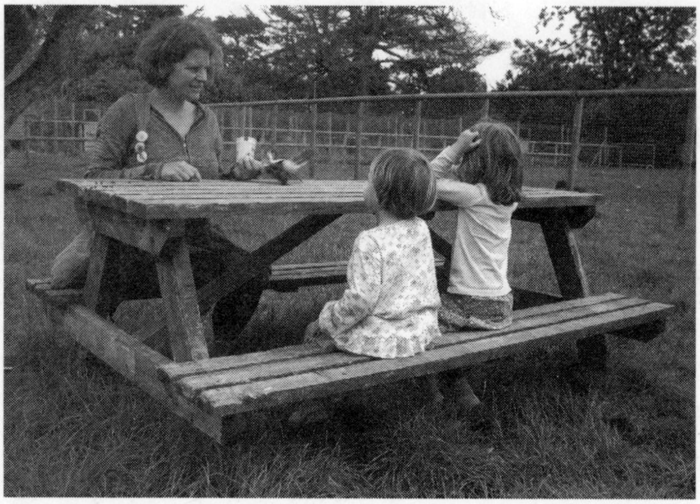

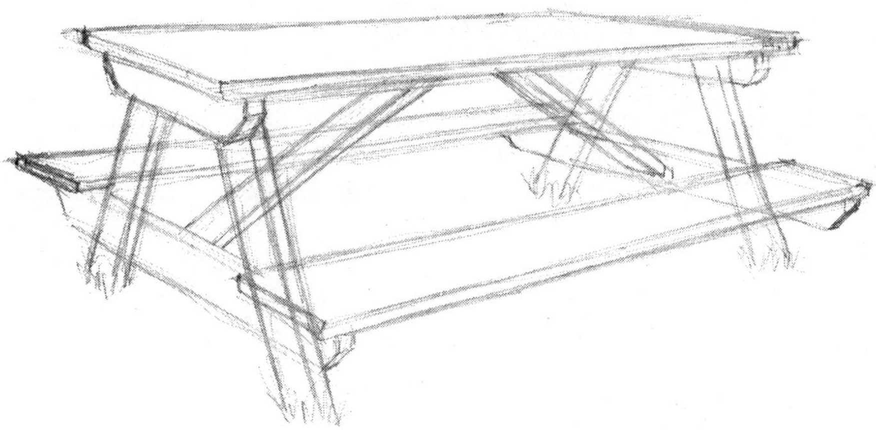

➲ अपने स्टुडियो (कार्यशाला) में मैंने कागज के बीच में बैंच की ड्राइंग पूरी की और सूक्ष्मताओं (Details) के लिए काफी स्थान भी छोड़ा। फिर मैंने बैंच के सभी लक्षणों को पूर्ण कर लिया।

➲ अनावश्यक रेखाओं को रबर (Eraser) से मिटा कर बैंच पर बैठे अपने परिवार को ड्रा कर दिया।

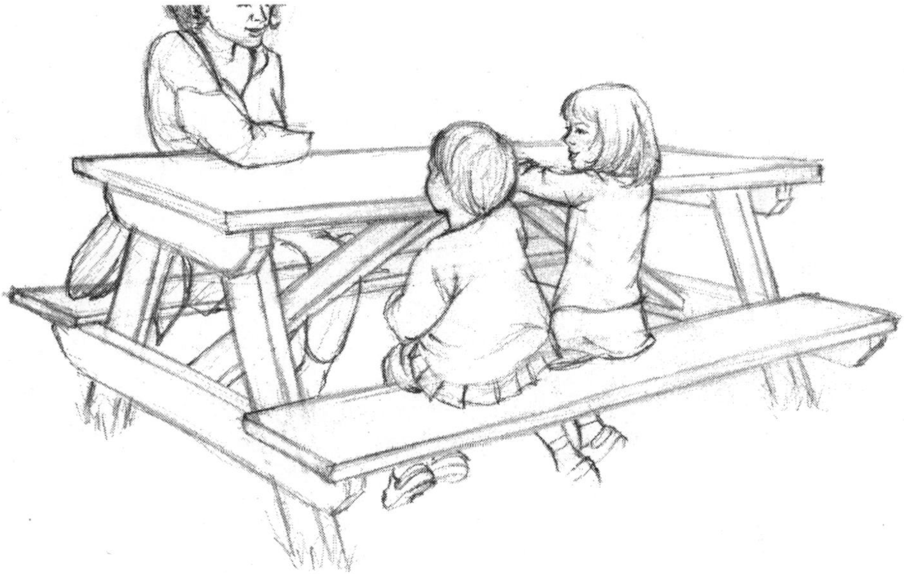

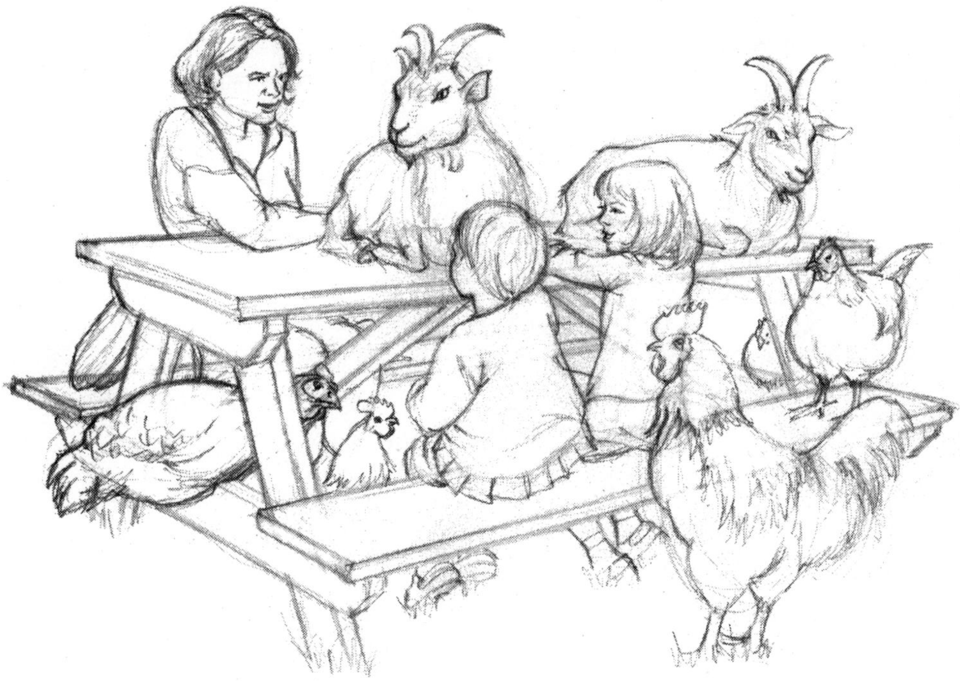

➲ अन्त में दूसरे एवं पहले फोटो की सहायता से बकरों को उस जगह ड्रा किया जहां वे फोटो में बैठे थे; और मुर्गे मुर्गियों को पहले के आकारों के इर्द-गिर्द ड्रा कर दिया। परिणाम आप चित्र में देख सकते हैं।

➲

➲ अब मुझे इस संयोजना या संजोनाओं में आनन्द आने लगा था, सो मैंने दूसरे फार्म-हाउस में खींची फोटो से जानवरों को मुख्य चित्र के चारों ओर स्थापित करना शुरू किया। अग्रभूमि में मुर्गा कुछ ज्यादा ही बड़ा दिखाई दे रहा था, इसलिए उसे मिटाकर मैंने उसे दुबारा ड्रा किया।

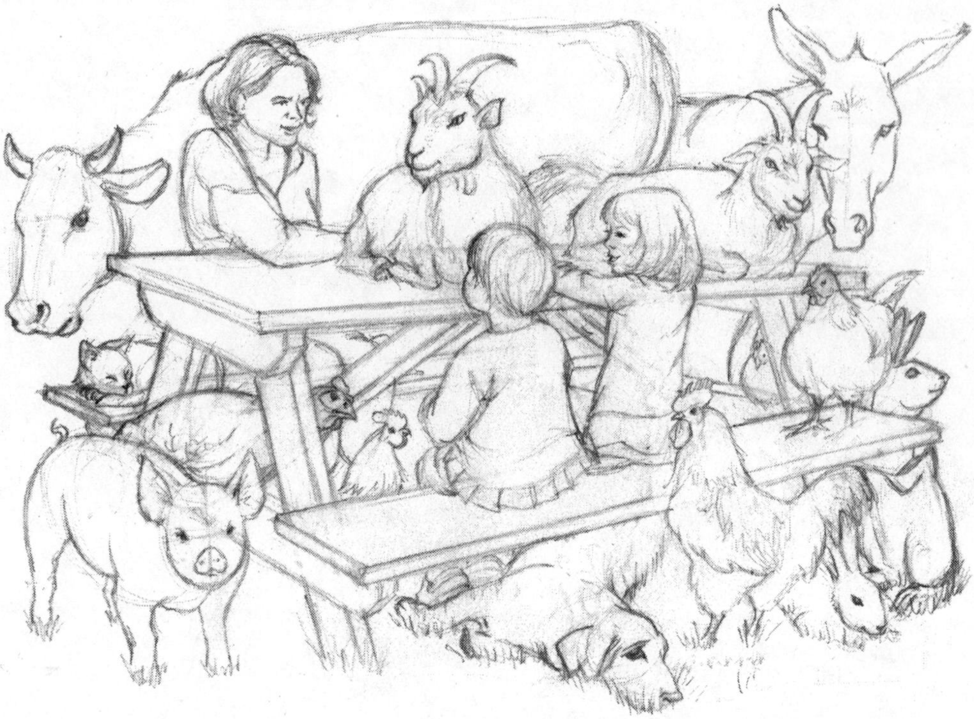

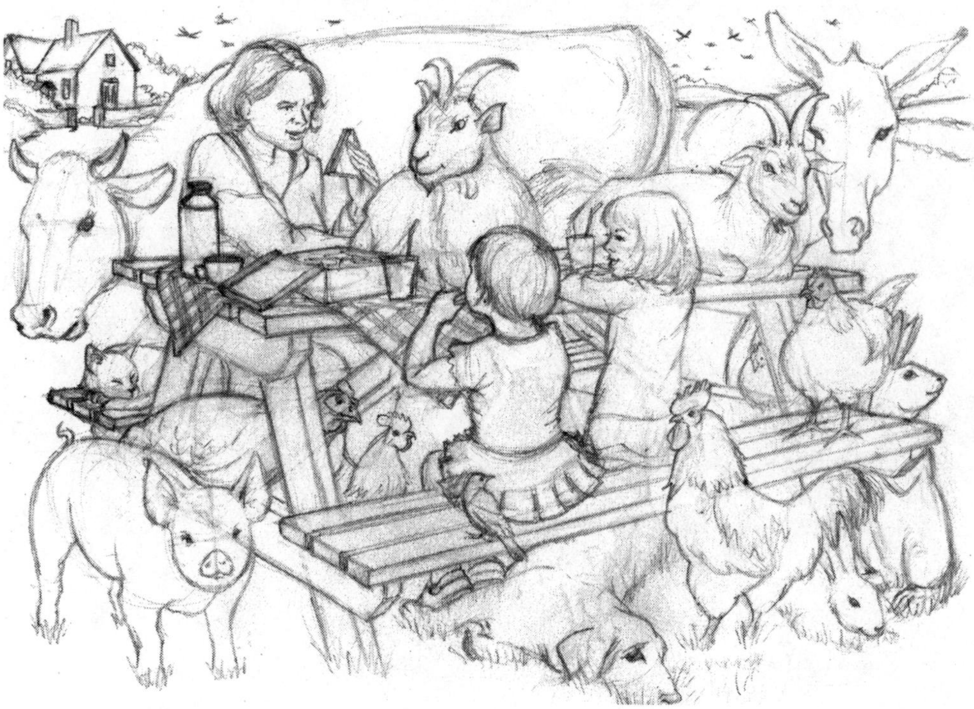

➲ दृश्य की पूर्णता के लिए मैंने फैमिली पिकनिक को पूरा ड्रा कर लिया और बैंच की भी सूक्ष्मताएं पूर्ण कर लीं। बैकग्राउन्ड में भी काम किया ताकि चित्र तथ्यात्मक (Suitable) लगे।

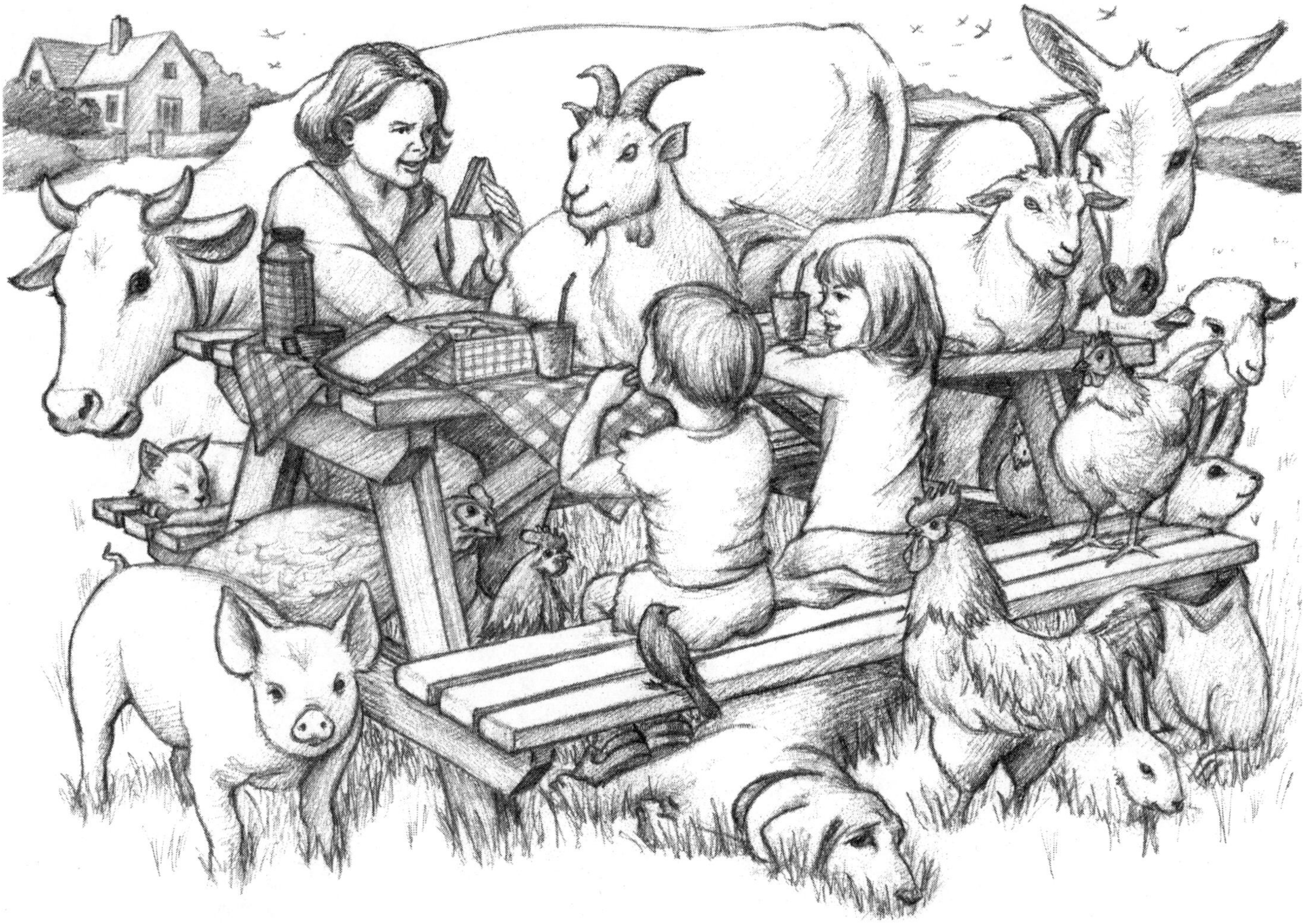

चित्रकार की सलाह

जब आप अतिरिक्त तत्व अपने चित्र में डालना चाहते हो तो आप त्रिआयामी स्थल (Three Dimensional Space) को अवश्य ध्यान में रखें क्योंकि तब नई वस्तु को भी स्थान अपेक्षित होगा। अगर आप कल्पना करें कि परिवार के सदस्यों के पांव जमीन पर कहां होंगे, तो यह सटीकता से नए जुड़े आकारों की नाप-जोख में अदृश्य रूप से स्थापित होंगे।

❶ साफ-सफाई और इस ड्राइंग को बनाने में कई घंटों का सतर्क काम जो कि मैंने एक मैकेनिकल पेन्सिल से किया और बाद में रबर (Eraser) की नुकीली कोरों से इसे संवारा भी। मैं इस चीज से होशियार था कि मेरी जरा सी लापरवाही से पूरा चित्र बेढंगा और घालमेल भरा हो सकता है। इसलिए मैंने छायांकन (Shading) कम से कम किया। सिर्फ चित्र के बड़े क्षेत्रों में ही शेडिंग की और सूक्ष्म शेडिंग से परहेज किया। मैंने चित्र के खाली स्थान पर एक मेज को भी जोड़ दिया जिससे कि संयोजना पूर्णता तक पहुंच सके।

रचनात्मक संयोजना (Creative Composition)

वास्तविक जीवन से लिए दृश्यों को आरंभ करने का बिन्दु समझा जा सकता है, इसे (Photo or real life scene) आप अपनी ड्राइंग में मन चाहे ढंग से बदल सकते हैं। इस प्रदर्शन में, मैंने हर तत्व को दुबारा डिजाइन किया है। सिर्फ प्रकाश ही नहीं, मैंने दिन का समय भी बदल दिया है।

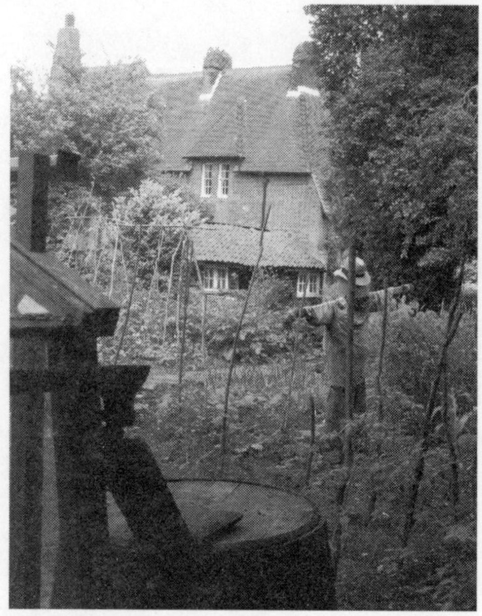

➲ मैंने विचार किया कि इस छुट्टी वाले दिन के फोटो में सभी दिलचस्प तत्व (Elements) आ गए हैं, पर संयोजना कमजोर है और प्रकाश व्यवस्था एक दम सम (Flat) है।

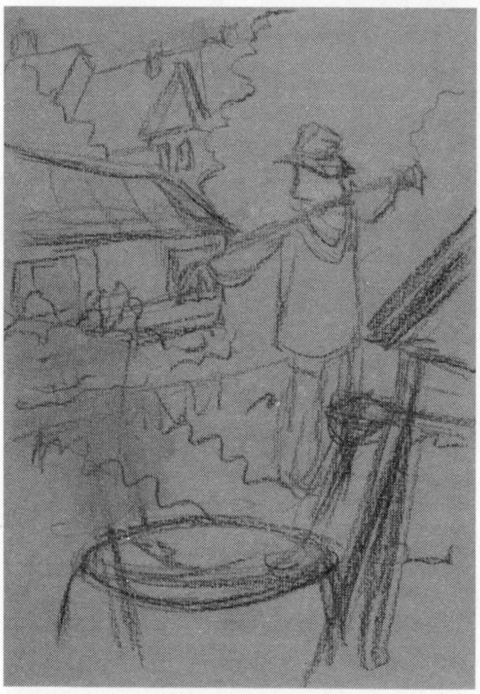

➲ इस निर्णय के बाद कि मुझे इसे रात का दृश्य ही बनाना है, मैंने एक भूरा (Grey) कागज लिया और चारकोल से फोटो के मुख्य लक्षणों (Features) को स्कैच कर दिया। सबसे पहले तो खेतों के पुतले (Scarecrow) को स्कैच किया, जो कि मैं अपने स्कैच में बड़ा बनाना चाहता था। बाकी तत्वों को मैंने पुतले के चारों ओर ड्रा किया। जाहिर है कई तत्वों के साइज और आकारों को मुझे छोटा बड़ा करना पड़ा।

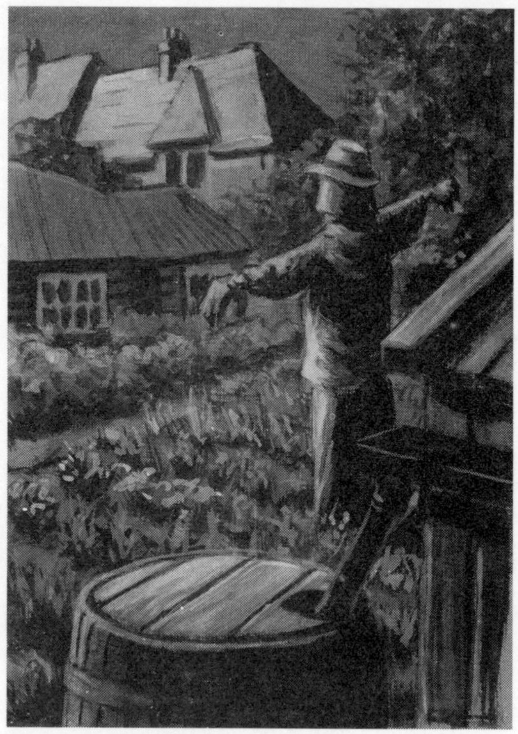

➲ फिर मैंने छाया के मुख्य भागों पर चारकोल से काम किया, ताकि छाया की दृष्टि से चित्र संतुलित हो जाए और स्पष्टता उजागर हो जाए। इसके बाद काली स्याही मिश्रित पानी का हल्का वाश दिया ताकि मध्य-छायाएं (Mid Tones) स्थापित हो जाएं। इससे चित्र में गहराई आ गई।

चित्रकार की सलाह

रात्रि के दृश्य तभी सटीक बनते हैं जब पीछे कहीं प्रकाश का स्रोत हो। इससे गहरी शेड का प्रचुरता से प्रयोग किया जा सकता है और प्रकाश का वस्तुओं पर पड़ना दिखाया जा सकता है। जो वातावरण को न सिर्फ सटीक बनाता है, बल्कि देखने में लुभावना होता है।

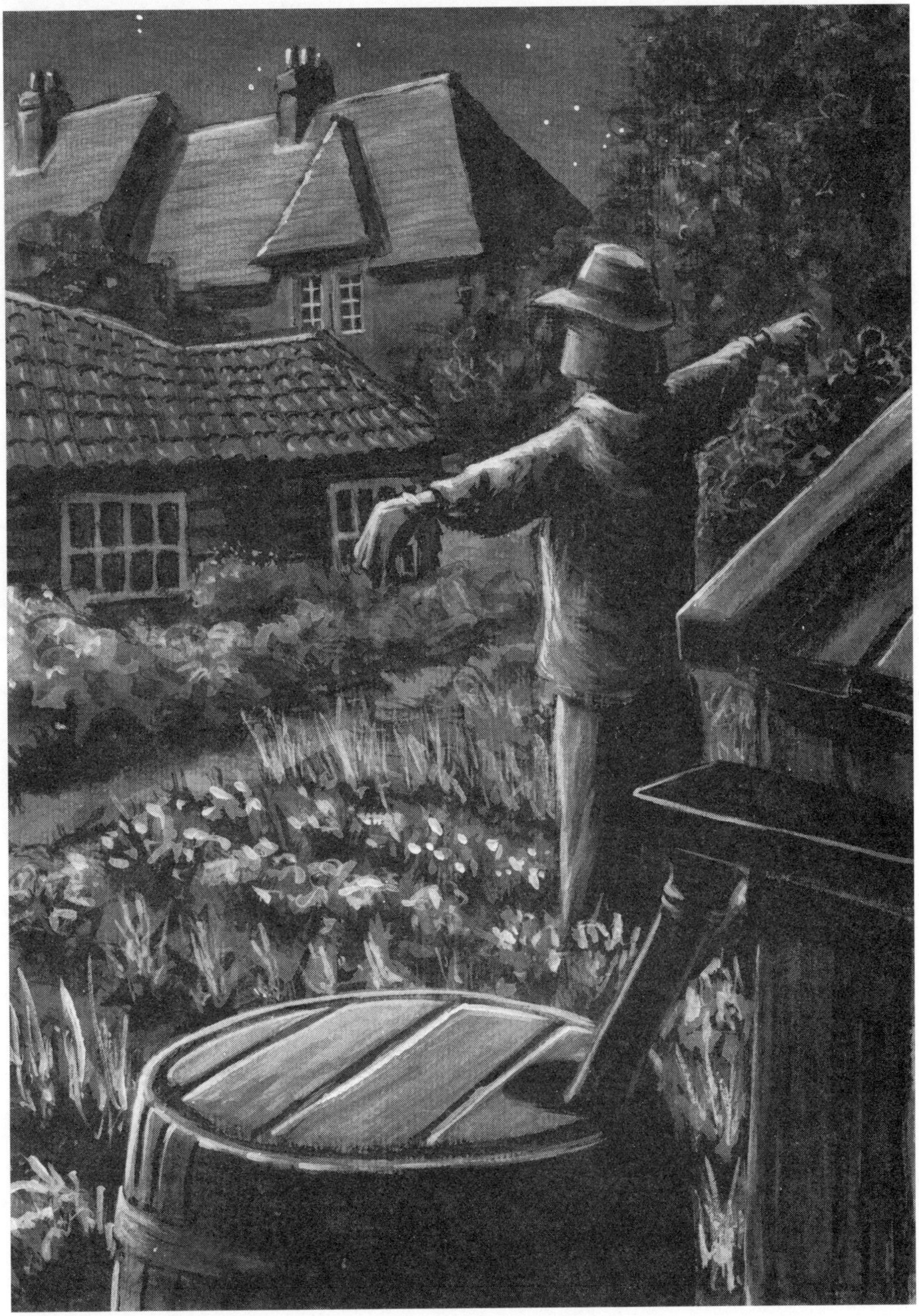

➲ कोई भी पैन जो फेल्ट पैन जैसा हो, पेन्सिल, सफेद पेन्सिल, और ब्रश स्याही हमारे काम करने के औजार होंगे। मैंने पहले तो आर्टवर्क को संवारा और यहां वहां सूक्ष्मताओं पर काम किया। एक नुकीले ब्रश और सावधानी से लगाए सफेद स्याही के स्ट्रोंकों ने हाईलाइट को उभारा। इससे एक चांदनी रात का सटीक वातावरण उपस्थित हो गया।

चौखटा (Framing)

जैसा कि आपने सीखा तत्वों (Elements) की व्यवस्था, (और वह भी एक निश्चित फ्रेम या चौखटें में) एक चित्र के लिए कितनी महत्वपूर्ण है। फिर भी संयोजना का विकल्प (Option) चित्र की पूर्णता के साथ ही समाप्त नहीं हो जाता। साइज का समावेश, आकार और चित्र का स्थान (Placement) जो फ्रेमिंग के अनुरूप हो; किसी भी अच्छे चित्र की सुन्दरता में चार चांद लगा देता है।

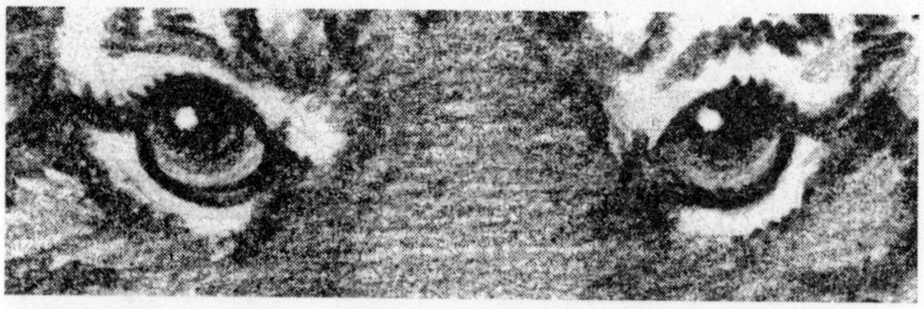

परम क्लोजअप (पास से लिया फोटो या चित्र)

एक विशेष सूक्ष्मता (Detail) पर अधिक निकटता से चित्र बनाने पर चित्र में एकाग्रता का प्रभाव आ जाता है या यह जानिए कि आप सीधे विषय के हृदय तक आ पहुंचे हैं। कभी-कभी आर्ट वर्क की कमजोरी को जीवन्त बनाने के लिए फ्रेमिंग की आवश्यकता पड़ती है। इससे संयोजना एक संकीर्ण (Tighter) स्थल पर सिमट जाती है।

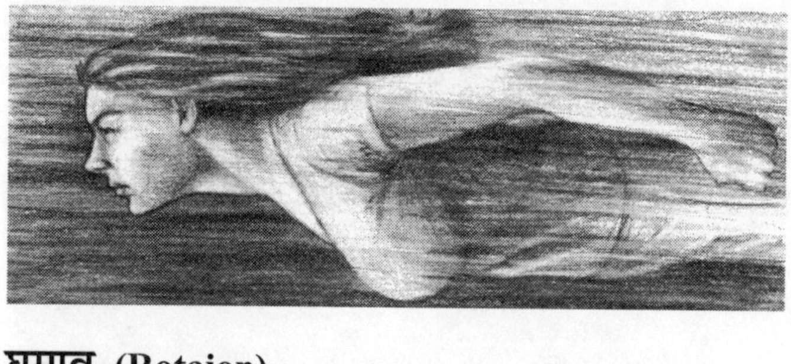

घुमाव (Rotaion)

एक अत्यन्त अलग भाव आ जाएगा यदि आप चित्र को प्रदर्शन के समय थोड़ा घुमा दें। पृष्ठ 45 से ली गई यह लंबवत (Vertical) चित्राकृति को जब घुमा दिया गया तो यह सुपरमैन की तरह तेज गति से उड़ती दिखने लगी।

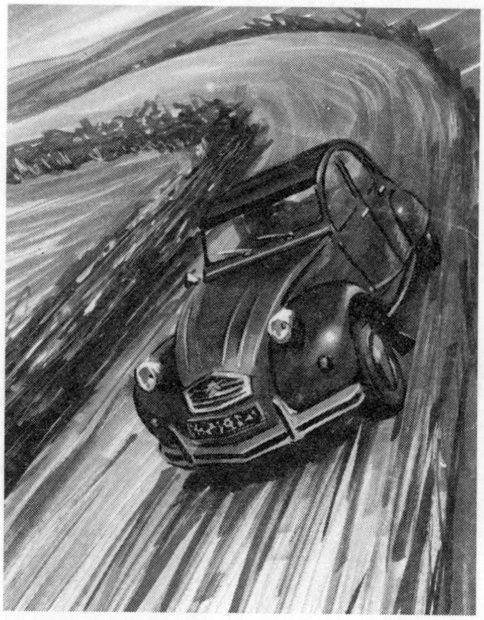

झुकाव (Tilting)

अगर आप चित्र के फ्रेम के कोण में कोई बदलाव कर रहे हैं तो इसकी सक्रिय हलचल में एक अव्यवस्थित स्थिति पैदा हो सकती है। एक साधारण कार को आप थोड़ा तिरछा कर दें तो मूलरूप से दृश्य में गति का भाव आ जाएगा। इसके साथ-साथ आपको सड़क को भी आवश्यक रूप से ढलवां बनाना होगा।

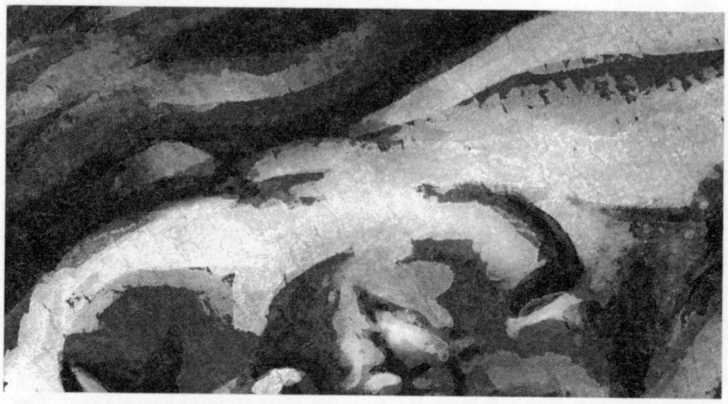

अव्यावहारिकता (Abstracting)

किसी असफल चित्र के उद्धार के लिए आप उसे इस तरह फ्रेम करें कि वह एक अव्यावहारिक कृति दिखाई दे। मैं इस पोरट्रेट खुश नहीं था, पर मुझे इसका ब्रशवर्क भाता था। पहचाने जाने वाले चिन्हों को हटाकर मैंने इसे ऐसा कर दिया कि दर्शक का छायांकन और आकार पर ध्यान जाए, विषय को वह भूल जाए।

परम ढांचे (Extreme Formates)

कुछ विषयों की यह स्वाभाविक अपेक्षा होती है कि पहले से सोचे चतुर्भुजीय क्षेत्र से कहीं ज्यादा जगह उन्हें दी जाए। विश्व-चित्र (Panoramic) सम्बन्धी 'लैटर बॉक्स' का आकार एक सिनेमा जैसा भाव किसी भी लौकिक (Mundane) विषय को दे सकता है। यह उसी तरह से दृष्टि को खींचने वाला, जिसमें कोई घेरा न हो, ऊंचे विषयों की शक्ति हो और सहज ही लंबवत् दूरी का आभास दे। यही कुछ विषयों की मांग होती है।

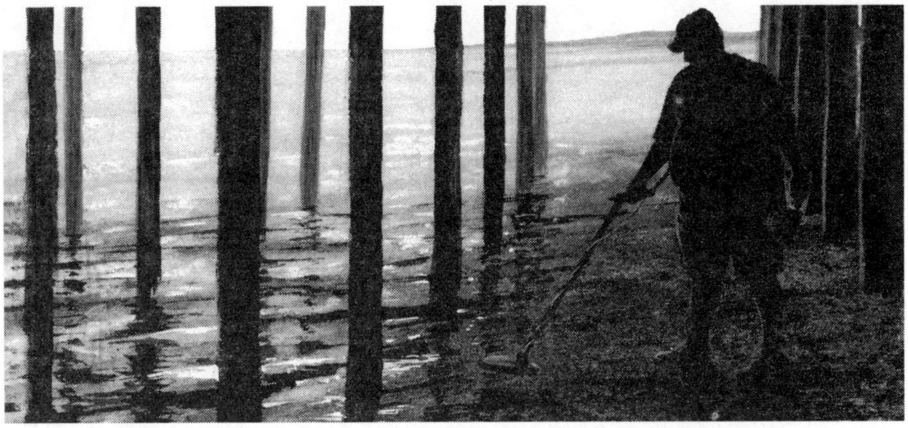

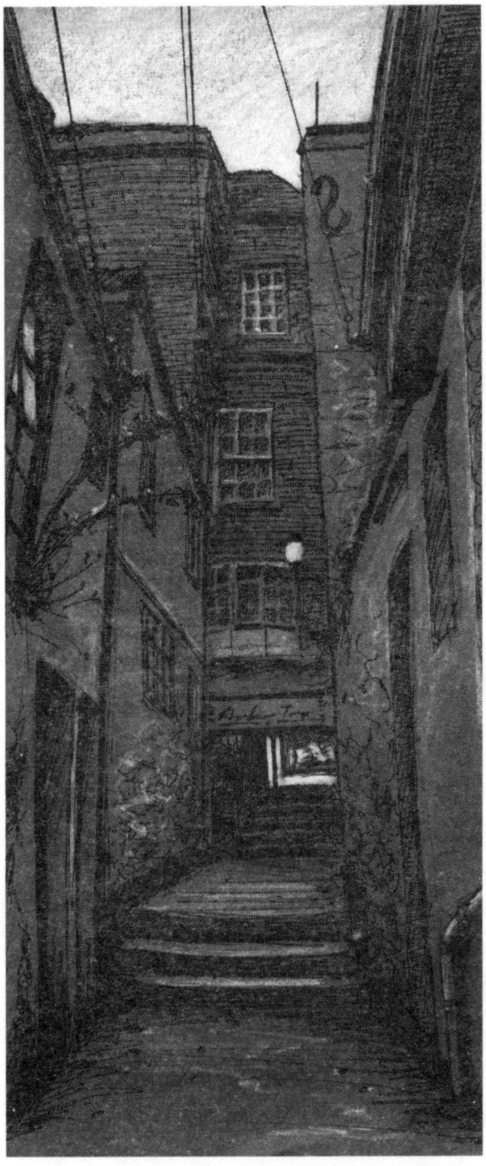

चित्रकार की सलाह

गत्ते के 'L' के आकार के दो टुकड़ों को अपने चित्र के ऊपर रखिए। इससे आपको प्रभावशाली फ्रेमिंग विकल्प (Options) मिल जाएंगे, जो आपको अंतिम निर्णय लेने में सहायक होंगे। अनावश्यक भागों को काटने की कोई आवश्यकता नहीं है; इसके बजाय आप अपने 'L' के आकार के गत्तों से नाप लें और कागज को या गत्ते को इसी नाप से काट लें और उसे अपने चित्र के ऊपर जड़ दें।

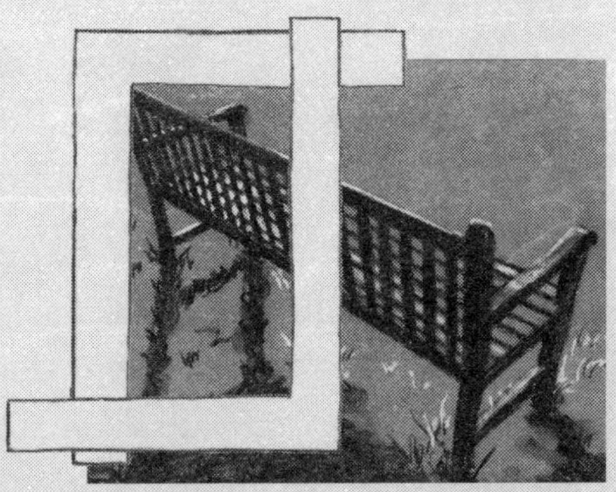

प्रभाव (Emphasis)

जब आप किसी मूल्यवान दृश्य या किसी विनीत (Modest) व्यक्तिगत विषय का बड़ा चित्र बनाते हैं तो आप चित्र की किसी एक वस्तु पर ज्यादा ज़ोर देना पसन्द करते हैं। इसे करने के कई संवेदनशील तरीके है, इनकी चर्चा हम इस पुस्तक के अगले पृष्ठों में करेंगे। पर इस समय आइए कुछ सरल स्कीमों (Devices) का अध्ययन करें। उन लक्षणों पर ज़ोर दें जो आपके चित्र में हैं और आप चाहते हैं कि उन्हें प्रमुख रूप से दिखाया जाए।

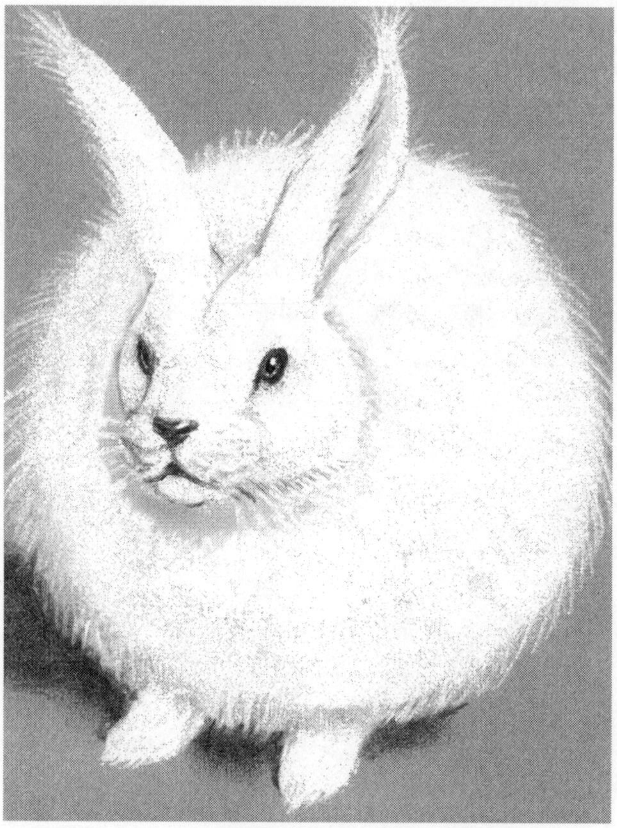

इस खरगोश को प्रभावी बनाने के लिए मैंने इसके अवयवों (Anatomical Details) की तरफ ज्यादा ध्यान नहीं दिया। पर इसे रूई के गोले की तरह ड्रा किया। सिर को मैंने बिल्कुल जीवन्त बनाया (ज्यादा सुन्दर नहीं), इससे ड्राइंग स्टीक बन गई। एक कसी हुई संरचना से खरगोश में भारीपन आ गया और फ्रेम भर गया।

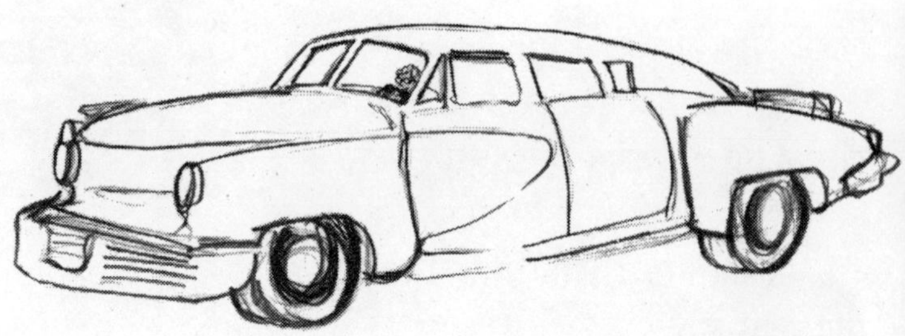

इस पुरानी कार को ड्रा करते समय मैं इसके राक्षसी साइज से हतप्रभ हुआ। यह आधुनिक कारों की तुलना में बहुत ही बड़ी थी। इस कार के साइज को प्रभावी बनाने के लिए मैंने स्टीयरिंग व्हील के पीछे एक छोटे आकार की वृद्धा को स्कैच किया। इससे कार और बूढ़ी स्त्री के आकार का तुलनात्मक स्वरूप स्पष्ट हो गया। स्त्री के अति छोटे आकार के कारण कार बहुत बड़ी दिखने लगी।

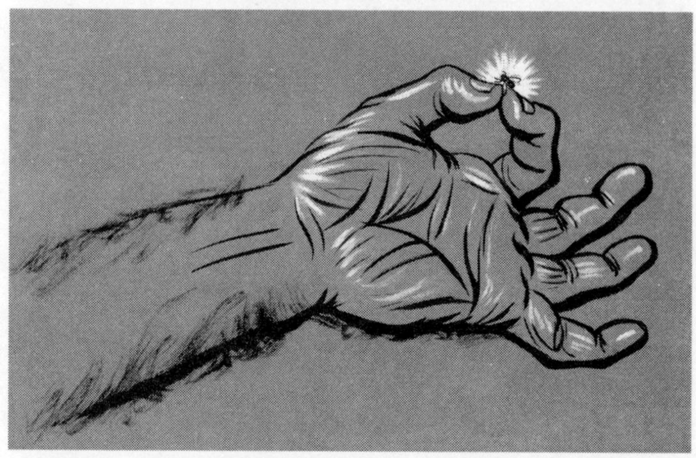

मैं एक मक्खी की क्षुद्रता (Smallness) दिखाना चाहता था। इसे एक अन्य विषयवस्तु–अपने हाथ–के साथ चित्रित किया। तुरन्त ही आप मक्खी और हाथ का तुलनात्मक स्वरूप देख सकते हैं। कहीं ऐसा न हो कि दर्शक मक्खी को देख ही न पाए; मैंने मक्खी के चारों ओर किरनें भी सफेद रंग से बना दीं जिससे वह भूरी बैकग्राउन्ड पर चमक उठे।

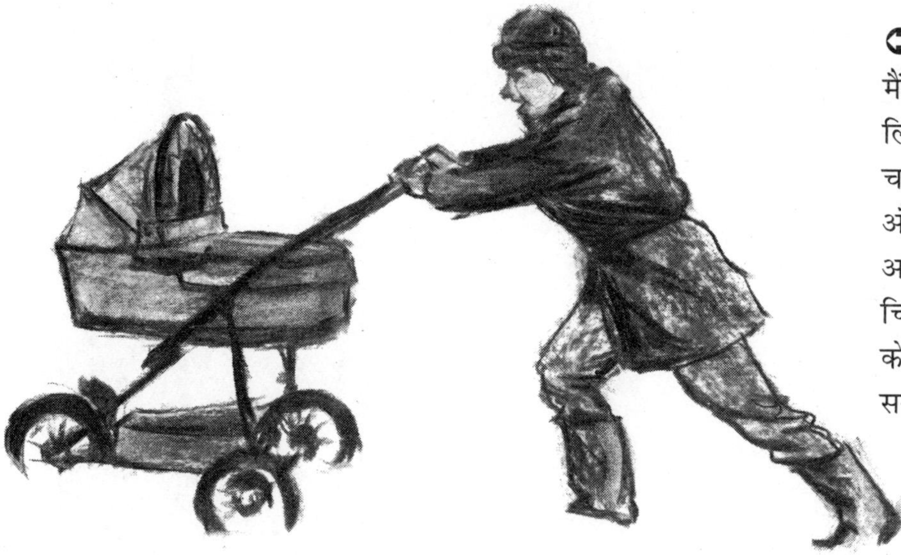

⊂ इस प्रदर्शन (Demonstration) के लिए मैंने अपनी पत्नी के एक फोटोग्राफ का सहारा लिया, जिसे एक ठंडे दिन खींचा गया था। मैंने चारकोल के एक टुकड़े से पत्नी की आकृति और बग्घी को ड्रा किया, ताकि पत्नी की आकृति बग्घी पर जो बल लगा रही थी उसे चित्र में लाया जा सके। इसके बाद चारकोल के नुकीलेपन से आकृति की सूक्ष्मताएं उकेरना सरल और जल्दी से होने वाला काम था।

चित्रकार की सलाह

जब आप चित्र में प्रभाव डाल रहे हों तो यह जरूरी है कि आप सूक्ष्मताओं में थोड़ी गलतियां करें। यह आसान है कि आप चित्र को अतिशयता (Overdoing) से बनाएं और चित्र को कार्टून जैसा बन जाने दें।

⊕ यहां पर मैंने कुछ सरल प्रभावों से जैसे कि घास के पत्ते और महिला के हवा से लहराते बालों से यह दर्शाने की चेष्टा की है कि महिला कैसे बल लगा कर बच्ची को धकेल रही है।

अंत में चित्र में थोड़ा चढ़ाव दिखाने के लिए थोड़ा सा टेढ़ा कर दिया है।

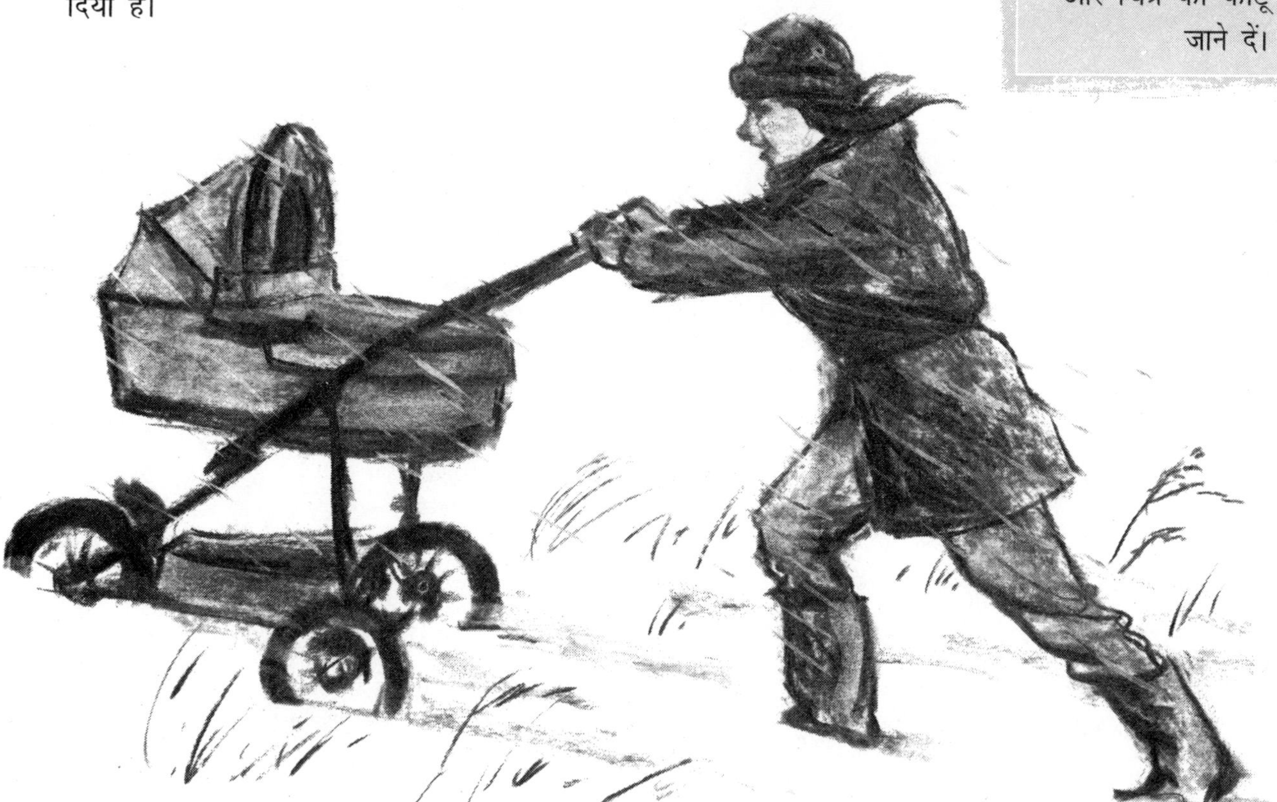

अतिशयोक्ति (Exaggeration)

अक्सर प्रभाव और अतिशयोक्ति (Exaggeration) में एक पतली सी लकीर है। अपने उद्देश्य के लिए हम अतिशयोक्ति को अनुपात की दस्तकारी के रूप में लेंगे। यह चरित्र को उभारने में सहायक है। यह शक्तिशाली स्कीम है जो आर्टिस्ट के जादू के थैले में है और उसके कलात्मक अनुमान या विषय पर अपना दृष्टिकोण रखने में सक्षम है।

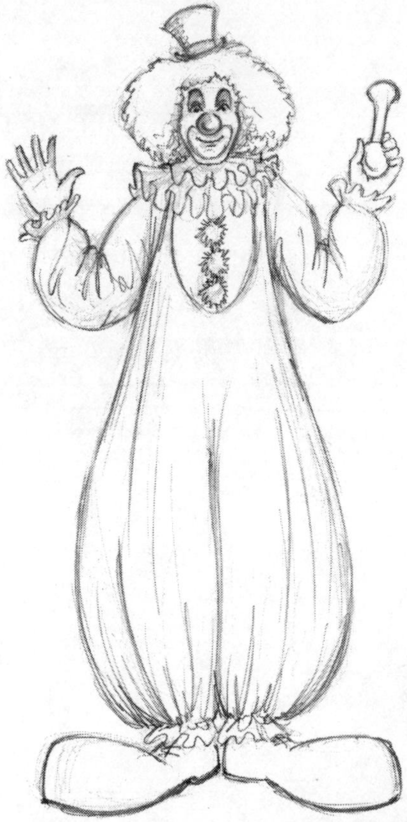

एक मसखरे (Clown) के कपड़ों के डिजाइन में तकरीबन उसके शरीर के हर हिस्से में बेढंगापन नज़र आएगा। पांव कार्टून की तरह बड़े हैं और बालों की बहुलता पर नन्हीं सी अतिशयोक्ति है जिसे मेकअप से ऐसा किया गया है। थैले या गद्देदार कपड़ों में अन्दर का वास्तविक शरीर छुप गया है। रेखांकन में आपको ऐसा चित्र बनाने में स्वत: ही कुछ स्वतंत्रता मिल जाती है।

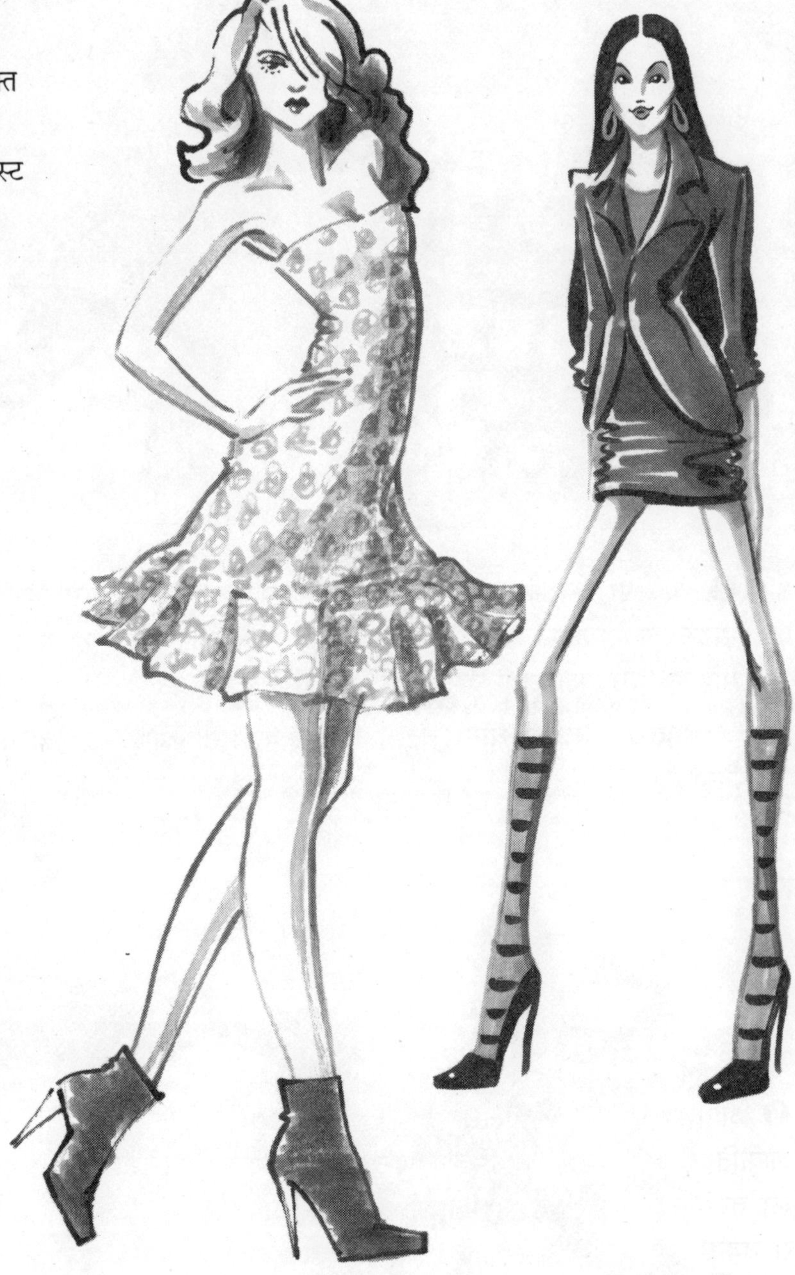

फैशन की दुनिया के कलाकार और डिजाइनर आदतन स्त्री के शरीर को बढ़ा-चढ़ा कर चित्रित करते हैं ताकि वे एक खास तरीके का आदर्श सौन्दर्य और लावण्य (Grace) वस्त्रों में और महिला के चित्रण में दिखा सकें। मॉडल के हावभाव और उसकी देह रेखा (Contour) को भी अतिशयता (Exaggeration) से खींचा जाता है। जो स्वाभाविक तो बिल्कुल ही नहीं होती और मॉडल की ऊंचाई को भी अतिरंजनापूर्ण बनाया जाता है।

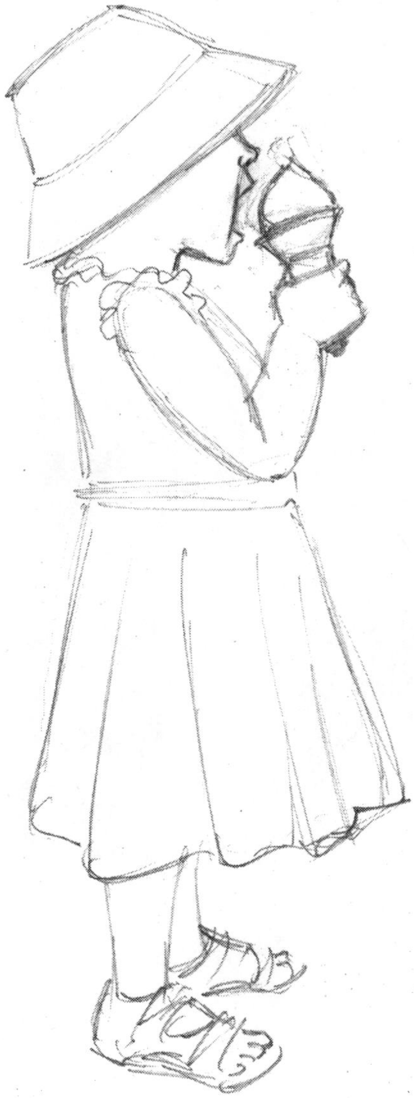

अतिशय (Exaggerated) आकृतियां जरूरी नहीं कि पिछले पृष्ठ की तरह बेढंगी हों, जब सूक्ष्मताओं से उकेरी जाएं तो वे प्रभावशाली बन जाती हैं। प्रदर्शन के लिए मैंने अपनी छोटी बेटी का यह स्कैच तब बनाया जब वह आइसक्रीम खा रही थी। बच्चों और जन्तुओं का जल्दी वाला (Quick) स्कैच बनाने के लिए उन्हें खाने की कोई चीज दे दें इससे वे स्थिर रह पाएंगे।

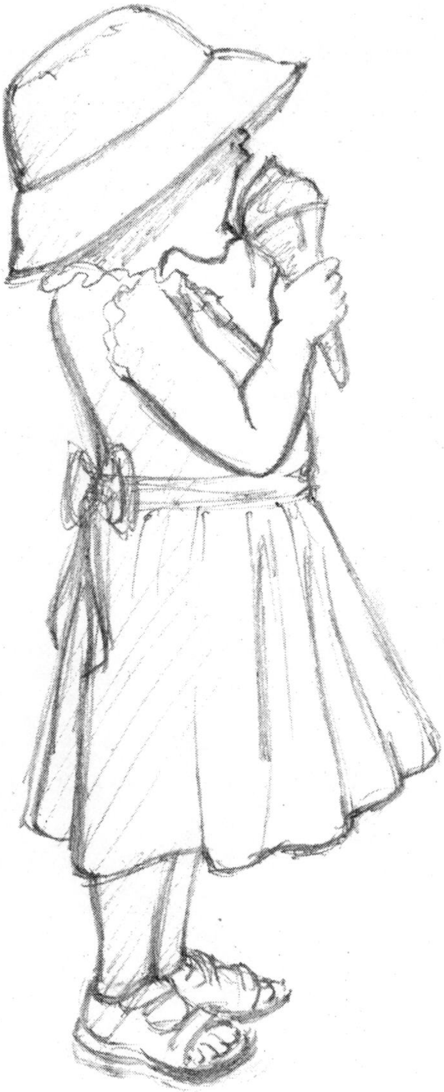

अपने स्टुडियो में मैंने ड्राइंग के ऊपर एक लेआउट कागज रख कर उस पर अपना बनाया स्कैच ट्रैस कर लिया। ऐसा करते हुए मैंने हैट को थोड़ा बड़ा बना दिया। साथ ही आइसक्रीम और मुंह के साथ भी ऐसा ही किया। पेट को दुबारा बनाया, स्कर्ट पर भी काम किया और पीठ की गोलाई को बढ़ा-चढ़ा कर बना दिया। मैंने हाथ को छोटा बनाया ताकि आइसक्रीम बड़ी दिखाई दे। ये सारे परिवर्तन नाटकीय नहीं थे। पर इन्होंने आकृति को लुभावनी और दर्शनीय बना दिया।

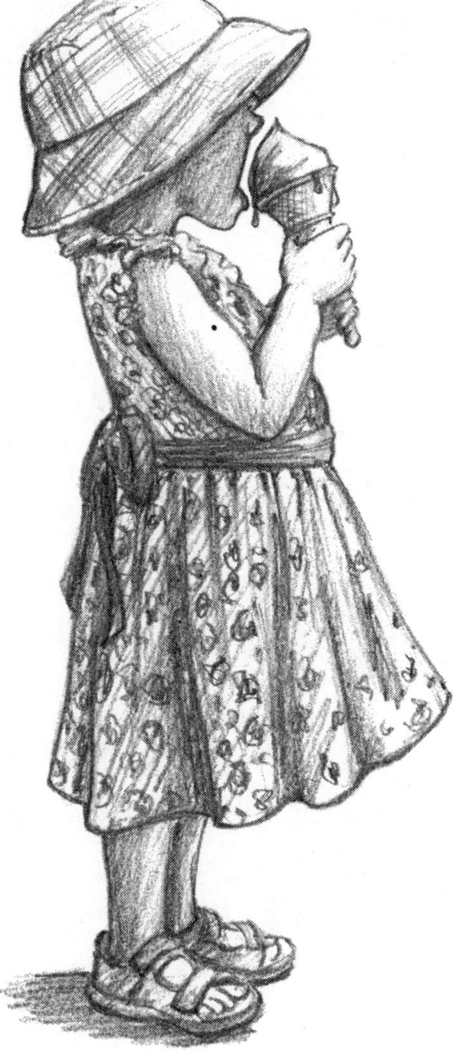

सूक्ष्मताओं (Details) को दिखाने के लिए, ड्राइंग को संवारने से पहले मैंने अपनी बेटी के वस्त्रों पर ध्यान दिया। प्रकाश स्रोत (Lighting) की दिशा देखी और छायाओं को गहरा कर दिया ताकि गरम धूप की चमक चित्र में भी आ सके।

अतिशय (Exaggerated) की धारणा अलग-अलग अच्छी तरह के रेखांकनों पर लागू हो सकती है, या इसे लागू किया जा सकता है। यह विषय के अनुरूप या आप विषय को कैसे लेते हैं इस बात पर निर्भर करती है। नीचे के उदाहरण यह दिखाते हैं कि वे कौन से तरीके हैं जो चित्र में प्रभाव पैदा करने के लिए प्रयोग में लाए जा सकते हैं।

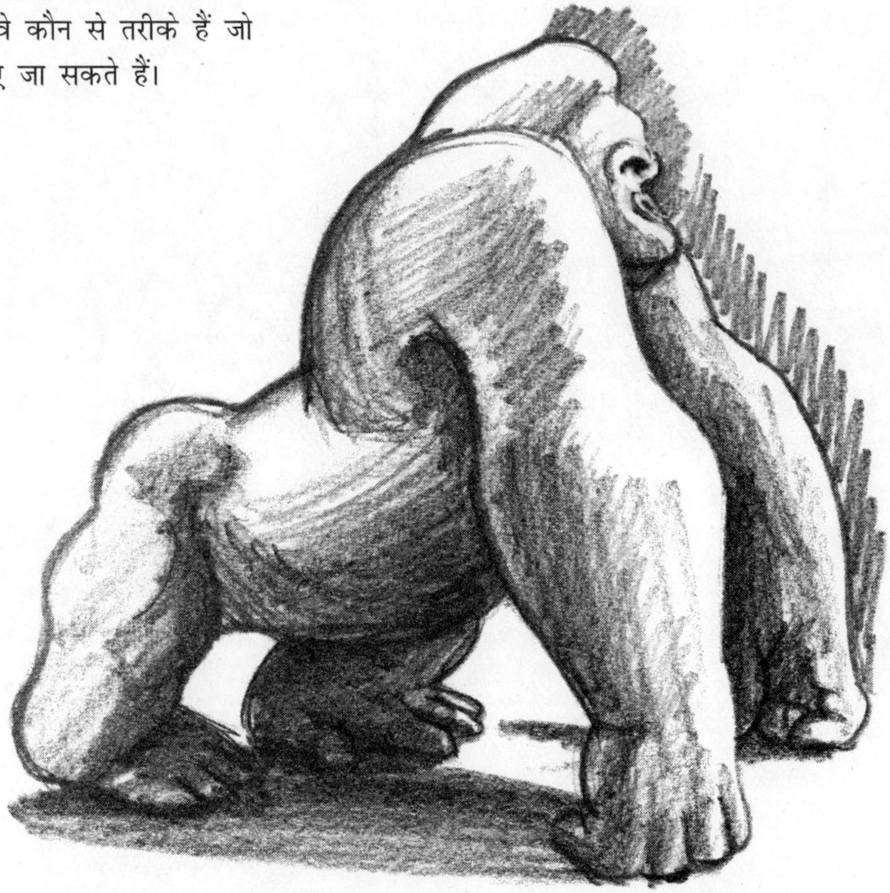

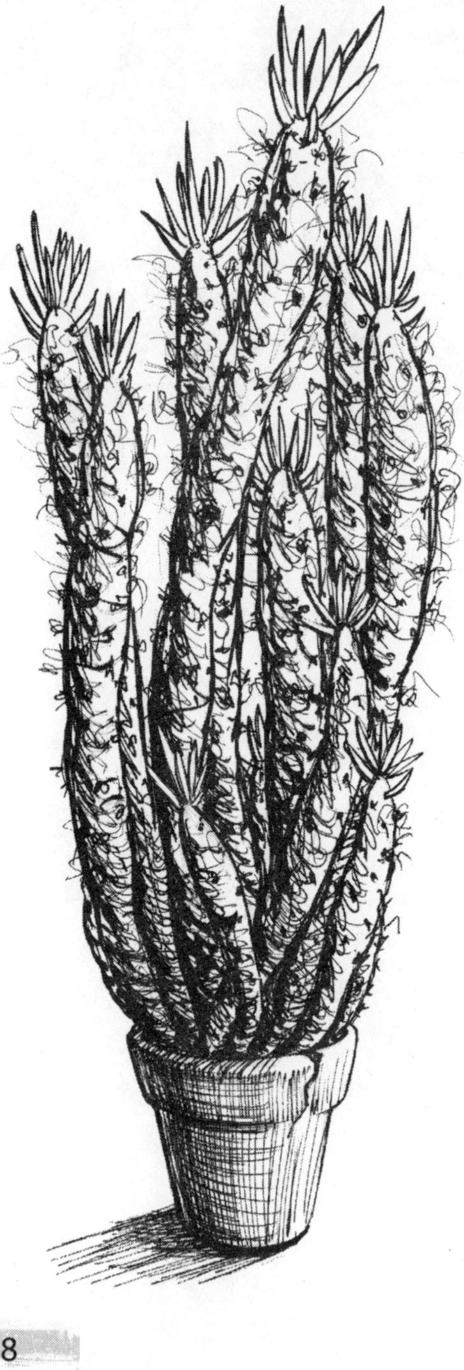

इस कांसे के मूर्तिशिल्प में शिल्पकार ने गोरिल्ला के शरीर के अनुपातों में अतिरंजना से काम लिया है ताकि गोरिल्ला की मांसपेशियों और उनका ठोसत्व मूर्ति में दिखाया जा सके। उसने गोरिल्ला के हाथों को ज्यादा ही बड़ा बना दिया है। और शरीर की आउटलाइन से पीठ और नितंबों (Buttocks) में अतिशयता का प्रयोग किया है।

इस सेहुँड़ (Cactus) के सशक्त प्रभाव को दिखाने के लिए मैंने इसकी नुकीली, केशयुक्त संरचना को पैन और स्याही से उकेरा है और इसमें अतिशयता से काम लिया है। गमले का कन्ट्रास्ट यहां महत्वपूर्ण है; इसे सादा तरीके से शेड (Shade) किया गया है। पौधे की चमत्कारिक बढ़त को दिखाने के लिए, गमले को छोटा बनाया गया है।

➲ इस शिकारी कुत्ते को स्कैच करने के लिए मैंने इसकी थूथन, कान और चौड़ाई को बढ़ा-चढ़ा (Exaggeration) कर बनाया ताकि इसकी खाल में वे झुर्रियां डाली जा सकें जो इसका चारित्रिक गुण है।

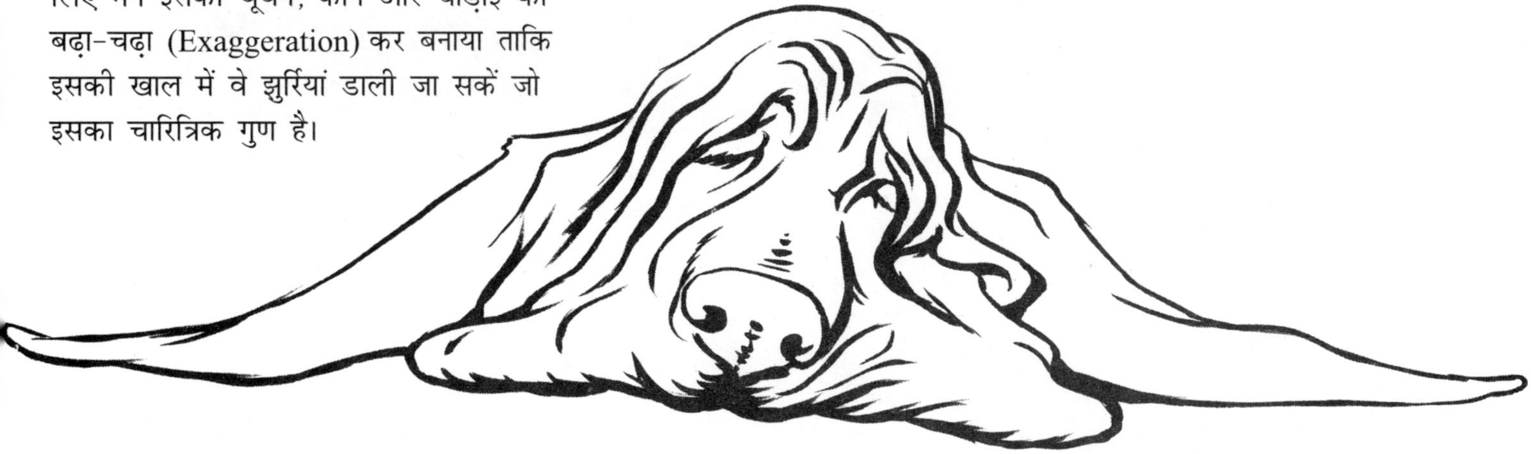

➊ इस चित्र में कोणों को बढ़ाया चढ़ाया गया है ताकि इस मध्यकालीन सराय के शहतीरों को झुका हुआ और मुड़ा हुआ दिखाया जा सके।

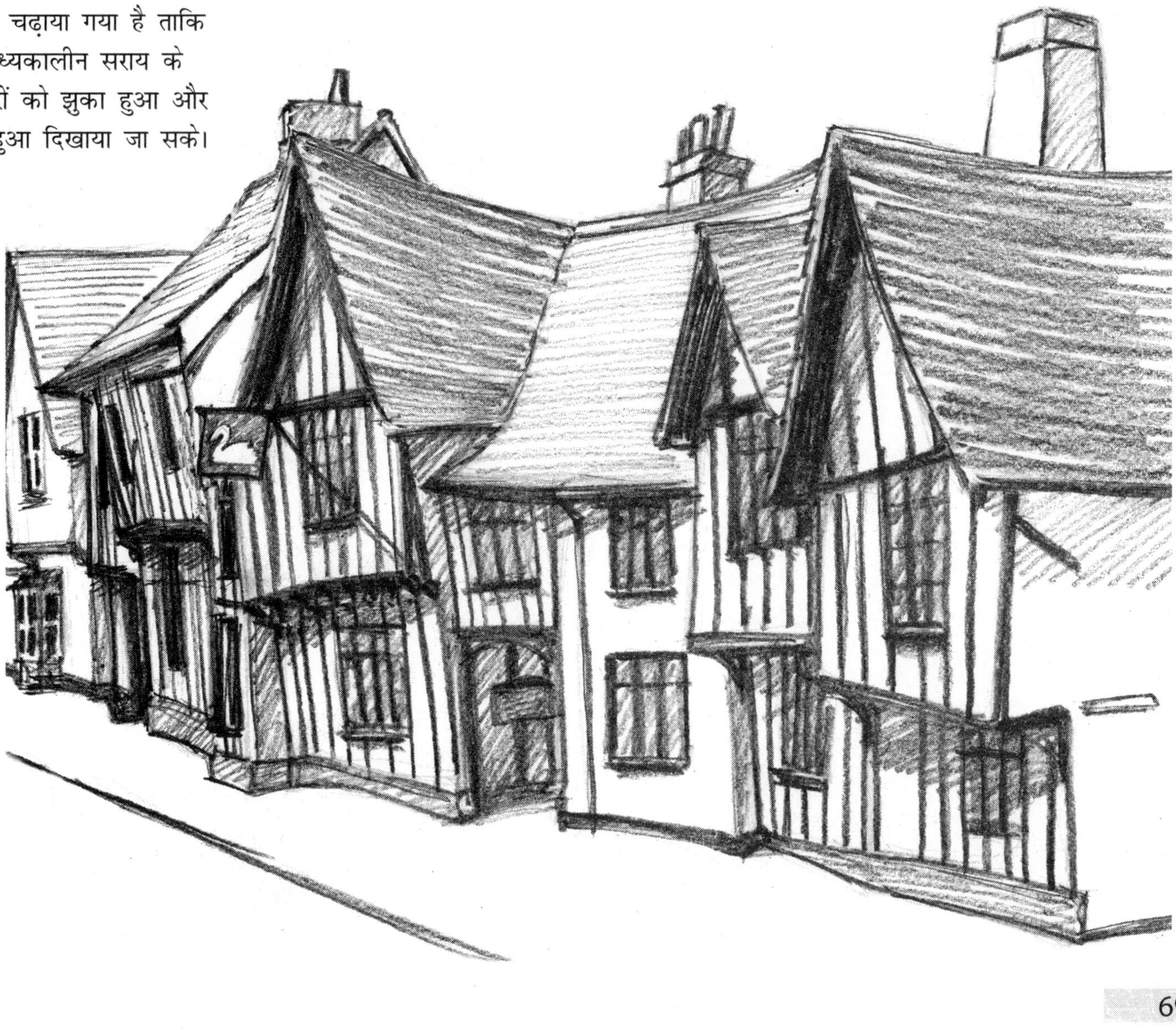

बेढंगापन (Distortions)

दर्पणों और लेंसों का बेढंगा प्रभाव आप अपनी विषय वस्तु में भी पैदा कर सकते हैं; इससे चित्रों में अंकित चेहरों में व्यवहार की असंगतता और विषय का षड्यंत्री-भाव दिखाई पड़ता है। नीचे के चित्रों में आप देखेंगे कि इसी भाव को दिखाया गया है जो परम प्रभाव छोड़ता है। पर आप और भी सूक्ष्म प्रयोग कर सकते हैं और अपने चित्रों तथा आकृतियों में उपयोग कर सकते हैं।

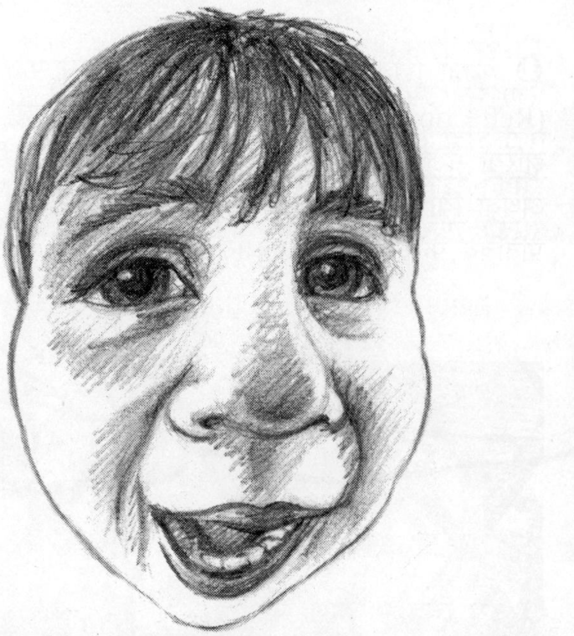

मैंने इस अजीब (Bizarre) व्यक्ति चित्र (Portrait) को एक फोटोग्राफ से बनाया है जिसे 'फिश आई लेंस' से खींचा गया है। यह बढ़े हुए नजदीक के लक्षणों का प्रभाव, सिकुड़ते कम महत्वपूर्ण हिस्सों पर डाल रहा है। इस जैसा प्रभाव किसी भी कनवैक्स दर्पण (Convex Mirror) में देखा जा सकता है। यह प्रभाव उल्टे चम्मच की चमक में अपनी शक्ल देखकर महसूस किया जा सकता है।

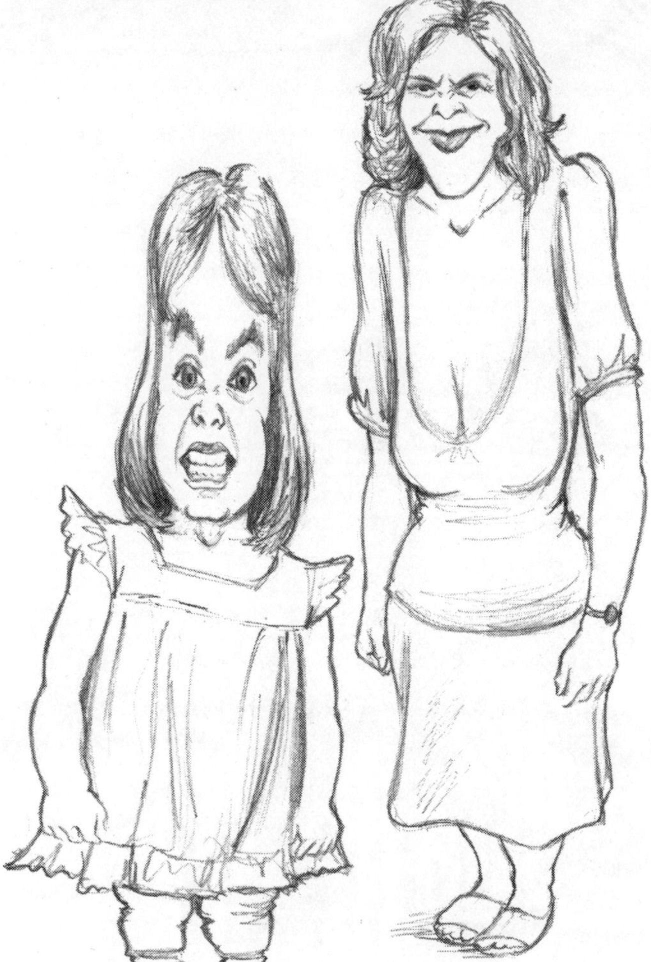

पूरे साइज के बेढंगी शक्ल दिखाने वाले दर्पणों में (इन्हें बड़े मेलों में अक्सर देखा जा सकता है) अनुपात के कई बेढंगे प्रभाव देखे जा सकते हैं। ऐसे वातावरण की उत्तेजना को चित्रित करना चुनौतीपूर्ण है। पर अगर आप इन दर्पणों के बेढंगी शक्ल दिखाते प्रतिबिंबो का फोटो खींच लें तो अपने स्टुडियो में आप आराम से इन्हें बना सकते हैं।

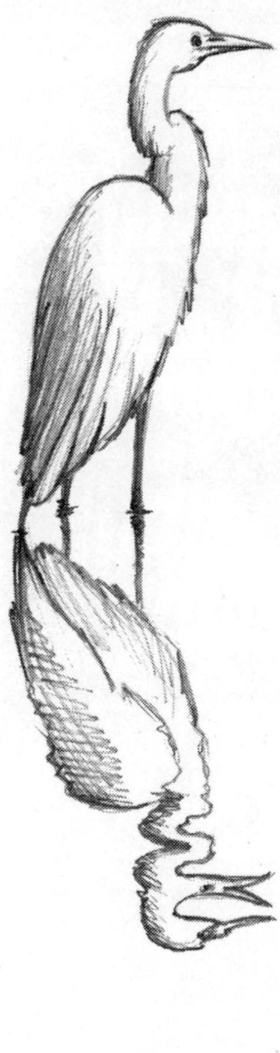

इस सारस का पानी में बेढंगा प्रतिबिंब वैसा ही प्रभाव दे रहा है जैसा कि कनवैक्स दर्पणों में होता है। ये प्रतिबिंब (जल में) इतने क्षणिक होते हैं कि इन्हें फोटो के बिना सटीक स्कैच करना मुश्किल है। महत्वपूर्ण यह है कि आप लहरों को साधारणतः निश्चित रूप से ड्रा कर सकते हैं, अगर आपके पास इनका एक फोटो हो।

⬇ पुरानी खिड़कियों के कांचों से दिलचस्प प्रतिबिंब (Reflection) निकलते हैं। उनकी सतह भले ही झुर्रियों में हो, या झुकी हुई हो या छोटे चौखटों में हो, अथवा विभिन्न कोणों में उन्हें सैट किया गया हो, ऐसा प्रतिबिंब फेंकते हैं जो अक्सर बेढंगा होता है।

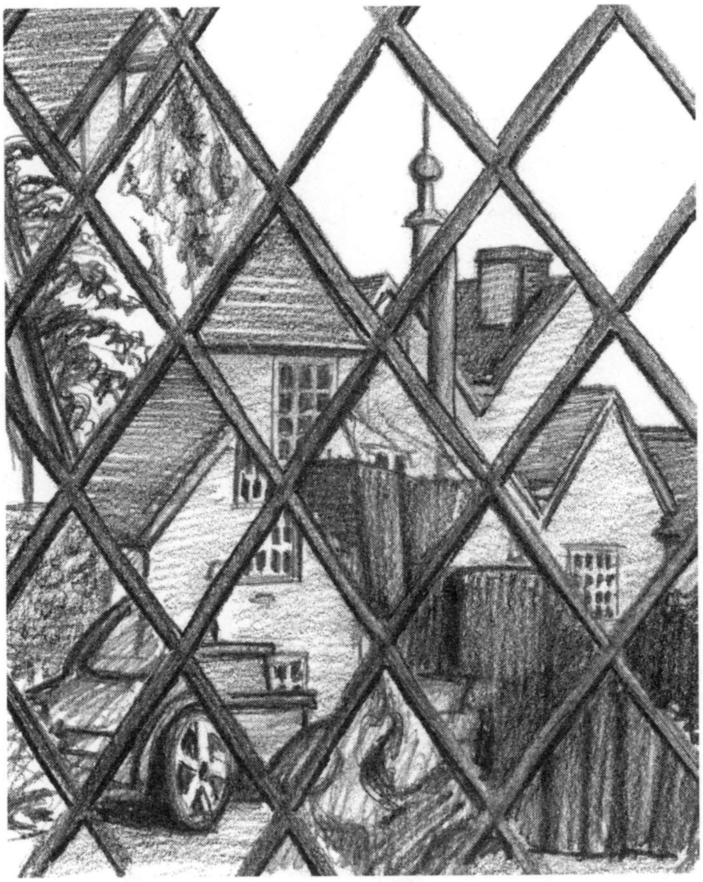

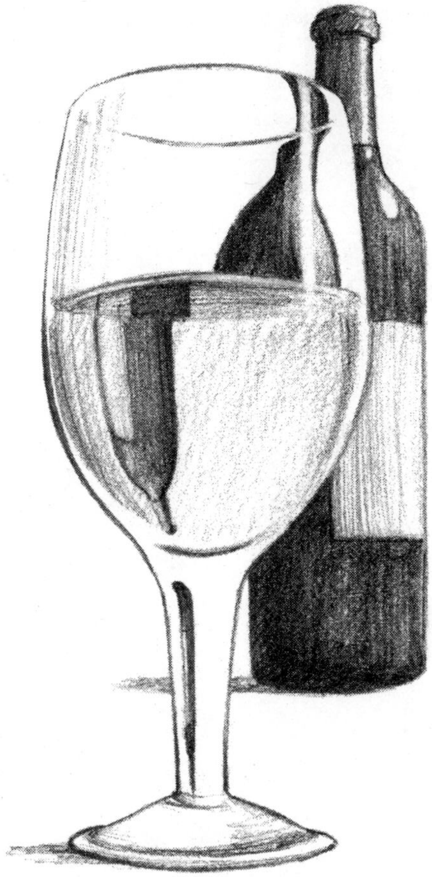

⬆ किसी भी प्रकार का कांच हो, वह दिलचस्प प्रतिबिंब और टेढ़ी किरनों (Refraction) वाले प्रतिबिंब फेंकता है। शराब के इस प्याले के पीछे रखी बोतल को तीन बार स्कैच किया गया। प्याले के गोल कांच से बेढंगी हुई बोतल प्याले की शराब में उल्टी दिख रही है, और प्याले के लैंस जैसे कांच में और भी मोटी नजर आ रही है (चित्र देखें)

चित्रकार की सलाह

यह शायद ही आवश्यक हो कि बेढंगे प्रतिबिंबों के प्रभाव को दुहराया जाए। तथापि कुछ सूक्ष्मताओं का अध्ययन करना बुरा नहीं है। क्योंकि तब आप स्कैच में उनका करीब-करीब निकटतम (Approximate) परिमाण और अपनी कल्पना का सहारा ले सकते हैं।

भाग-2

आविष्कार (Invention)

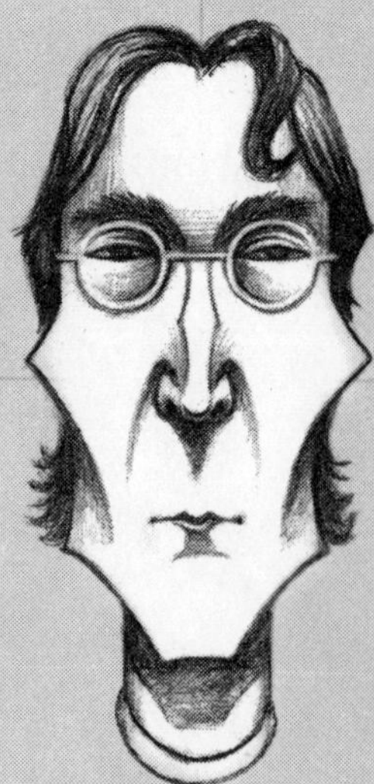

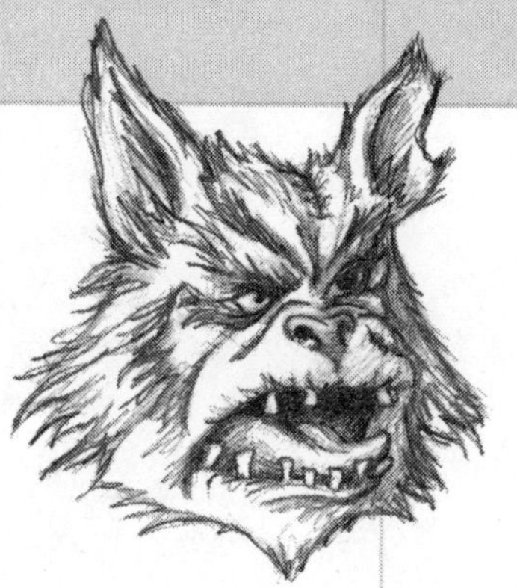

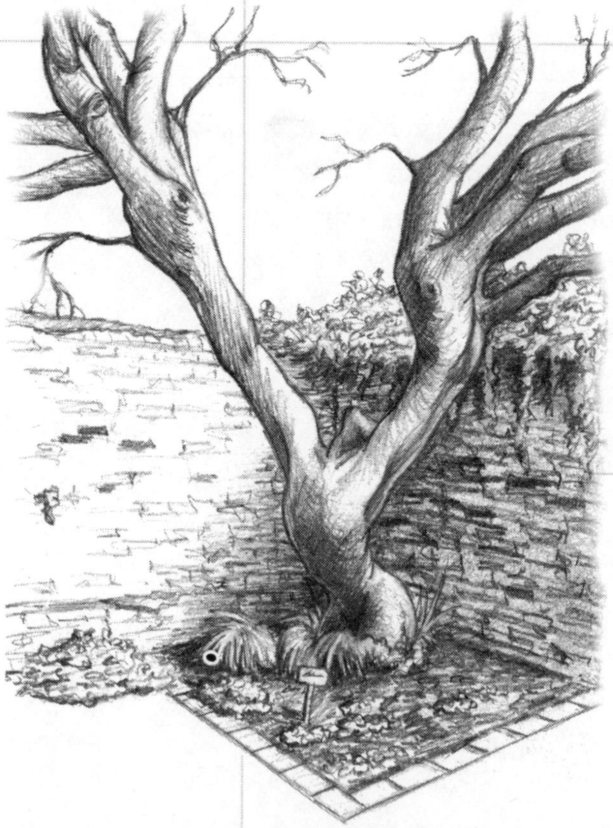

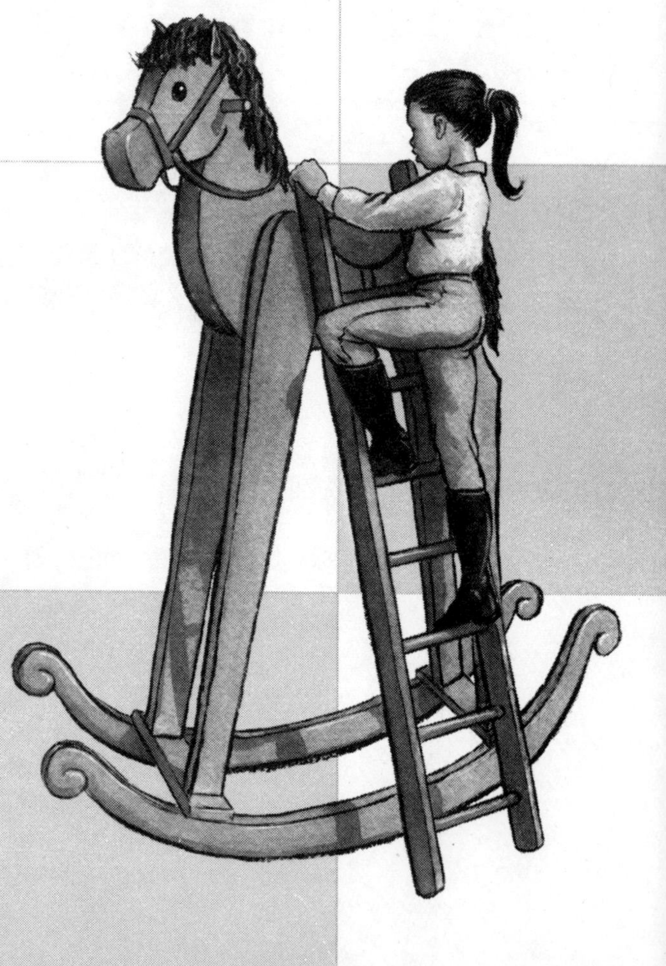

इस पुस्तक के पहले भाग में, रेखांकन की प्रेरणा सीधे-सीधे वास्तविकता के निरीक्षण से आई थी। वास्तविक विषयों पर काम करने का जो अनुभव आपको मिला है, उससे आप अब आगे बढ़कर उन विषयों का भी रेखांकन कर सकते हैं जो वास्तविक जीवन में पाये नहीं जाते। इसका अर्थ यह बिल्कुल नहीं है कि आप इन विषयों की खोज ही न करें। वास्तव में हमें इन पर निर्भर रहना ही होगा। हमेशा की तरह, जो हमें प्रेरणा दे और हमारी कल्पना की उड़ान को पंख दे। रेखांकन की चुनौती जिसमें हमें विषय का कोई सीधा संदर्भ नहीं मिलता, पर स्वतंत्रता मिल जाती है। जब आप रचनात्मक स्वतंत्रता की प्रशंसा करते हैं तो यह नई प्राप्त स्वतंत्रता आपके लिए कौशल (Skill) के द्वार खोल देती है।

सार रूप (Essentially) से इस दूसरे भाग में हम कथा-चित्रण (Illustration) की चर्चा करेंगे। यह बहुत विस्तृत विषय है जो विभिन्न आयु वर्गों और बाजार की पूर्ति करता है।

जो कौशल इस भाग में है, या प्रदर्शित है वह आपको अपने आर्टवर्क को किसी भी दिशा में विकसित करने जिसमें कि आप सक्षम हैं; या जिनमें आपकी दिलचस्पी है को विकसित करने का अवसर देता है। हम अपने स्कैचों का कच्चा माल फोटोग्राफों और कल्पनाओं से लेकर उसे आदर्श चित्रों, यथार्थता, कल्पना और व्यंग चित्रों में बदल सकते हैं।

जैसे-जैसे आप पुस्तक के इस भाग से गुजरें तो ध्यान रखें कि जो उदाहरण इसमें दिए गए हैं, वे उन सभी संभावित विषयों का एक नन्हा सा भाग है और इनके तरीकों और स्टाइल की बानगी तथा व्यवहार भर है।

अपनी जिज्ञासा के जाल को और ज्यादा चौड़ा करके आगे फेंकिए ताकि आपको कथा-चित्रकारों (Illustrations) और अन्य आर्टिस्टों के भिन्न-भिन्न समय और क्षेत्र का अध्ययन करने का अवसर मिले। हर आर्टिस्ट से कुछ न कुछ सीखिए। जैसा कि उन्होंने अपने पूर्ववर्ती चित्रकारों से सीखा।

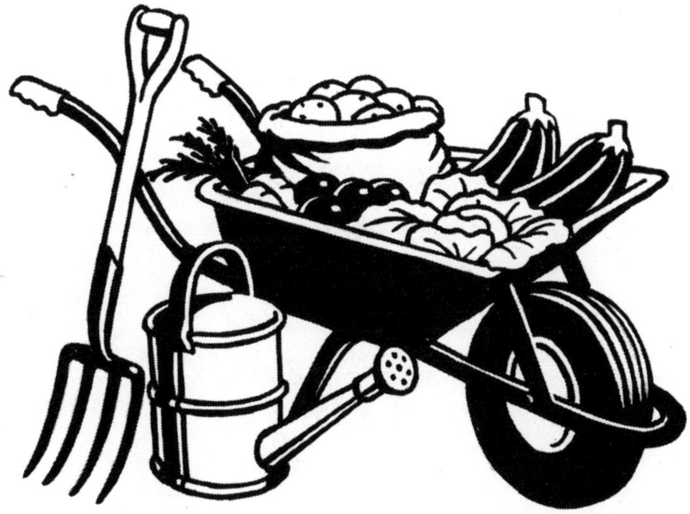

दृष्टांत चित्रण (Illustrative Processes)

वास्तविक जीवन से रेखांकन का आपने कुछ अनुभव प्राप्त कर लिया है। अब आपके लिए नए चित्र, नई संयोजनाएं (Compositions) नए आलेखनों (Designs) का अनुमान (Conceive) करना मुश्किल नहीं होगा। और यह सब आप अपने स्टुडियो की आरामदायक मेज पर रेखांकित कर सकेंगे। यहां कुछ लाक्षणिक (Typical) स्थितियों का सूक्ष्म विश्लेषण प्रस्तुत है जिन्हें एक चित्र के समूह में शामिल किया गया है।

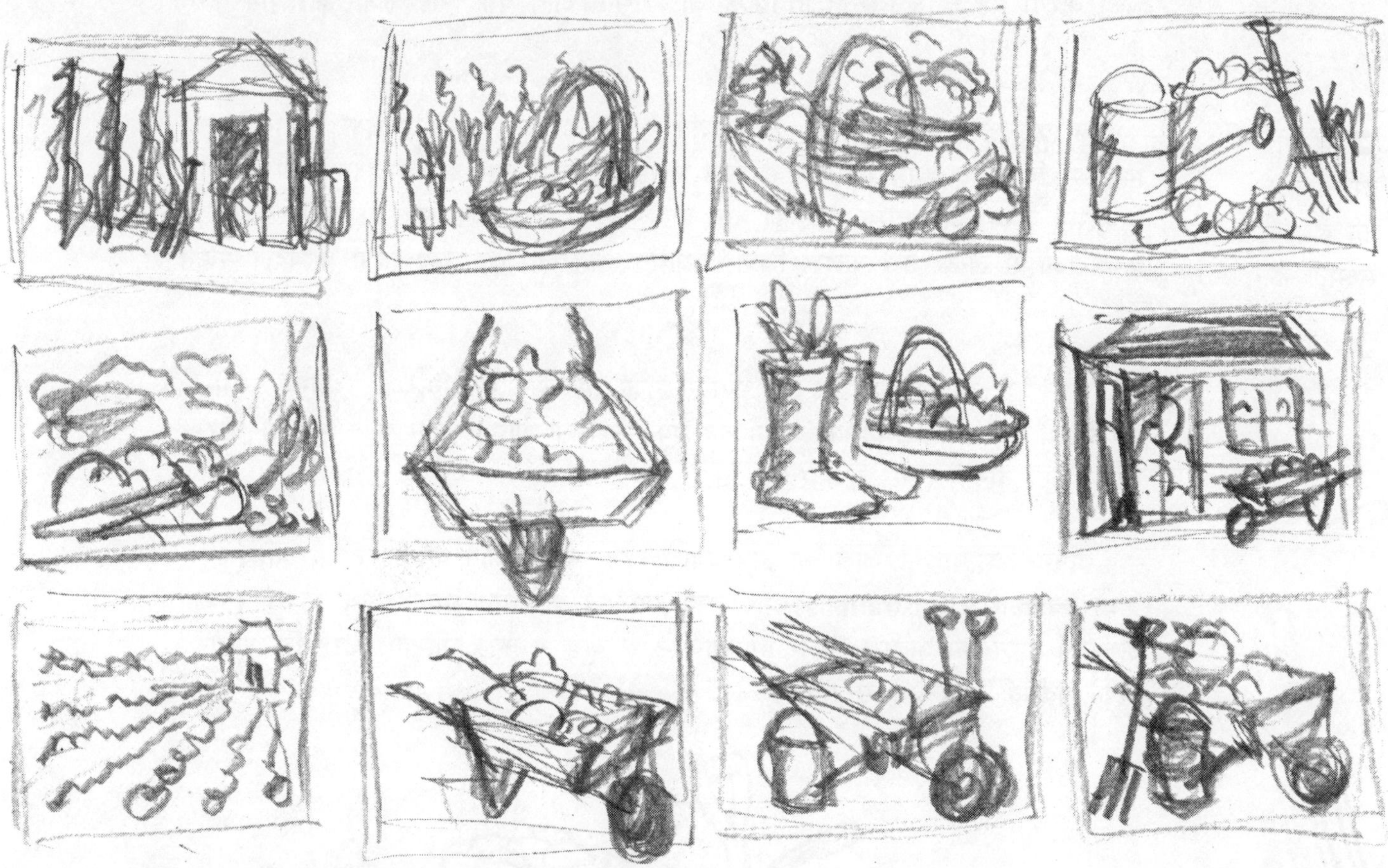

अंगूठे के नाखून (Thumbnail) के साइज के स्कैच

पहली स्टेज तो यह है कि आप कुछ थम्बनेल स्कैच बनाएं, इन्हें यह नाम इसलिए दिया गया है, क्योंकि ये बहुत छोटे होते हैं। युक्ति यह है कि संरचनाओं को बेहद जल्दी-जल्दी बनाया जाए या यह समझिए कि इन्हें बाद में फेंका जाना है। इनमें सूक्ष्मताओं (Detail) की ज्यादा परवाह नहीं की जाती। इसमें प्रारंभिक तत्व का ही महत्व है, और छोटे स्कैचों के सम्बन्ध में यही बात लागू भी होती है।

इस जॉब (Job) के लिए मुझे जो संक्षिप्त आदेश दिया गया था, कि मुझे एक प्रेरणादायक काला और सफेद डिजाइन बनाना था जो सब्जियां उगाने की प्रेरणा दे सके। एक घटिया कागज पर बनाए थम्बनेल स्कैच देखने में अस्पष्ट से हैं, पर मेरा मन्तव्य (Purpose) इनसे पूर्ण हो जाता है।

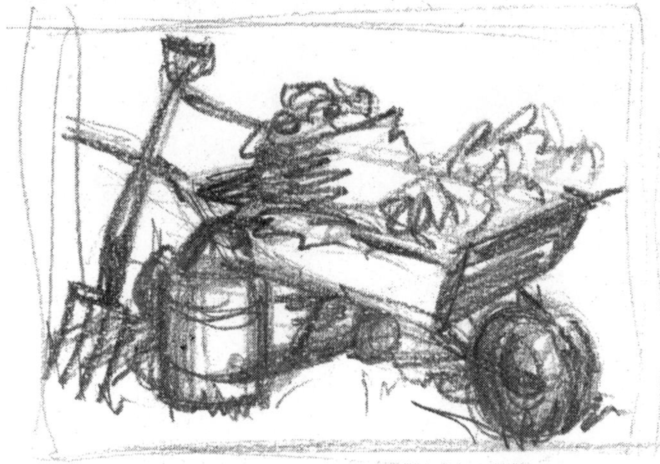

ऊबड़-खाबड़ (The Rough)

कागज के टुकड़े पर मैंने चहेते थम्बनेल स्कैच को और भी स्थिर डिजाइन में बदल दिया; और एक ऊबड़-खाबड़ शेडिंग दे दी। कुछ ही मिनटों में युक्ति से काम करते हुए काफी समय की बचत कर ली और आगे आने वाले सिरदर्द से भी खुद को बचा लिया।

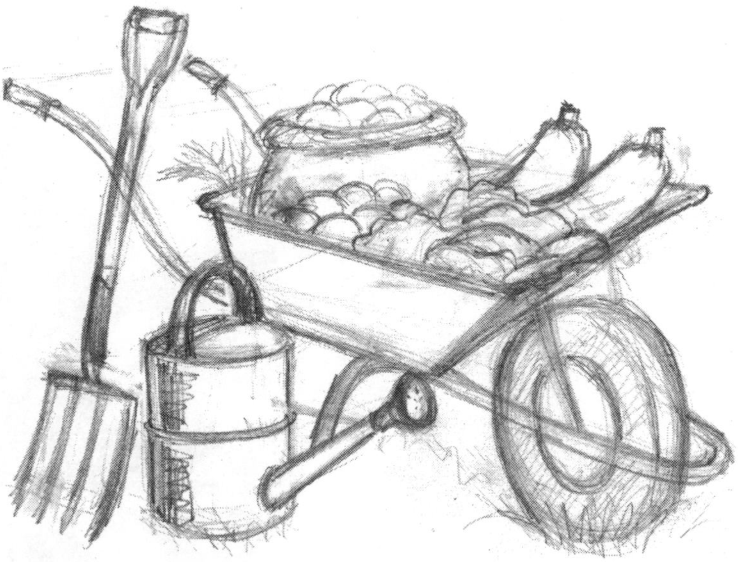

ड्राइंग की सूक्ष्मताओं (Details) पर काम करते हुए, मैंने हर चीज को इस सार्थक डिजाइन में सरल रखने की कोशिश की है। किसी अन्य प्रकार की इलस्ट्रेशन में और भी अधिक सूक्ष्मताओं पर काम करना पड़ सकता है।

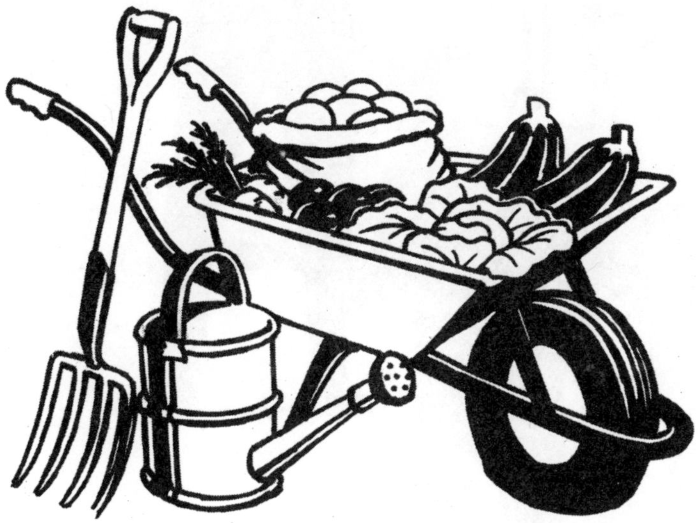

रेखाओं पर स्याही लगाने के लिए मैंने एक 'परमानेन्ट मार्कर पैन' को चुना। पैन के अतिरिक्त दबाव से आवश्यक मोटी रेखाएं भरीं और गहरे स्थानों को भी काले मार्कर पैन से भर दिया। जलरोधी (Waterproof) स्याही के कारण मुझे चित्र को सुधारने में स्याही फैलने का कोई खतरा नहीं था।

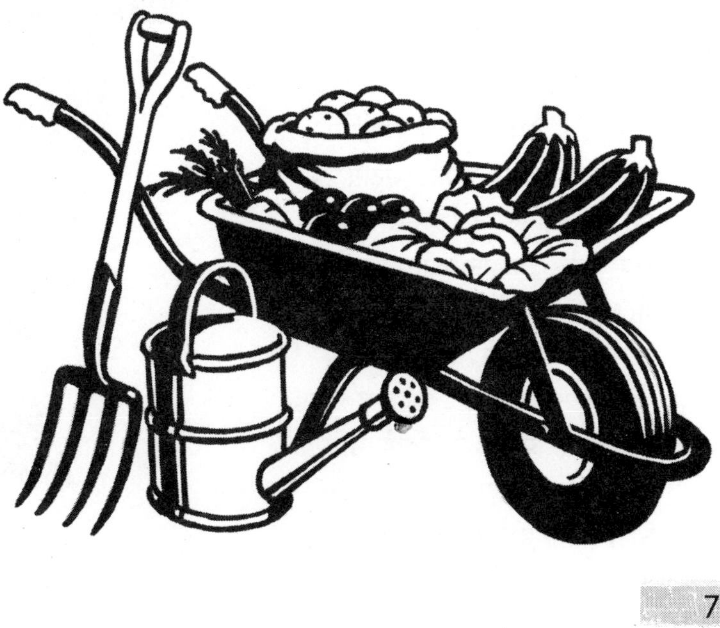

अचानक मैंने चित्र में टोन (Tone) का असंतुलन देखा, इसे संतुलित करने के लिए ठेलागाड़ी और कांटेदार फावड़े (Spade) को काली स्याही से और भर दिया। एक नुकीले ब्रश का प्रयोग करके सफेद स्याही से गलतियां ठीक कर दीं। और जैसे ही स्याही सूखी उसके ऊपर से मार्कर पैन से और सुधार कर दिया।

डिजाइन की शुद्दता (Purity of Design)

यद्यपि ज्यादातर दृष्टांत आर्टवर्क (Illustrative artwork) उसी तरह किया जाता है जैसा कि पिछले पृष्ठों में बताया गया है। फिर भी इसका कोई निश्चित तरीका नहीं है। आपका मैटेरियल का चयन किसी आर्टवर्क के बारे में यह सुनिश्चित करता है कि आप चित्र पर कैसा प्रभाव चाहते हैं। नीचे का उदाहरण प्रक्रिया की निरन्तर ड्राफ्टिंग और फाइन-टयूनिंग का अच्छा उदाहरण है।

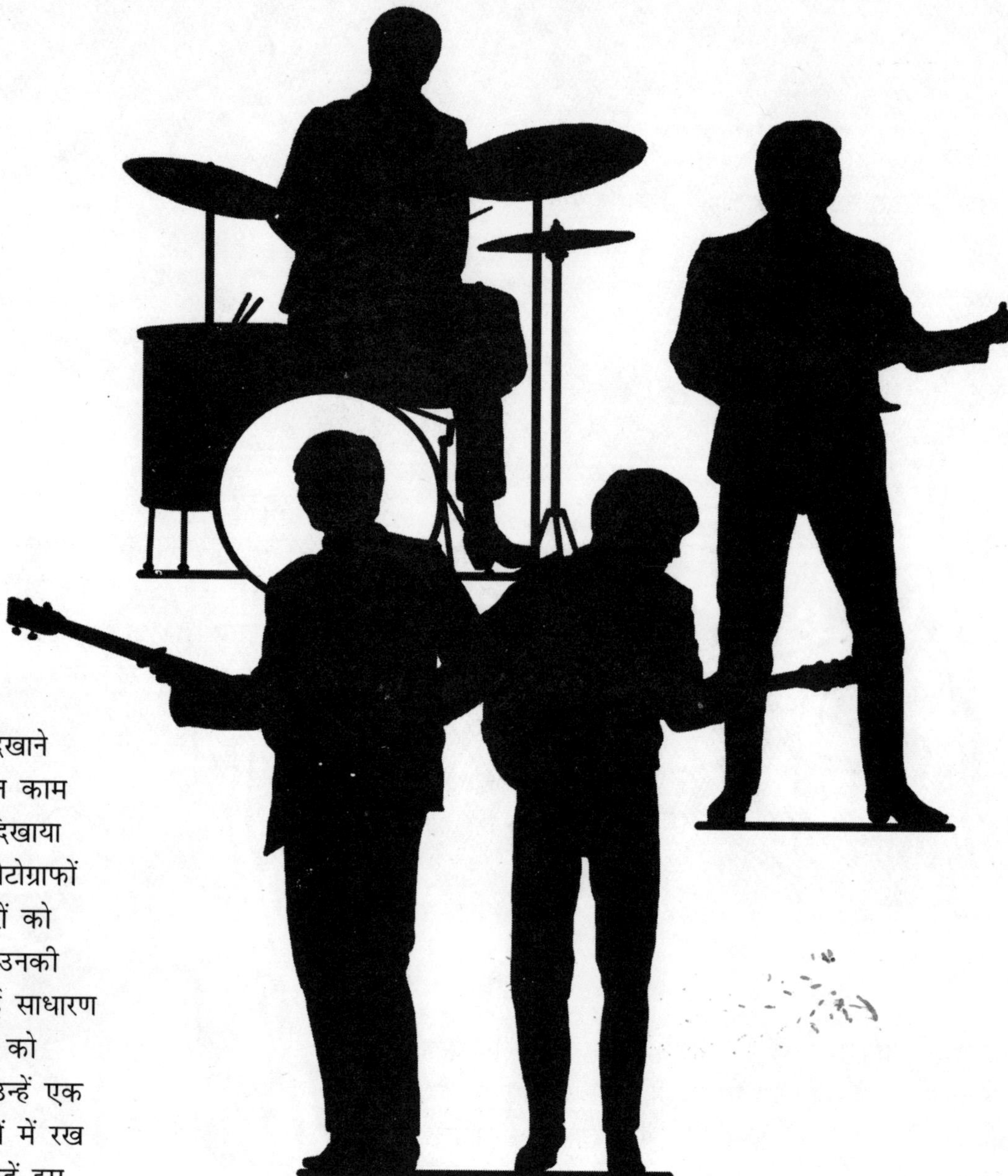

किसी आकार का सिल्ह्यूट (Silhouettes) (बाह्य रेखा दिखाने वाला चित्र) बनाना कोई कठिन काम नहीं है, जो कि इस चित्र में दिखाया गया है। ये वास्तव में पुराने फोटोग्राफों की कॉपी ही है। किन्तु आकारों को साफ और स्पष्ट दिखाना और उनकी संयोजना (Composition) कोई साधारण काम नहीं था। मैंने हर आकार को अलग-अलग ट्रेस किया और उन्हें एक दूसरे पर अलग-अलग स्थितियों में रख दिया। जब संतुष्ट हुआ, मैंने उन्हें इस चित्र की स्थिति में स्थिर कर दिया।

ट्रेसिंग (Tracing)

चित्र बनाने की विभिन्न प्रक्रिया स्थितियों से गुजरते हुए, काफी श्रम और समय ट्रेसिंग करने से बचाया जा सकता है। इसमें किसी नाटकीय रीड्राफ्टिंग की किसी भी स्टेज पर आवश्यकता नहीं है। ट्रेसिंग, काम को शीघ्र और बिना कठिन श्रम के पूरा कर देती है। मैं अक्सर इसके लिए लेआउट पेपर का प्रयोग करता हूं। जो सस्ता होता है, हल्का और पारदर्शी भी होता है। यह वास्तविक ट्रेसिंग पेपर जैसा नहीं होता जिसमें 90% पारदर्शिता होती है। लेआउट पेपर हल्का सा ओपेक (Opaque) होता है।

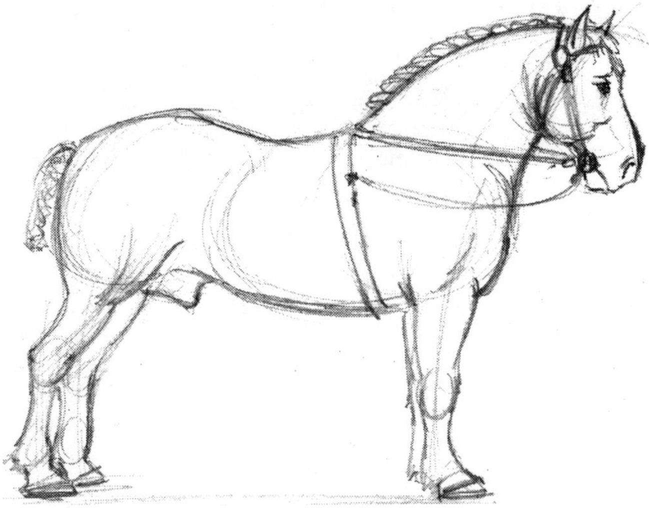

यहां मैंने प्राकृतिक तरीके से ले आउट पेपर पर स्कैच किया और एक अन्य शीट (Sheet) इसके ऊपर रख दी। जैसे-जैसे इसे ट्रेस किया मैं ड्राइंग को संवारता गया। इसकी गोलाइयों में गरिमा चित्रित थी। इससे घोड़े की उपस्थिति प्रभावपूर्ण हो गई। मैंने प्रक्रिया दोहराई, इस बार घोड़े में गति पैदा की।

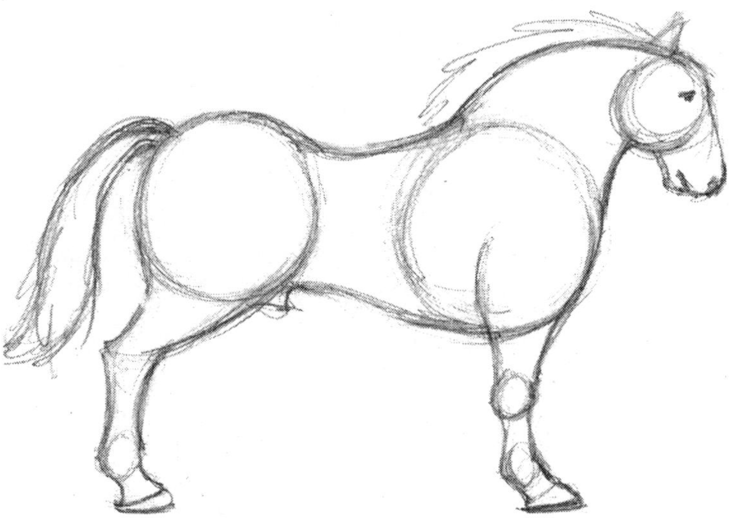

जब मैं डिजाइन से संतुष्ट हो गया, तो एक लाइट बॉक्स का प्रयोग कर घोड़े की आउट लाइन को पक्के कागज पर ट्रेस कर लिया। इसमें शेडिंग मैंने स्पंज और पोस्टर कलर से दी, जो अंतिम चित्र में आपको स्पष्ट दिखाई दे रही है।

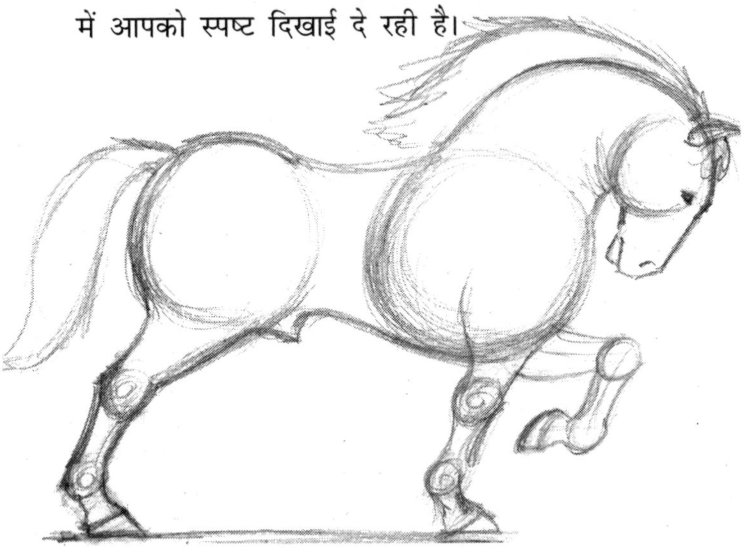

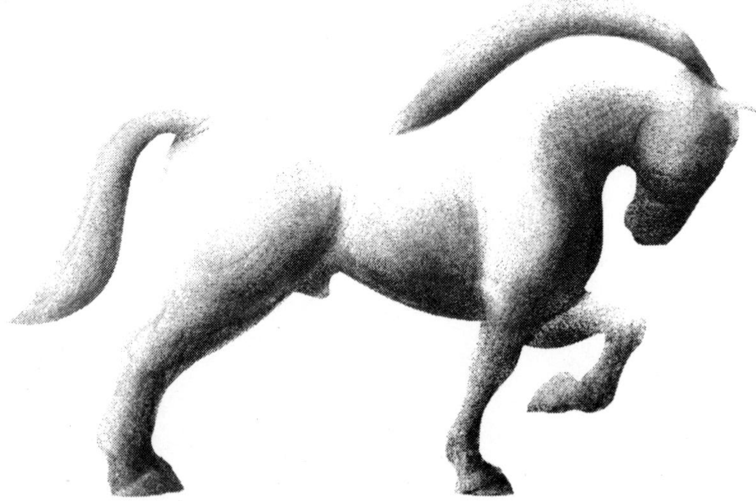

अलंकरण (Decorative Illustration)

जो नियम इस अध्याय की रूपरेखा में हैं उन्हें आर्टवर्क में और आगे बढ़ाकर वहां तक ले जाएंगे जिनमें साज-सज्जा ही प्रमुख कार्य (Function) है। वस्त्र, अबरियां और हर तरह की रोज़मर्रा की वस्तुएं सज्जा (Decoration) से सजी रहती हैं; जिनके डिजाइन को वास्तविक जीवन से लिया जाता है। इनके प्रदर्शन के लिए मैंने उन नियमों का पालन किया जिसमें किसी विषय को प्रतीक (Symbol) के रूप में लिया जाता है और फिर उन्हें एक निश्चित स्थान में समेट दिया जाता है।

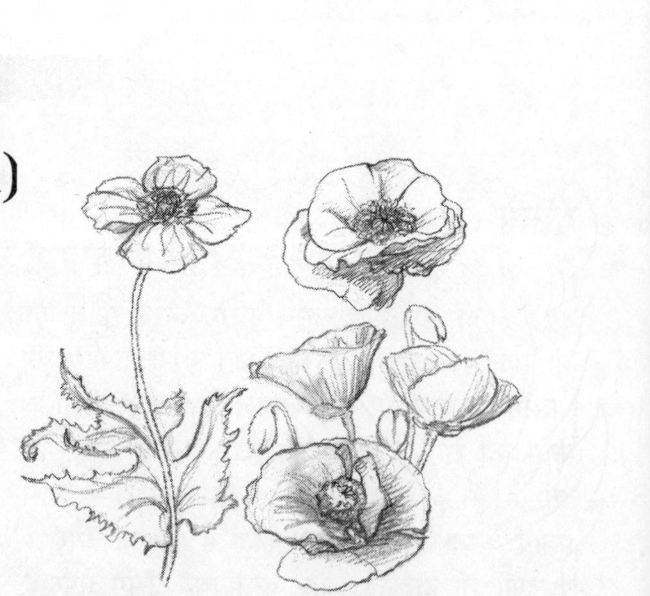

प्राथमिक अवस्था में मैंने खस-खस के इस पोधे को भिन्न-भिन्न स्थितियों में स्कैच किया ताकि मैं उसके गुण अवगुण को आत्मसात कर सकूं। साथ ही उसकी बनावट को समझ सकूं। मैंने कुछ पत्तियां और डंडियां भी स्कैच कीं। कलियों को भी ड्राइंग में शामिल किया, इन सभी तत्वों ने फूल के विशेष चारित्रिक गुण को उभार दिया।

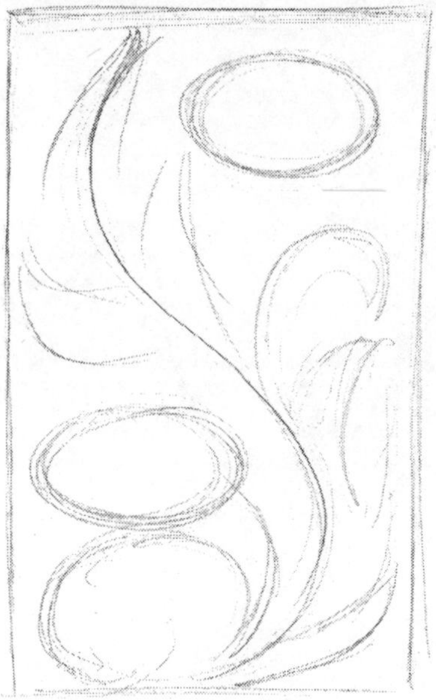

मैंने पूर्ण रूप से स्वच्छन्द आकार लेकर लुभावने मोड़ देकर पौधे को स्कैच किया। इसमें मैंने फूल और पत्तियों को प्रारंभिक रूप में स्कैच कर लिया।

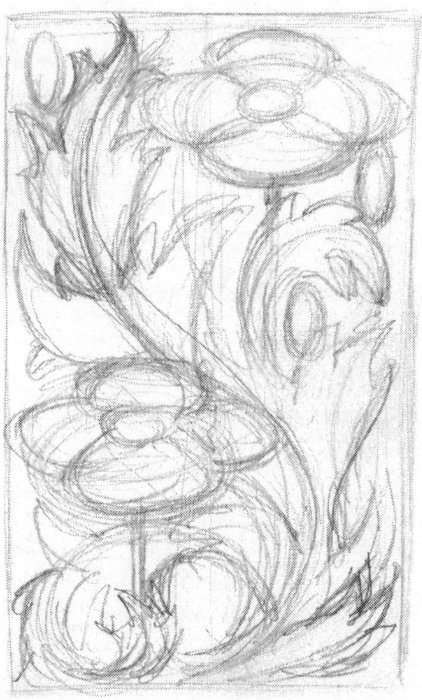

अपनी प्रारंभिक मार्गदर्शक रेखाओं पर मैंने फूल और पत्तियों को उभारा। यहां मेरी दिलचस्पी इस बात में थी कि मैं रिक्त स्थान को खस-खस के फूल और पत्तियों से भर दूं, जिन्हें मैंने बगीचे में स्कैच किया था।

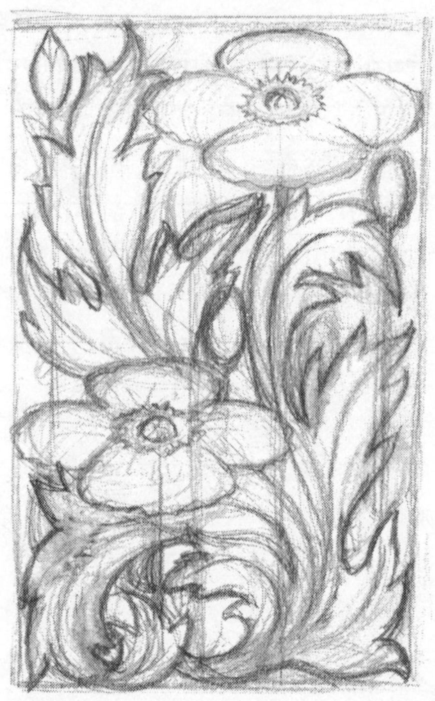

इस डिजाइन को सुन्दर दिखाने के लिए मैं इसके हर भाग को सूक्ष्मता (Detail) से उभार रहा था। ताकि स्याही भरने से पहले इसे परिपूर्ण कर दूं। परिणाम काफी गड़बड़ था। सो मैंने एक साफ पक्के कागज पर लाइटबॉक्स पर रख कर उसे ट्रेस कर लिया।

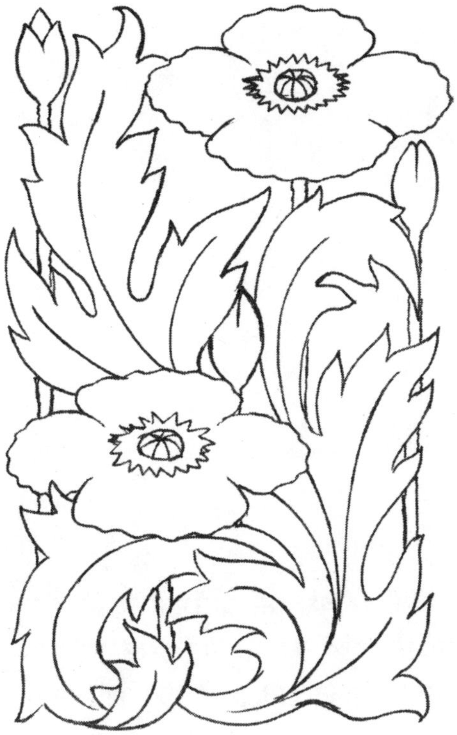

➲ स्याही भरने की पहली स्टेज में मैंने पैन और स्याही से समान मोटाई वाली रेखाएं भर दीं। आप देख सकते हैं कि चित्र कमजोर दिख रहा है। पर यह आश्चर्यजनक है कि स्याही भरने मात्र से स्कैच में कितना भारी अन्तर आ गया है।

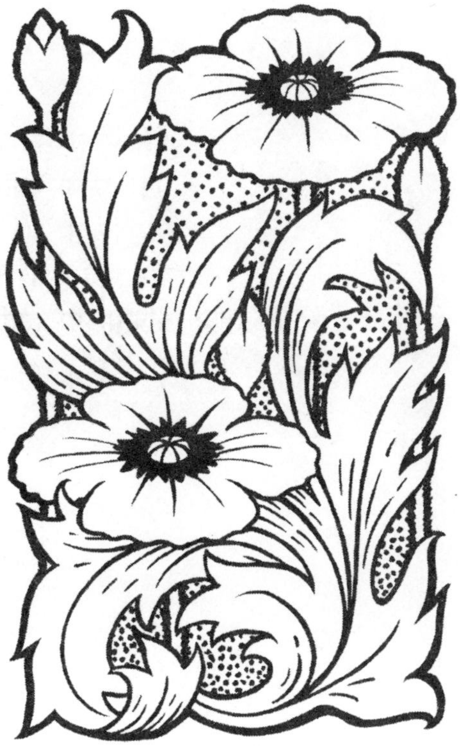

➲ इसी पैन से मैंने रेखाओं पर दुबारा काम किया और उन्हें न सिर्फ मोटा किया बल्कि उनकी गोलाइयों को ज्यादा सुघड़ (Gracefull) बनाया। कुछ ज्यादा स्याही से उकेरने पर दो फूलों में प्रमुखता आ गई तथा कुछ और रेखाएं जोड़ने से डंडियों और कलियों में निखार आ गया। बैकग्राउन्ड में खस-खस के बीजों की तरह के बिंदुओं से भर दिया और पत्तियों को कुछ और रेखाओं से उभार दिया जो कि पहले खाली-खाली सी लग रहीं थीं। फिर मैंने पूरे डिजाइन के चारों ओर मोटी रेखाएं खींच डिजाइन को एक समूह में बदल दिया।

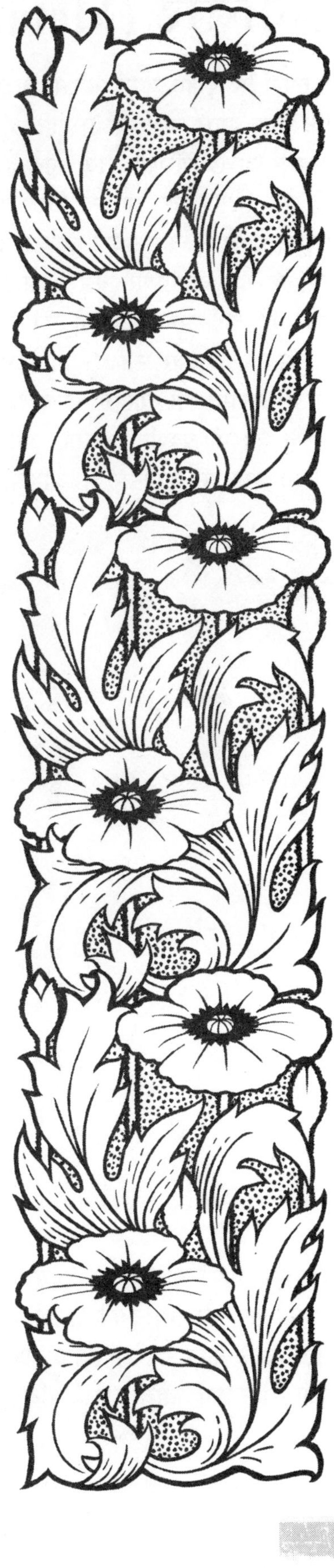

➲ इस तरह डिजाइन को दोहराया जा सकता है, ऐसा आप किसी कम्प्यूटर पर या कापी करने वाली मशीन की सहायता से कर सकते हैं। डिजाइन के दोनों ओर अच्छे बार्डर-आलेखन डाल सकते हैं।

रूपान्तर (Metamorphosis)

कल्पना से ड्राइंग करने की दिशा में आपको यह सुविधा है कि आप सीधे आर्टवर्क पर ही अपनी कल्पना उकेर सकते हैं। अक्सर अच्छे परिणाम तब आते हैं जब दिलचस्प आकार स्वयं ही यह सुझाए कि आपको किस रास्ते पर चलना है। 'रूपान्तर' पर काम करने का सबसे अच्छा तरीका तो यह है कि आप उस माध्यम का प्रयोग करें जिसे रबर से मिटाया जा सके। फिर भी कई अन्य माध्यमों की गलती को भी ठीक किया जा सकता है और उन पर आगे भी काम हो सकता है। इसमें थोड़ा अनुभव भी चाहिए। अब भी यद्यपि मैं पेन्सिल द्वारा किए स्कैच का ही प्रदर्शन करूंगा, और पुराने पेड़ को इस पृष्ठ पर अलग तरह के रूपान्तर में आपको दिखाऊंगा।

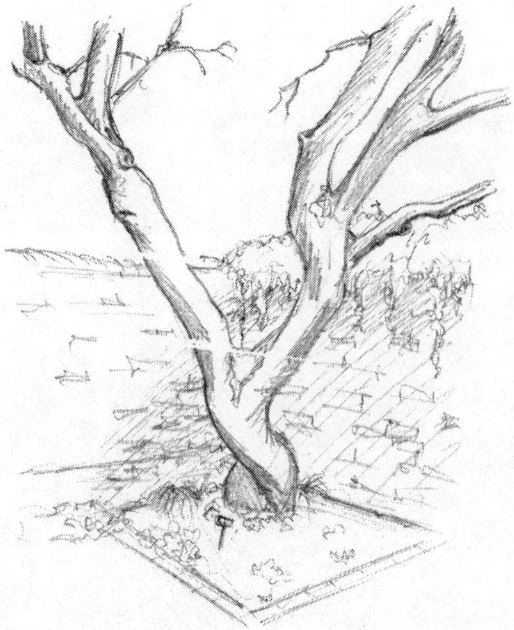

पहले मैंने हल्के तरीके से वृक्ष की प्रारंभिक ड्राइंग स्कैच की। इसके अति निकट के तत्वों को भी मैंने इसमें शामिल कर लिया। यह एक अच्छी युक्ति (Idea) है कि आप अपनी शुरूआत स्वाभाविक तरीके से करें और अपने आप को प्रक्रिया पर हावी न होने दें।

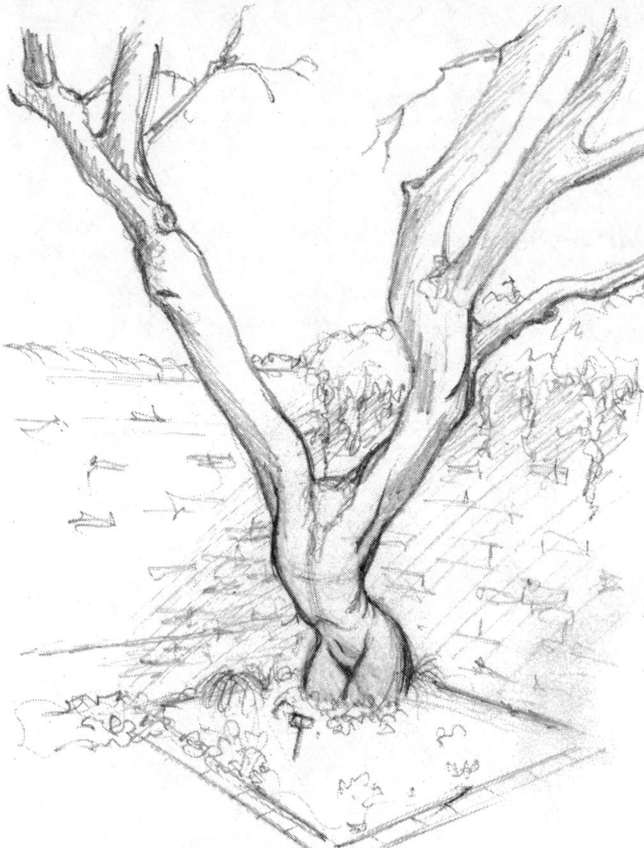

एक गहरी पेन्सिल (6B) से मैंने तने के हिस्सों में कुछ उभार लाने का प्रयत्न किया जो एक मानव का धड़ सा लगने लगा। अब कोमलता से इसके वातावरण को प्रमुखता देने में वैसी ही रेखाएं खींची जो अपेक्षित थीं।

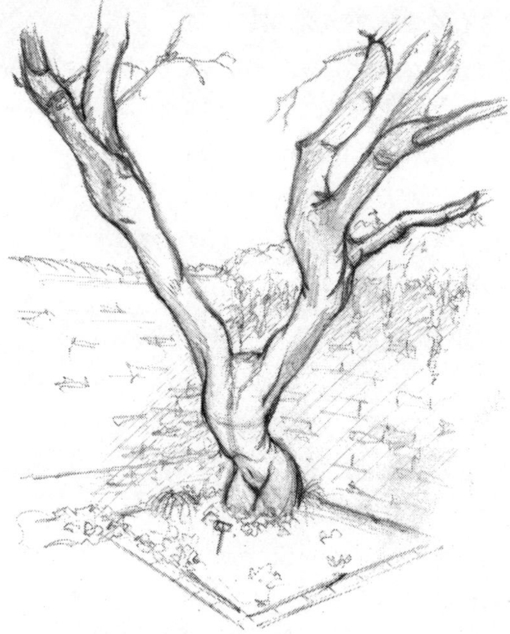

अब शरीर के अवयवों (Limbs) पर काम किया, ओवरसाइज और मुड़े हाथों को उकेरा। मैंने वृक्ष के आकार को परिवर्तनों के अनुकूल ढाला। हर शाखा को डिजाइन में रखने का प्रयास किया। पेड़ को मानवीय रूप मेरे दिमाग की उपज थी। जिसे मानव-शरीर की ड्राइंग के मेरे अनुभव से बल मिला। हाथों के लिए मैंने अपने हाथों को मॉडल के रूप में चुना।

➲ शैडिंग के लिए उपस्थित प्रकाश को ही मैंने अपना आधार बनाया। और गोलाइयों का प्रयोग किया। चित्र को अर्थपूर्ण बनाने के लिए कुछ चील-मकौड़ा चित्रण का इस्तेमाल किया और इस बात का ध्यान रखा कि वृक्ष वृक्ष ही लगे।

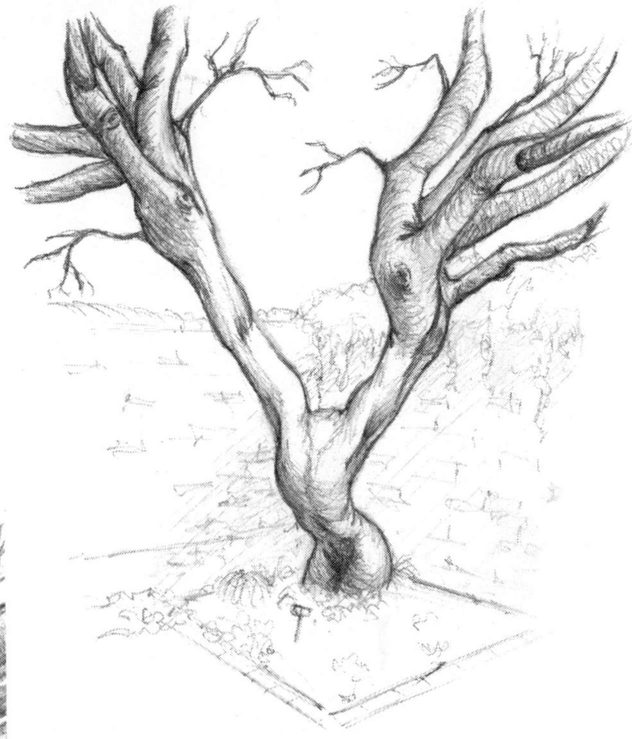

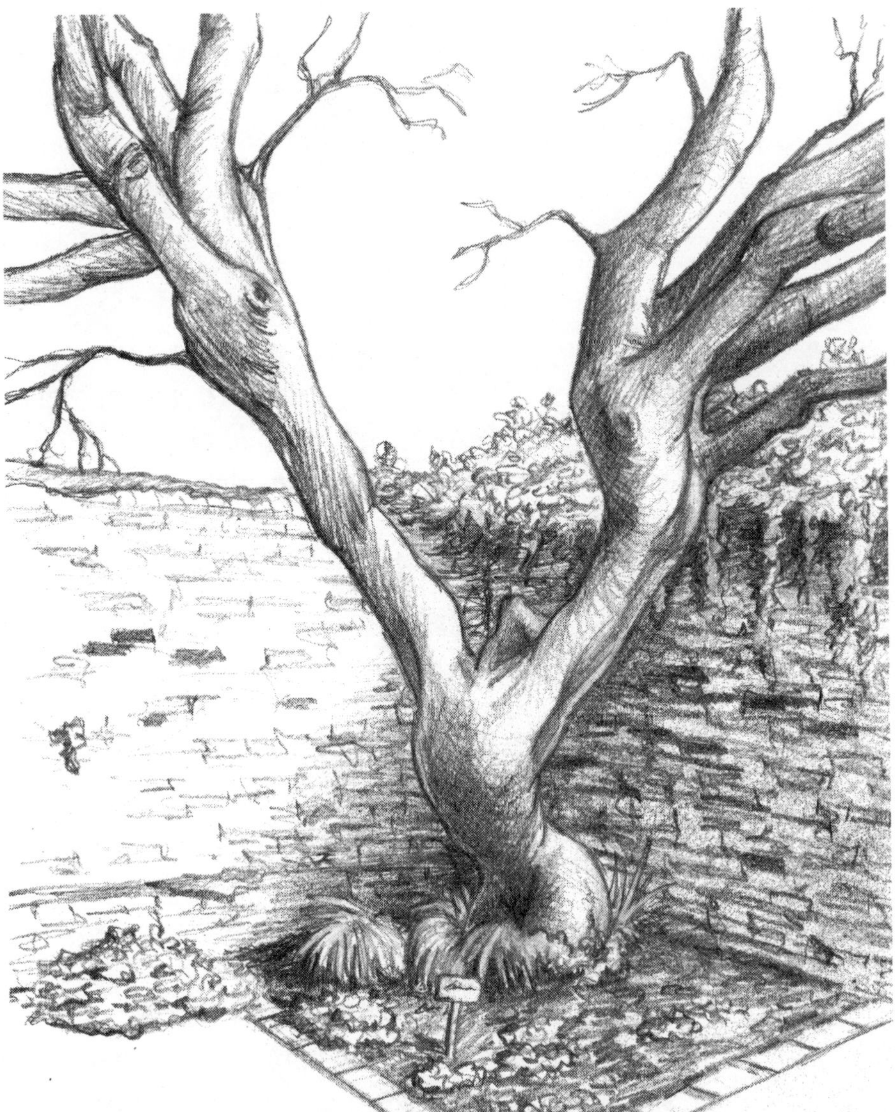

➲ मैंने पृष्ठभूमि में सूक्ष्मताएं चित्रित कीं। ताकि टोन इस तरह की हो कि वृक्ष पूरी सैटिंग में अलग ही दिखाई दें। उचित स्थानों पर कसी हुई काट-छांट की ताकि उंगलियों का आभास (Illusion) दिखाई दे। चित्र के अंतिम रूप में मैंने पीछे की तरफ झुके सिर को डिटेल में बनाया, जो दर्शक से भावनात्मक रूप से जुड़ सके।

यथार्थ से अलगाव (Beyond Reality)

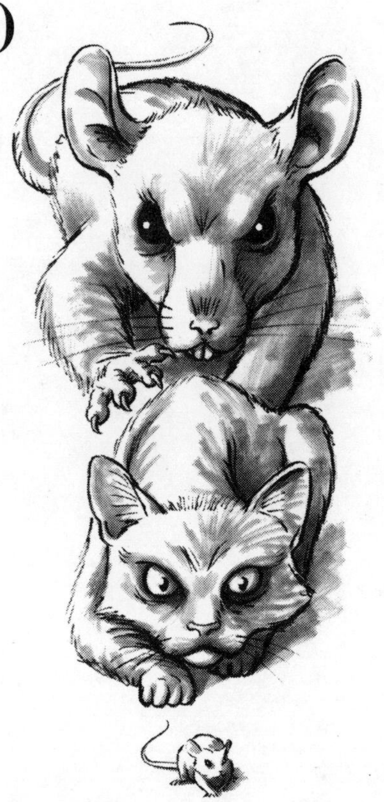

अचेतन मन की दुनिया में रोज़मर्रा के विषय ऐसे आकारों में बदल जाते हैं जो वास्तविक दुनिया में नहीं देखे जाते। फिर भी डिजाइनों (Motifs) की पहचान के लिए मन की कल्पना को भी कुछ हद तक प्रमाणों की आवश्यकता होती है। यह सम्पादकीय कथा चित्र (Illustration) की भाषा है जो प्रायः किसी बिन्दु की खोज करने के लिए की जाती है; पर यह होता चित्र के अनुकूल ही है। इसमें एक मात्र बाधा (Restriction) आपकी कल्पना ही है।

इस विधि का एक साधारण और प्रभावशाली परिचय तो कल्पना की यह ड्राइंग एक झक (Fantasy) है। दो अलग-अलग वस्तुएं जिनका आपस में कोई सम्बन्ध न हो, उन्हें एक ड्राइंग में मिलाना है। अलग-अलग तरीकों का कोई अन्त नहीं। आप इनका पृथककरण कर सकते हैं जो आनन्ददायक होगा।

हम सामान्यतः शक्ति और महत्व का सम्बन्ध शारीरिक डील-डौल से स्थापित करते हैं। परिचित विषय को बढ़ा-चढ़ा कर बनाकर उनका आस-पास की वस्तुएं से सापेक्ष (Relative) रूप से अधिक बढ़ाकर उन्हें स्थापित करते हैं। इसका उल्टा भी कर सकते है। (चित्र देखें)

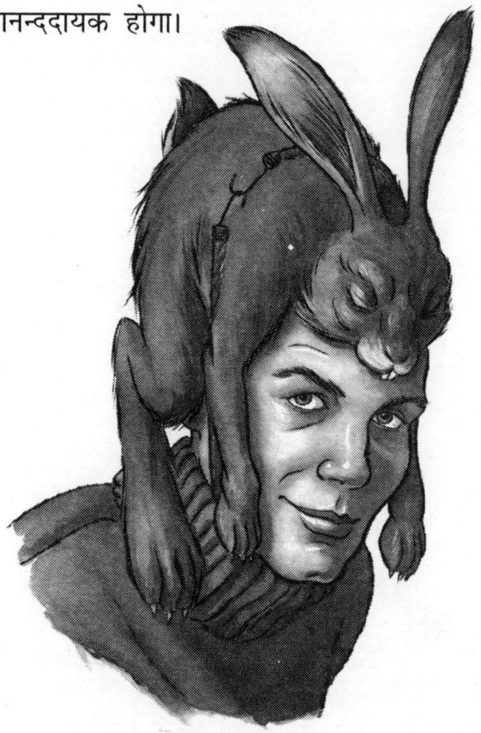

रचनात्मक 'जक्सापोजीशन' (दो वस्तुओं का पास-पास रखना) है दो वस्तुएं जिनका आपस में कोई सम्बन्ध न हो पास-पास लाना। ताकि उन्हें एक अर्थ दिया जा सके, जो भले ही व्यंगात्मक हो। इसकी परिकल्पना बेहद सरल है और व्यवहार में काफी प्रभावशाली है।

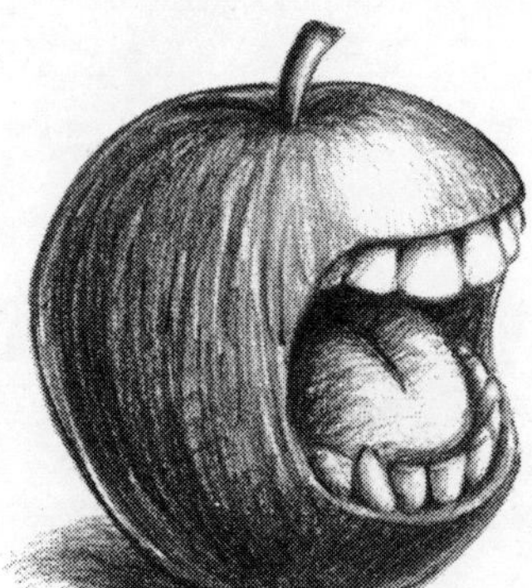

यह काफी सरल है। एक अचेतन तत्व को किसी भी उस वस्तु में डाला जा सकता है जिसका रेखांकन आप कर रहे हों। इसे प्रभावशाली बनाने के लिए किसी चमक या चतुराई की आवश्यकता नहीं है। इस चित्र को मैंने बस में बनाया था जब मैं सेब को आधा खा चुका था। सेब में दिख रहे दांत मेरे अपने हैं जिन्हें मैंने बस की खिड़की के शीशे के प्रतिबिंब में देखा था।

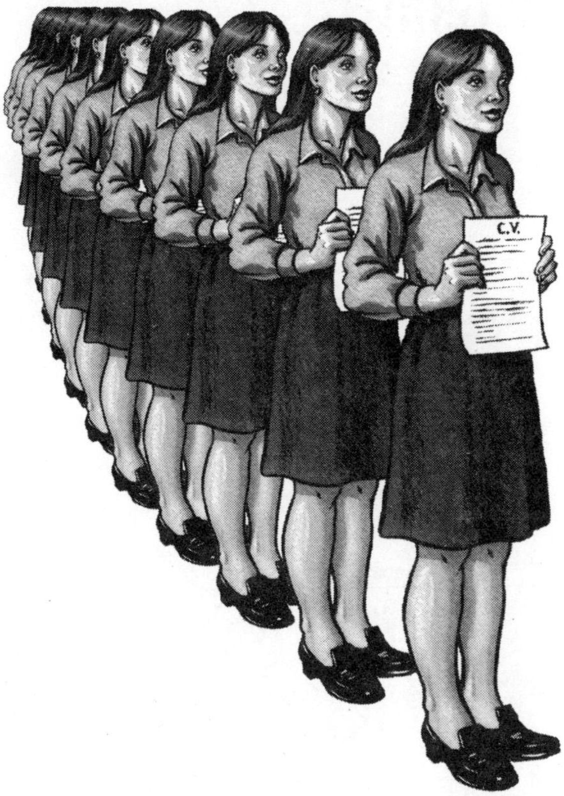

किसी डिजाइन को दोहराना अनुमान में परिवर्तन ला सकता है। यहां मैंने एक आकृति का चित्रण (Painting) किया। फिर कंम्प्यूटर पर पर्त-दर-पर्त कई आकृतियों में बदल दिया।

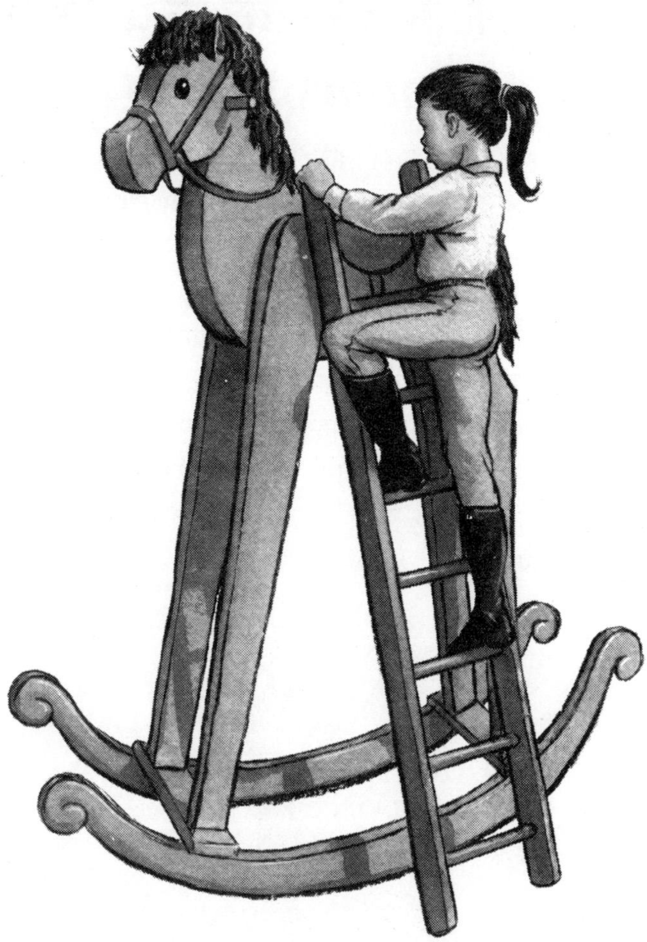

भौतिकी (Physics) का हर नियम अपने सिर पर खड़ा हो सकता है और आर्टिस्ट ऐसा कर सकता है। बस एक ही नियम है कि आप अपने चित्र को विश्वसनीय बनाएं। इसलिए जो भी जोड़-तोड़ और दस्तकारी आप अपनाएं; जैसे ड्राइंग की भाषा, प्रकाश व्यवस्था, पर्सपैक्टिव आदि दृढ़ होना चाहिए। इस केस में भूमि-तल और छायाओं का क्रास होना ही मुख्य मुद्दा (Factor) है।

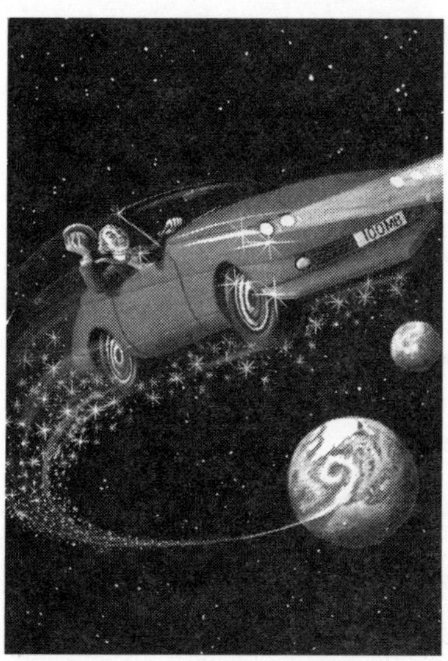

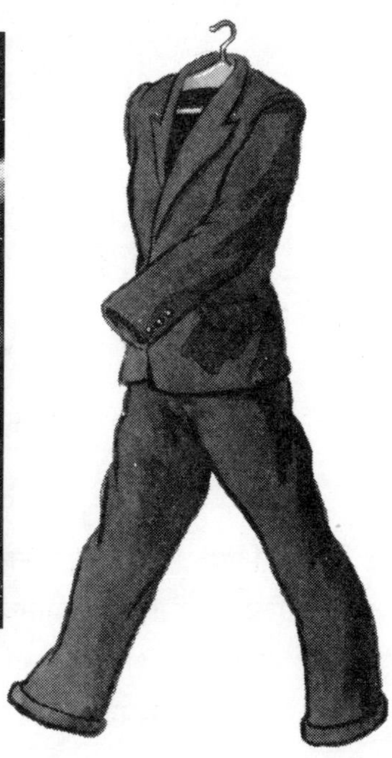

एक सूट (Suit) बिना किसी सहायता के चल सकता है बिना किसी ऐसे तार्किक तत्व से जो इसे गति दे। लेकिन किसी समय हम उस चित्र का अप्रत्यक्ष उल्लेख कर सकते हैं। उदाहरण के लिए कुछ ऐसा चमत्कारपूर्ण प्रभाव दे सकते हैं जो कुछ जादुई तत्वों का प्रदर्शन कर रहा हो।

ईश्वर को मनुष्य के रूप में मानने का सिद्धांत (Anthropomorphism)

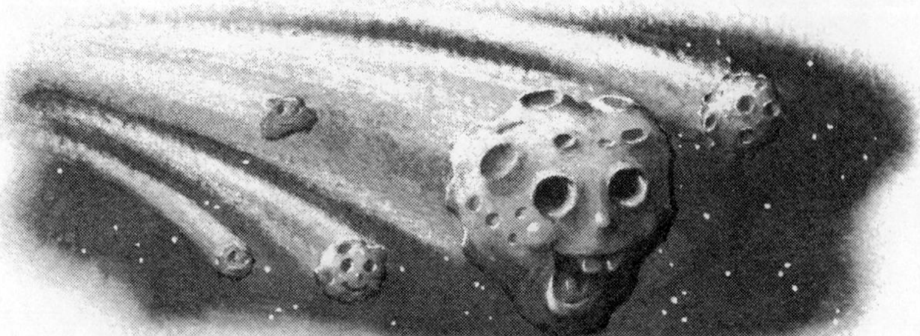

मानव चित्रण में किसी अमानवीय विषय में जिसमें मानवीय गुण और मूल्य पिरो दिए जाएं, तो इस तरह की घटना को 'एनथ्रोपोमोरफिज्म' (ईश्वर को मनुष्य के रूप में मानने का सिद्धांत) कहा जाता है। इस पर काम करना सरल है। यह ऐसा ही जैसे किसी विषय (प्राणहीन या प्राणवान) पर मानव का चेहरा बना दिया जाए। जीवन के भ्रम को और आगे भावों को चेहरे पर दिखाया जा सकता है। विषय पर मानवीय हाथ और पैर चित्रित किए जा सकते हैं, यह आवश्यक नहीं कि उन पर मानव का चेहरा बनाया ही जाए।

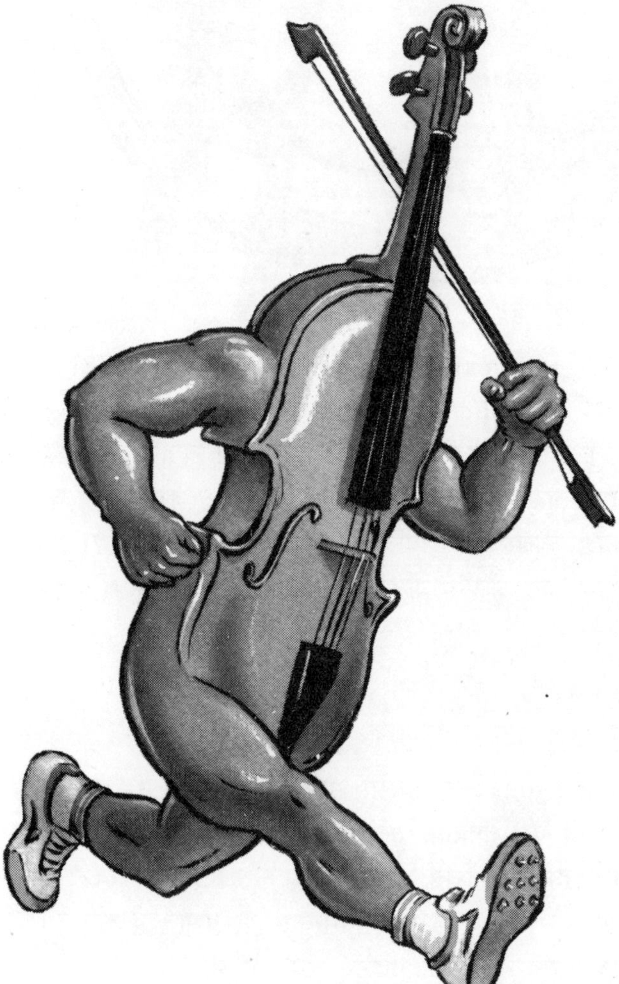

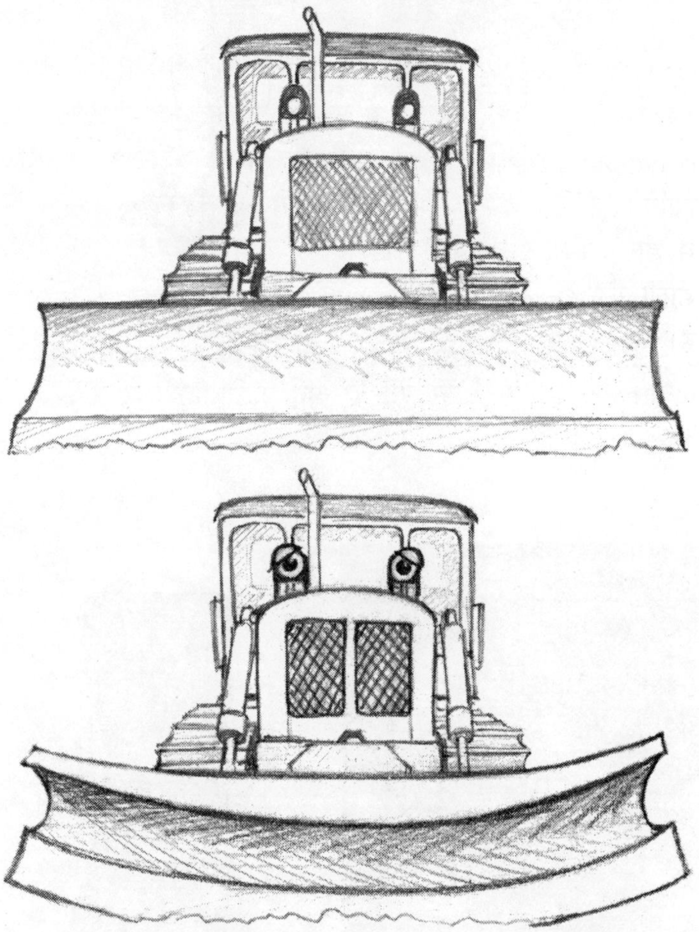

➊ इसके लिए कल्पना की लंबी छलांग की आवश्यकता नहीं है। बुलडोजर में निर्विकार मानवीय चेहरे के लक्षण दिखाए जा सकते हैं, और वह भी पेन्सिल की कुछ रेखाओं और रबर (Eraser) से एक मित्रवत चरित्र को उभारा जा सकता है।

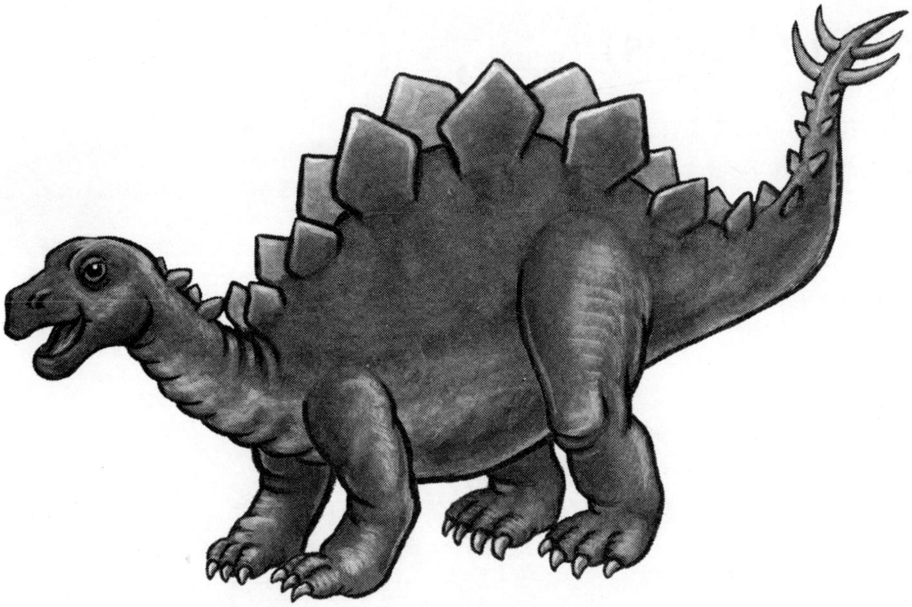

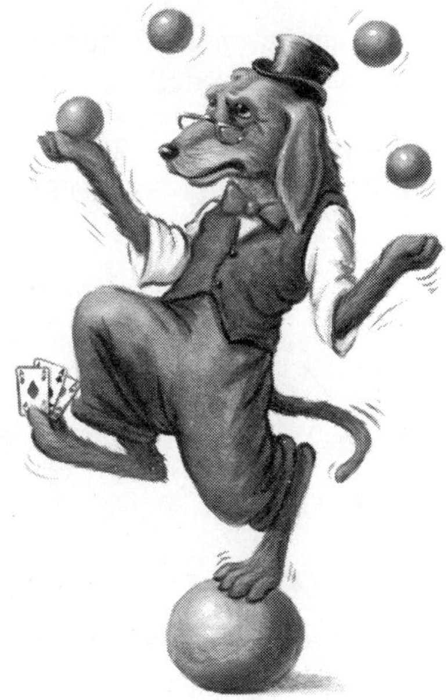

➊ जन्तुओं के मानवीकरण में उनके प्राकृतिक लक्षण और चरित्र को समाहित (Invention) किया जा सकता है। एक जन्तु को उसके नैसर्गिक अनुपातों में चित्रित किया जा सकता है, और इसमें मानव का कोई सादा तत्व चेहरे के भावों में डाला जाना संभव है। इस चित्र में डायनासोर की थूथन में मानवीय मुस्कान डाली गई है। एक कोमल और गोलाइयों भरी ड्राइंग से जन्तु मित्रवत नज़र आता है।

➊ इस चित्र में एक जन्तु पूरे इन्सानी कपड़े पहने हुए अभिनय करता नज़र आ रहा है। वह सीधा खड़ा है और अपने पंजों को इन्सानी हाथ की तरह प्रयुक्त भी कर रहा है।

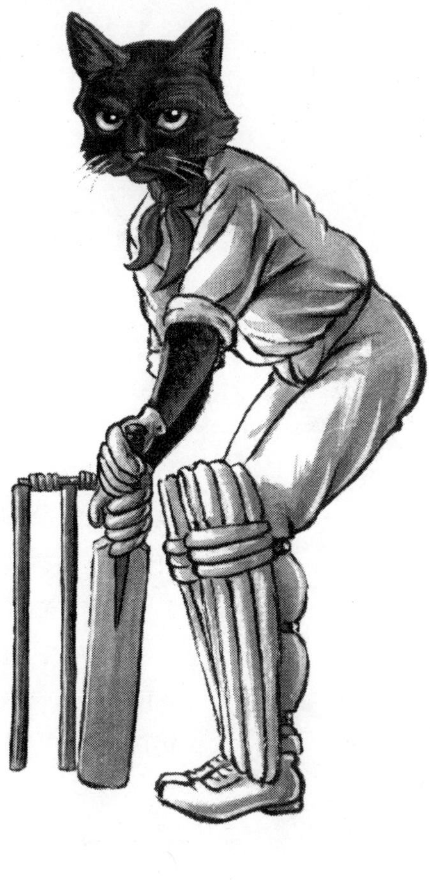

➋ इस चित्र में जन्तु पूरी तरह मानव लगता है। वह चरित्र और अनुपात दोनों में एक क्रिकेट खिलाड़ी लग रहा है। यह बहुत ज्यादा जटिल नहीं है। बिल्ली का सिर मानव की देह पर बना दिया गया है। तो भी हम इसे बिल्ली ही समझेंगे बजाय किसी बिगड़ी मानव आकृति (Deformed) के।

मुखाकृति चित्रण (Making Faces)

अगले कुछ पृष्ठों में हम उन रास्तों को खोजेंगे जिनमें मानव के सिर के लक्षणों और अनुपातों का अध्ययन चरित्र-चित्रण और व्यंग चित्रों (Caricature) के लिए किया गया है; फिर भी नियम तोड़ने से पहले आप यह जानें कि नियम क्या हैं। इसके लिए पहला नियम है कि कुछ प्रारंभिक मार्गदर्शन को समझा जाए। जो सिर के प्राकृतिक अनुपात के रेखांकन में आपकी सहायता करे।

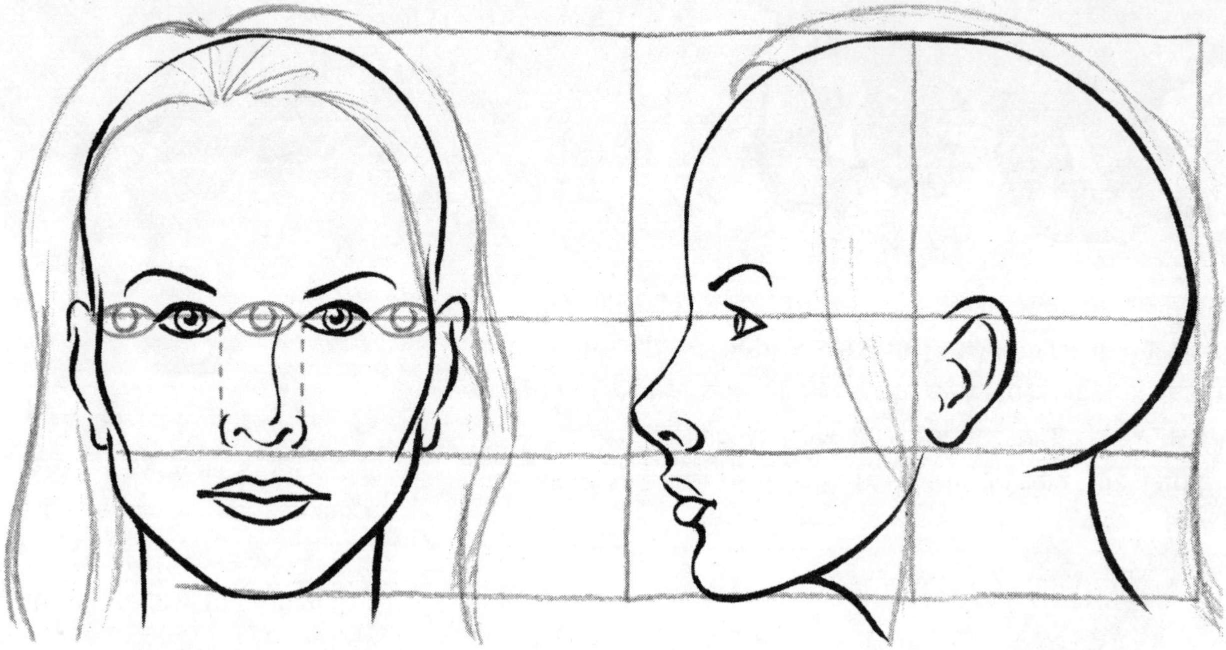

हालांकि हर चेहरा अलग होता है पर प्रारंभिक अनुपात कुछ नियमों का पालन करते हैं। आंखे पूरे चेहरे के आधे भाग पर स्थित होती हैं। नाक और कान आंखों और ठोडी के आधे स्थान पर स्थित होते हैं। चेहरे की अधिकतम चौड़ाई पांच आंखों के बराबर होती है। (चित्र देखें)

साइड (Profile) से देखने पर सिर अधिक चौड़ा नजर आता है, मोटे तौर पर यह सिर के चारों ओर खींचे वर्ग (Square) में समा जाएगा। जिसमें कान आधे भाग पर स्थित होंगे। गौर करें आंख की बदली शेप और उस को देखें जिससे गर्दन नीचे की तरफ मुड़ गई है।

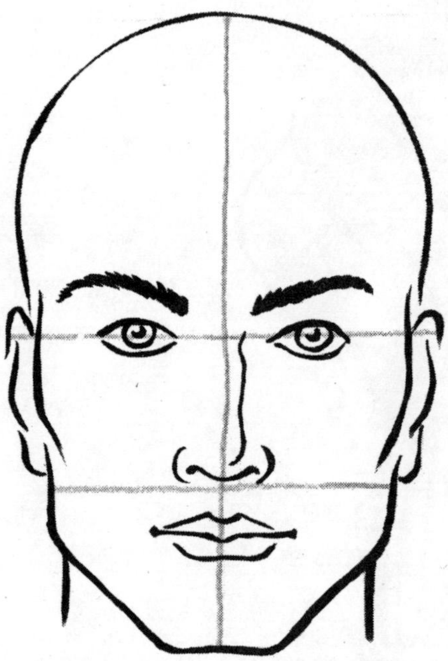

पुरुष के चेहरे के अनुपात भी अक्षरक्षः उपरोक्त नियमों का पालन करते हैं पर लक्षणों की रूपरेखा में वे अलग होते हैं। भृकुटियां (Brow) कुछ घनी होती हैं, जबड़ा कोणनुमा होता है और गर्दन मोटी होती है। आंखें, नाक और मुंह अपनी विभिन्नताओं में विलक्षण होते हैं।

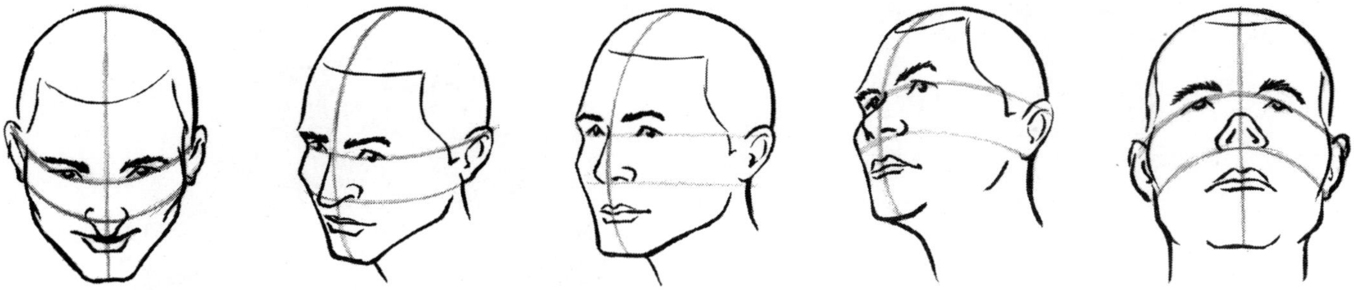

व्यवहार में चेहरों को झुका हुआ या मुड़ा हुआ बनाना आम बात है। यही मार्ग-दर्शन किसी भी मुखाकृति को बनाने पर लागू होता है। पर वह चेहरे के अंडाकार प्रारूप में फिट होना चाहिए। अपने दिमाग में यह बात जरूर रखें कि अगर ऊपर से देखा जाए तो इससे माथे का काफी हिस्सा दिखाई देगा। इसलिए क्षितिजीय (Horizontal) रेखाएं चेहरे के निचले भाग में होंगी और जब आप चेहरे को नीचे से देखें तो इसके उलट होगा। ठीक इसी तरह कान ऊपर को होंगे या नीचे को होंगे। यह झुकने और उठने की डिग्री पर निर्भर होगा।

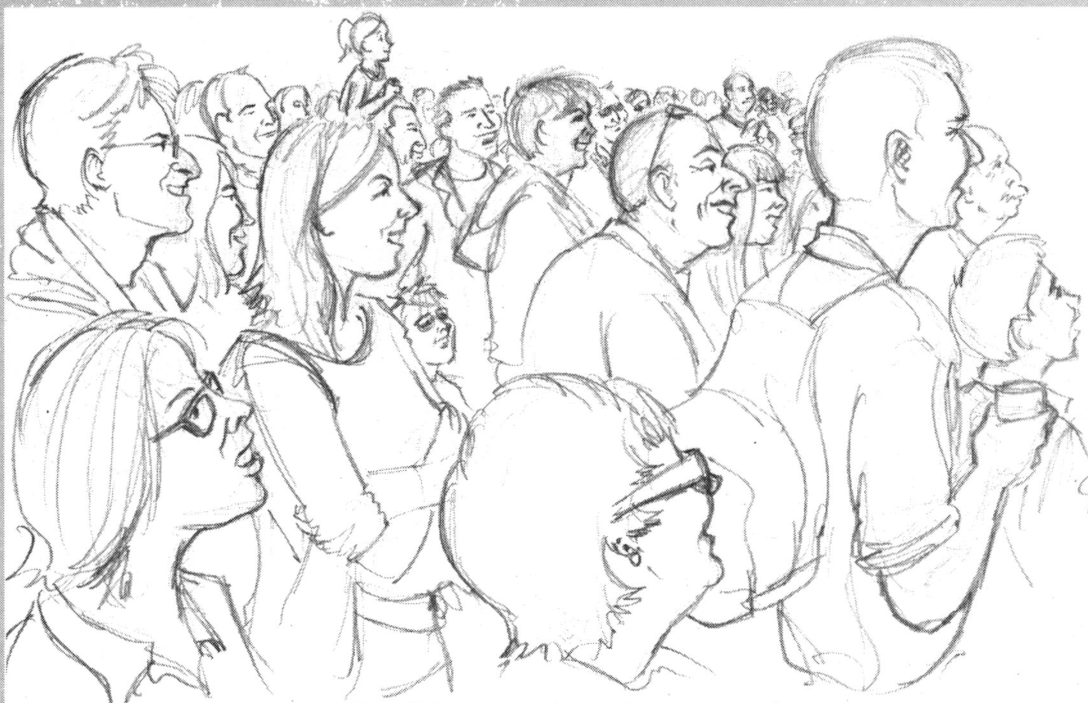

चित्रकार की सलाह

भीड़ जब अपना ध्यान गली में खेल दिखाने वाले पर केन्द्रित किए हुए थी, मैं आराम से उनको स्कैच कर सकता था। इससे अच्छा मौका कितने ही चेहरों को ड्रा करने का कब मिल सकता था। आप स्कैच बुक अपने पास रखिए और भीड़ भरे स्थानों पर जैसे बस, पुस्तकालय या चाय की दुकानों आदि पर उन्हें स्कैच कर सकते हैं।

शैलीगत-व्यक्ति चित्रण
(Stylistic Portraiture)

व्यक्तिचित्रण की असली परीक्षा तब होती है जब किसी व्यक्ति विशेष के चित्र में यह देखा जाए कि उसकी सूरत आर्टिस्ट द्वारा बनाए चित्र से कितनी मिलती है। अपने आप में यह दक्षतापूर्ण काम हो सकता है। कुछ समानताएं तो आसानी से आ जाती हैं पर कुछ बार-बार स्कैच करने पर भी नहीं आ पातीं। फिर भी इस पुस्तक की मूल-भावना में आप अपनी आकांक्षा को स्थिर करें और उस व्यक्ति चित्र (Portrait) में डालें जो आप बना रहे हैं। इसका एक तरीका तो यह है कि आप सावधानी पूर्वक यह सोचें कि आपके रेखांकन की शैली क्या होगी जो आपके विषय (Object) के अनुकूल हो।

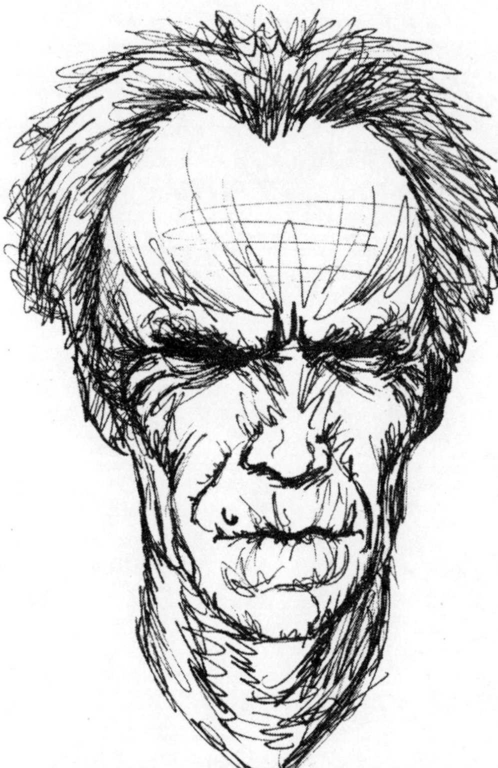

क्लिन्टइस्टवुड के शक्तिशाली व्यक्तित्व को उभारने के लिए मैंने स्याही और फैल्ट पैन से इसमें काम किया। मैंने उसके मुर्झाए चेहरे को उभारने के लिए झुर्रियों को उकेरा।

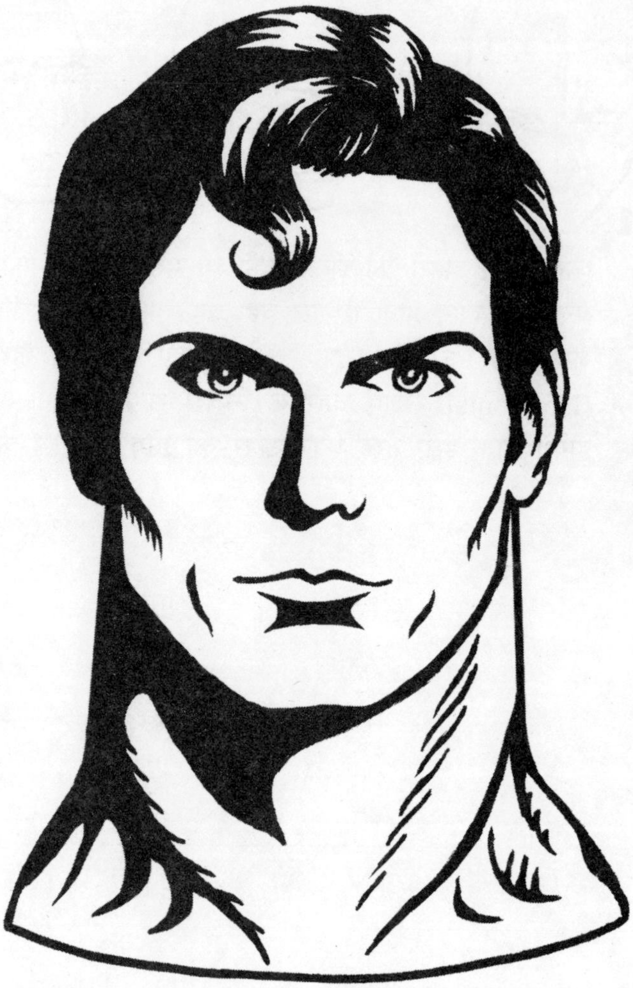

क्रिस्टोफर रीव के इस चेहरे की शैली के लिए मैंने कॉमिक-चित्रण की शैली का प्रयोग किया जिसे 'सुपरमैन' के कॉमिक में प्रयोग किया गया था। इसमें सुपरमैन को एक विशेष शैली में चित्रित किया गया था। यह हमेशा ही आसान नहीं होता कि विशुद्ध काले-सफेद चित्रों में विभाजन रेखा कहां खींची जाए। पर तब आपको सहायता मिल जाती है जब विषय प्रकाश में चमक रहा हो।

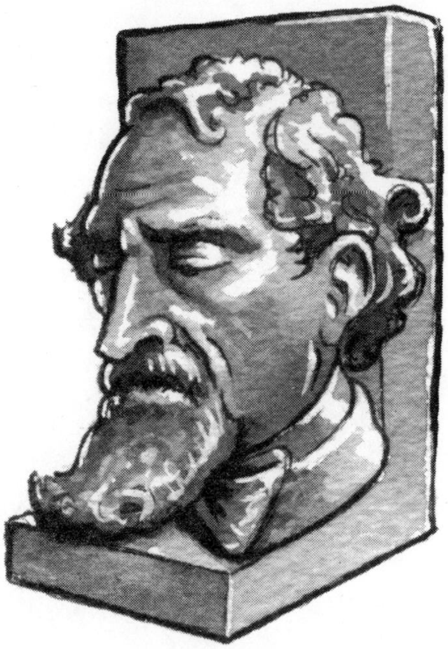

➲ उसके समय और व्यवसाय को ध्यान में रखते हुए मैंने चार्ल्स डिंकन्स को लकड़ी के एक बुकशेल्फ के रूप में बनाया। चार्ल्स डिंकन्स प्रसिद्ध लेखक था, उसका यह पोरट्रेट तत्कालीन समय में बनाए उसके एक व्यक्तिचित्र की नकल है। इसके टोन और प्रकाश को लकड़ी के धरातल के हिसाब से दर्शाया गया है।

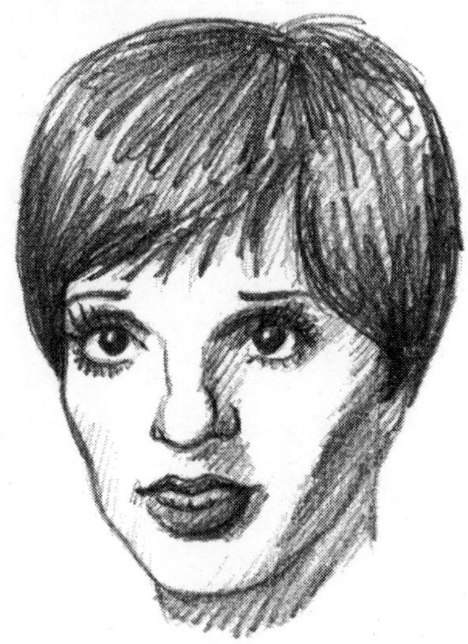

➲ जैसा कि आप देख सकते हैं कि 'लिजा मिनेली' का यह पेन्सिल स्कैच, जिसमें उसके बाल उसका मेकअप बिल्कुल अलग हैं; और उसकी आंखें और होठ चेहरे पर दबाव डाल रहे हैं। इसे मैंने एक लेआउट कागज पर ट्रेस कर लिया, चेहरे की रेखाओं को प्रवाहपूर्ण तरीके से खींचा ताकि उसके चेहरे को कई संकेतों में बदला जा सके।

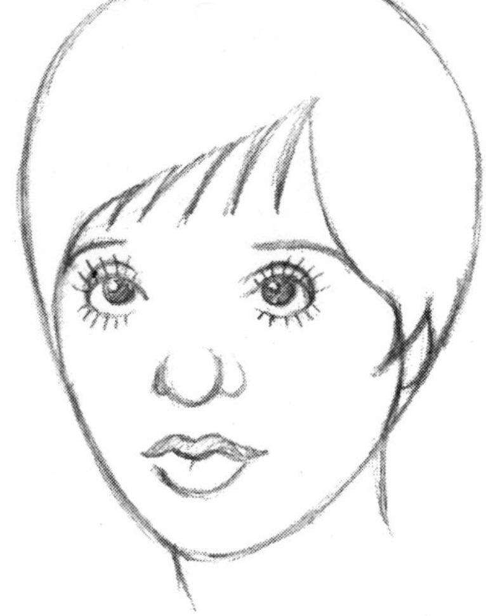

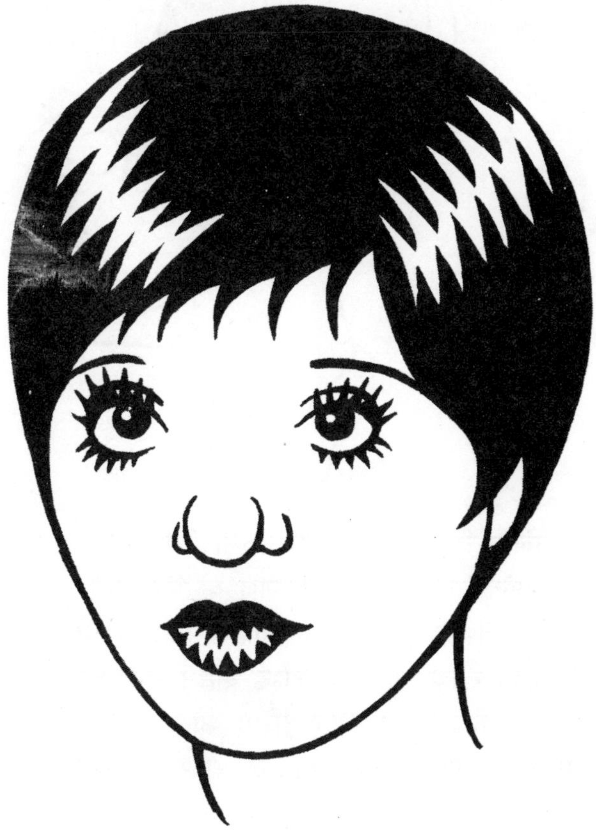

➲ पैन और स्याही से खींच कर मैंने चित्र को एक अलग शैली में बदल दिया। किसी भी प्राकृतिक प्रकाश या प्रकाश बिन्दुओं को अनदेखा करके, सिर्फ बालों और ओठों पर दरांती के दांतों जैसा पैटर्न बना कर प्रकाश का प्रभाव पैदा किया। अनुपातों में कोई फेर बदल नहीं किया। पर नाटकीय सरलीकरण और उसे दुबारा डिजाइन करके रेखांकन को एक कैरीकेचर (व्यंग्य चित्र) का रूप दे दिया।

व्यंग्य चित्र (Caricature by Stretch)

व्यंग्य चित्रों के अभ्यास में अतिसूक्ष्म अनुभव, स्पर्श तथा गलती से सीखना, इन सब चीजों का समावेश (Involvement) होता है। जैसे कि हर चेहरा और व्यक्तित्व अपूर्व होता है, इसलिए व्यंग्य चित्र के कोई निश्चित नियम नहीं होते। कुछ साधारण नियम अवश्य होते हैं जो अनुशासन के लिए लाभदायक हैं। यहां मैं सिर के अनुपात को फैलाने (Stretch) और उसके लक्षणों की नियंत्रित दिशा में जाने की चर्चा करूंगा।

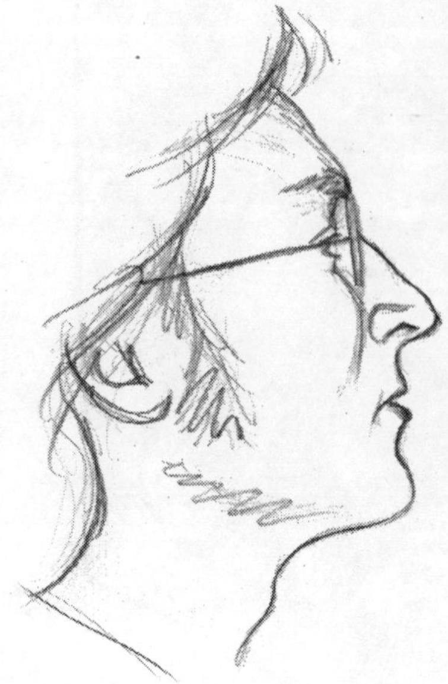

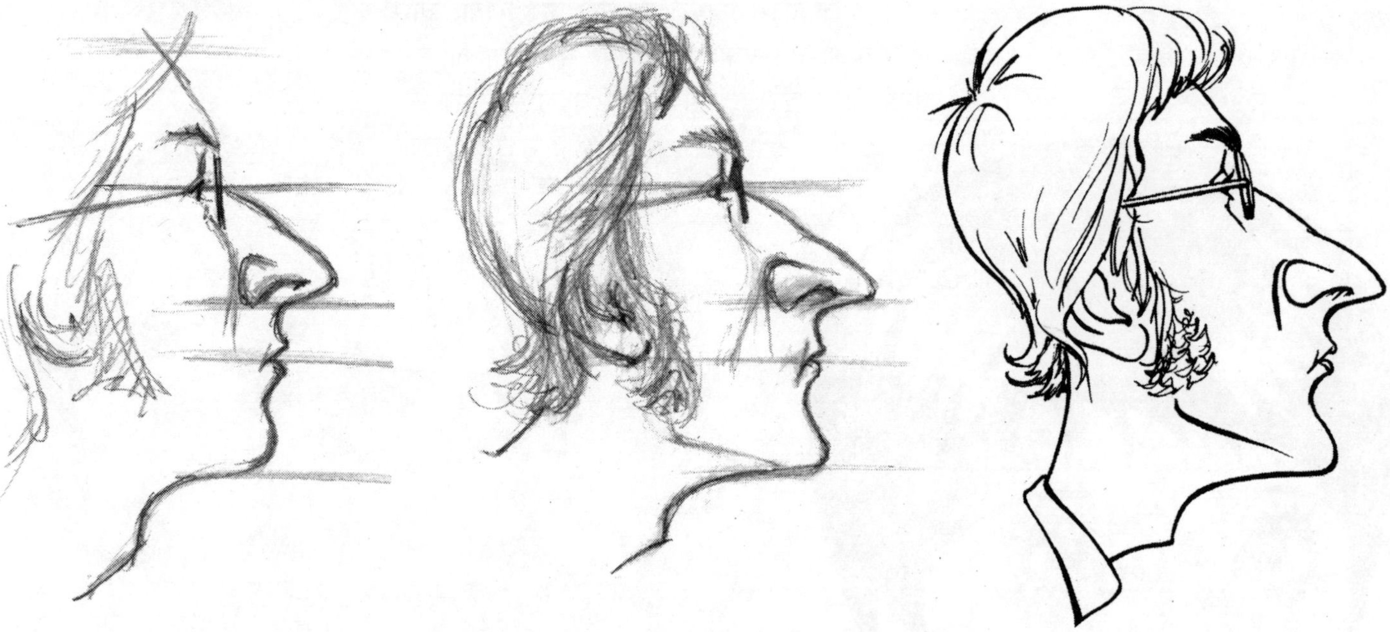

मुखाकृति को फैलाने (Stretch) का मौलिक सिद्धांत जिसे कितनी ही विभिन्न दिशाओं में प्रयोग किया जा सकता है। जॉनलेनन के इस साइडपोज के लिए मैंने लेआउट पेपर लिया और उसके मौलिक चित्र पर रखकर खिसका-खिसका कर ट्रेस करता रहा। मैंने मौलिक चित्र पर जो लाइनें खींचीं थी उन्हें गाइड लाइन समझकर उनके अन्दर ही मुखाकृति के फैलाव को स्कैच किया। फिर ट्रेसिंग को उसी तरीके से फिर रीट्रेस किया। जब तक कि मैं अतिरंजना (Exaggeration) से संतुष्ट नहीं हो गया।

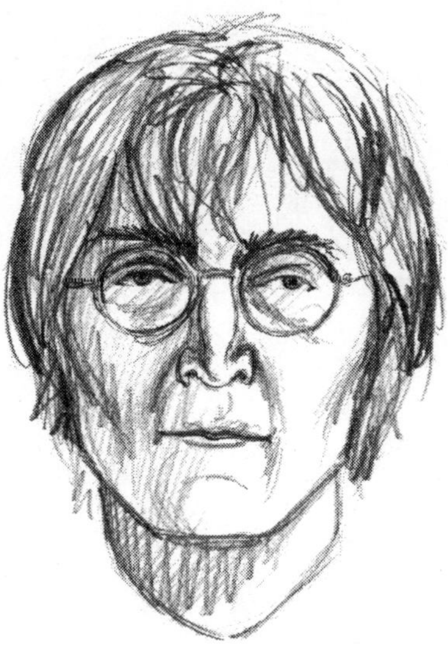

मुखाकृति के सामने के लक्षणों और भावों को समझने के लिए मैंने कई फोटोग्राफों को देखा और एक जल्दी वाला स्कैच कर लिया। चेहरे के मुख्य लक्षण (Features) थे–तराशी हुई नाक, पतले होंठ और चेहरे का कोणनुमा आकार।

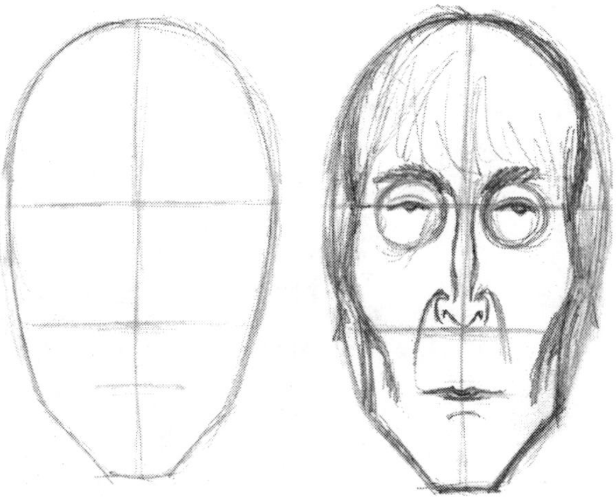

कैरीकेचर को शुरू करने के लिए मैंने एक ग्रिड बनाई जिसमें चेहरे का निचला भाग फैलाया (Strech) गया था ताकि नाक उसमें समा सके। फिर मैंने बाकी चेहरे के लक्षणों को ग्रिड में सैट कर दिया। इस नए स्थानांतरण (Placement) में गालों की उभरी हड्डी और जबड़े को फिट कर दिया।

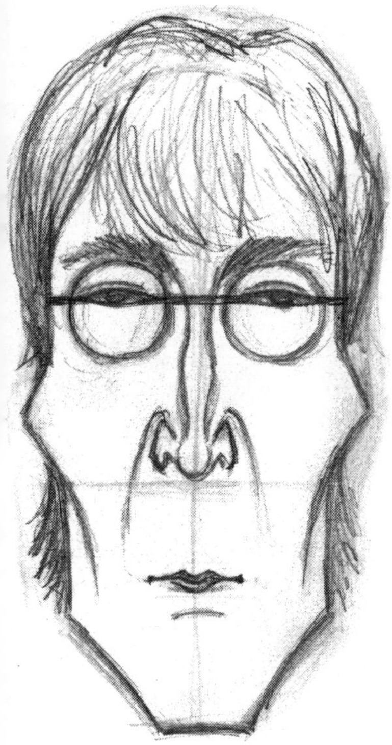

इस स्टेज पर आप मुखाकृति की चारित्रिक विशेषताओं का अनुभव कीजिए और इनकी री शेप (Reshape) सूक्ष्मताएं संवारिए, अवांछित पेन्सिल चिन्ह मिटाइए, अतिरंजना (Exaggeration) और ये सारी क्रियाएं चेहरे के मिलान (Likeness) के लिए हैं। इस बात से मत डरिए कि आपकी ड्राइंग गन्दी (Messy) हो गई है। आप पाएंगे कि आपके द्वारा ड्रा की गई रूपरेखा कहीं ज्यादा सुविधाजनक स्थिति में है।

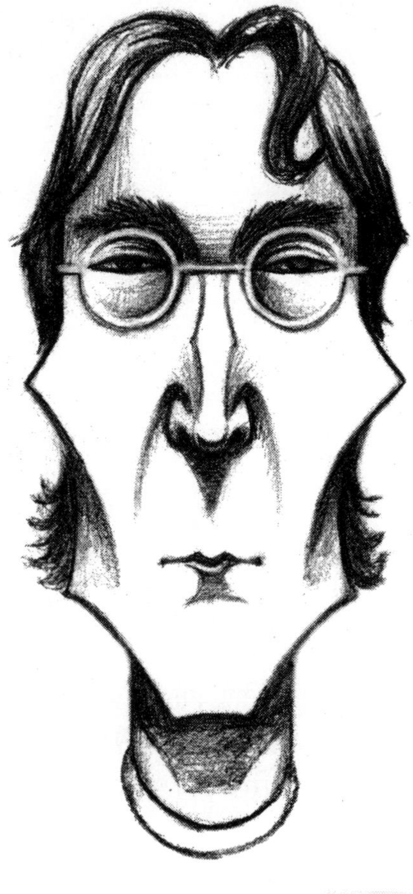

रेखांकन के बीच ही कहीं आपके चित्र में सुधार आ जाएगा। इस केस में मैंने पेन्सिल की ड्राइंग के साथ ही आगे बढ़ना जारी रखा। इस बीच मैंने रबर से कई अवांछनीय तत्व मिटा दिए और चेहरे के कोणों में नरम पेन्सिल से शेडिंग भर दी।

मुखाकृति लक्षणों के व्यंग्य चित्र
(Caricature by Features)

बहुत से व्यंक्तिगत व्यंगचित्र मूल रूप से चेहरे के एक या दो लक्षणों की अतिशयोक्ति (Exaggeration) पर आधारित होते हैं, इसलिए अभिप्राय (Sense) यह है, कि चेहरे के प्रभावशाली लक्षणों से ड्राइंग शुरू की जाए और बाकी का भाग इन लक्षणों के चारों ओर विकसित किया जाए। यह तरीका फैलाने (Strethc) वाले तरीके से कम नियंत्रित है, पर यह काफी दिलचस्प रेखांकन हो जाता है।

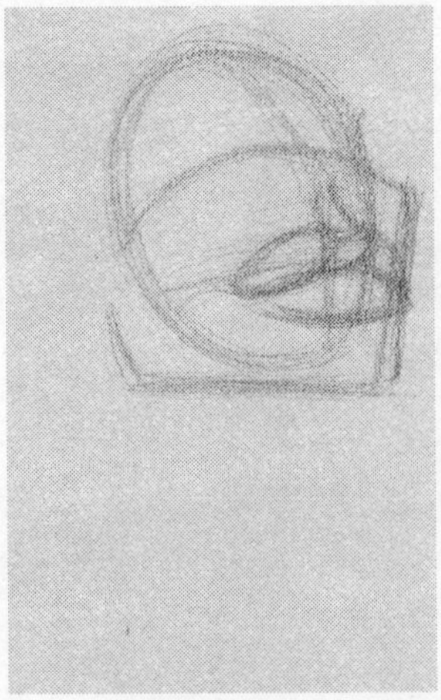

⮉ इस चित्र को ड्रा करने के लिए मैंने एंजिला जोली का तीन चौथाई चेहरा चुना जो उसके संवरे हुए लक्षणों को मूर्ति की सी सुघड़ता देता है। इसे साधारण पोज से रेखांकित नहीं किया जा सकता था। मैंने एक रंगीन (Tinted) मोटा कागज और एक मौथरी (Blunt) पेन्सिल जो पानी में घुलनशील हो को स्कैच के लिए चुना मैंने फिर रफ अन्डावृति जैसा आकार बनाया और वक्र रेखाओं को (Curved Lines) गाइड लाइनों के रूप में बनाया, ताकि सिर के पर्सपैक्टिव को स्थापित किया जा सके। एकदम बाद ही मैंने उसके साइज से बड़े ओठ ड्रा किए और उन्हें अभिनेत्री के दृढ़ जबड़े में फ्रेम कर दिए।

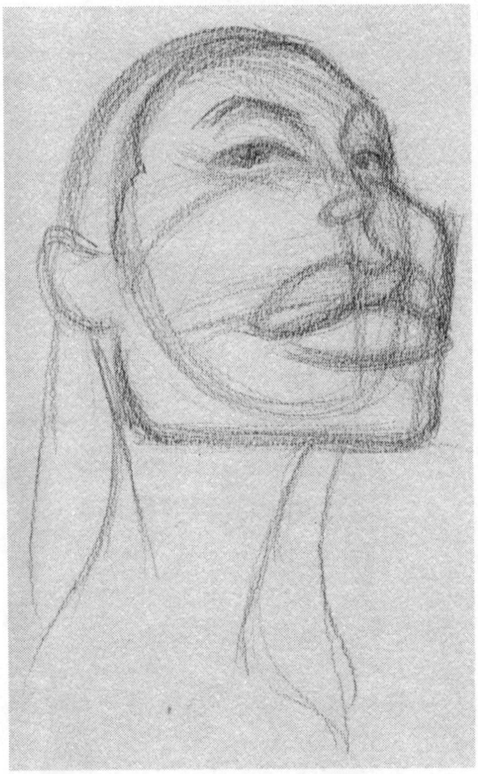

⮈ धीरे-धीरे मैंने चेहरे के दूसरे लक्षण जोड़े जिन्हें काफी रफ रखा। आवश्यक चीज तो यह थी कि उन्हें सही स्थान पर स्थिर रखना और सही अनुपात में ड्रा करना। मौथरी पेन्सिल और सुरदरे कागज ने चीजों को हल्का और आसानी से ठीक करने लायक रखा।

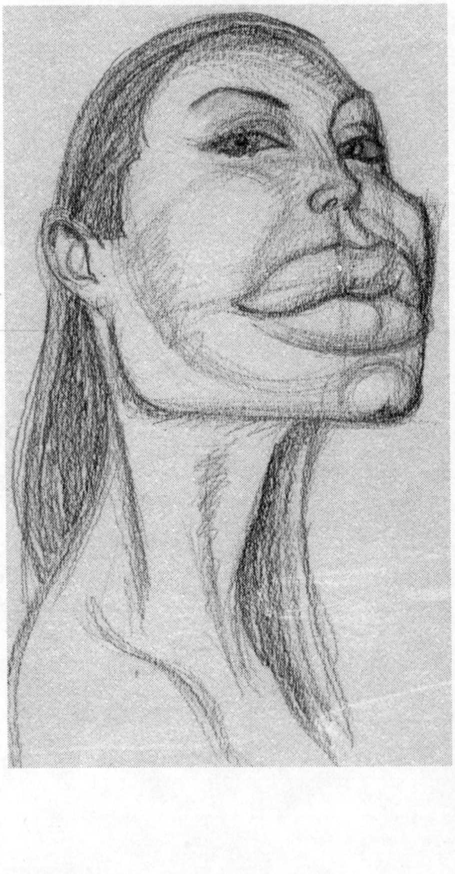

➲ लक्षणों को संवारने के लिए मैंने नुकीली पेन्सिल से चित्र की आंखों से शुरू किया और अपने फोटोग्राफ को निगाह में रखते हुए स्कैच कर दिया। किसी भी व्यंगचित्र की सफलता बहुतायत (Heavily) से आंखों पर निर्भर है। मैंने ड्राइंग को संवारते हुए निश्चित रूपरेखा का हमेशा ध्यान रखा।

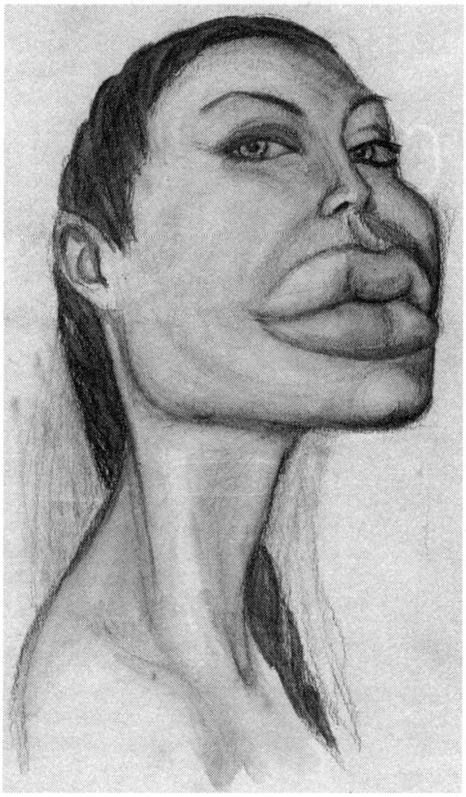

मैंने अभिनेत्री के बालों के स्टाइल को बदलने का निर्णय किया जो उसका ज्यादा लोकप्रिय स्टाइल है। फिर एक बड़े ब्रश से पेन्सिल के चिन्हों को नम किया जैसे किसी वाटर कलर की पेन्टिग में करते हैं। अभी कागज गीला ही था कि रंग (पेन्सिल के चिन्ह) को फैलाया और टिशू पेपर से जहां-जहां आवश्यक था नमी को सुखाया।

मैंने वाश में काला वाटर कलर मिलाया और बैकग्राउन्ड में भर दिया। फिर एक हेयरड्रायर से पूरे चित्र को सुखा दिया। एक सख्त रबर (Eraser) से मैंने अभिनेत्री की त्वचा की कोमलता पर काम किया। फिर इधर-उधर थोड़ा बहुत संवारा, गहरे पेन्सिल के चिन्हों (Marks) को और गहरा किया तथा जहां प्रकाश देना था वहां सफेद पेन्सिल से काम किया। बहुत उन्नत प्रकाश स्थलों को फाइन ब्रश से सफेद स्याही से उभार दिया।

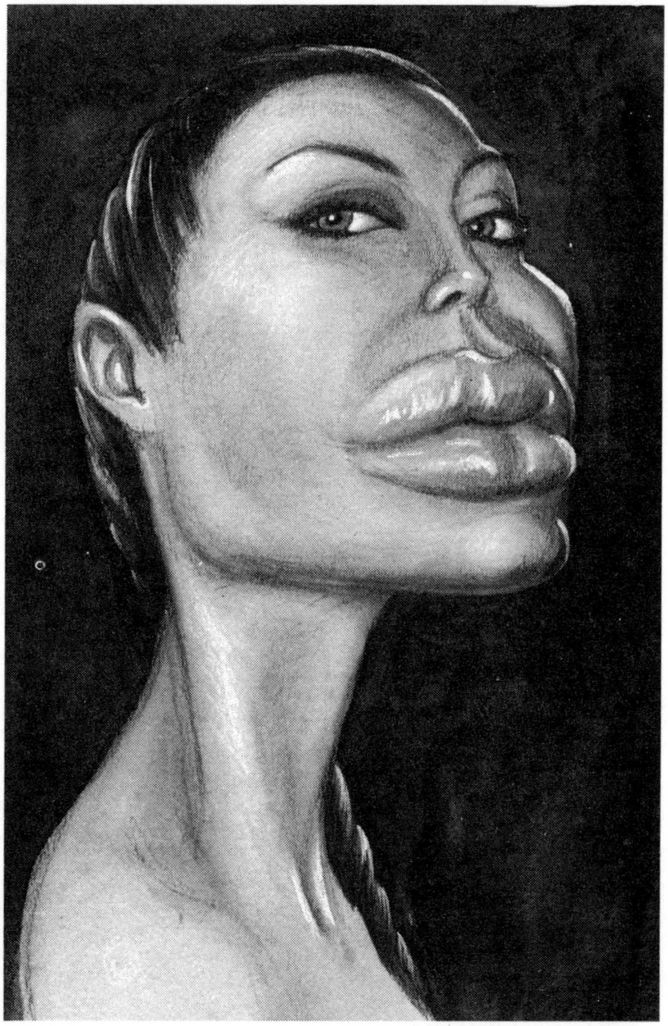

चित्रकार की सलाह

जब तक कि आपके विषय की आंखें अलग और दिलचस्प हैं, आपके लिए यह सुरक्षित शॉर्टकट है कि मूल चेहरे और आपके व्यंग्य चित्र में मिलान (Likeness) माजूद है। शर्त यह है कि आप सावधानी से इसे कॉपी करें, जो चरित्र की विशेषताओं को उभारे। साथ ही चेहरे की बाकी विसंगतियों में तालमेल बैठा सके।

चेहरों का भ्रम (Facial Illusion)

हमारा मानवीय मनोविज्ञान हमें विशेष रूप से चेहरों को पहचानने की क्षमता देता है। अगर काफी सारे अते पते दिए जाएं तो दर्शक बादलों के स्वरूपों में भी चेहरे की पहचान कर लेगा, भले ही किसी छाया में आधा छिपा हो या नकाबपोश हो या और कुछ हो। इस दृश्यमान (Phenomenon) के साथ खेलते हुए, यह प्रदर्शन एक कोशिश है फलों द्वारा व्यंग्यचित्र बनाने की।

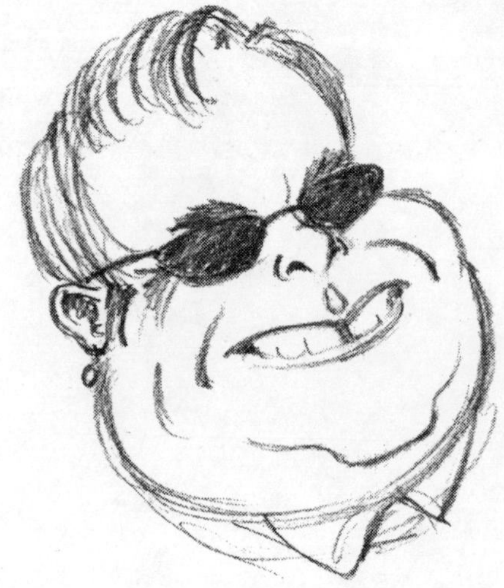

पहले मैंने एक रफ व्यंगचित्र बनाया। एल्टन जोन एक अच्छा विषय है, उसका काला चश्मा इस बात को तो खत्म कर देता ही है कि आंखे कैसी हों। उसका चेहरा-मोहरा ऐसा है कि जिसे सरल रेखाओं द्वारा व्यंग्यचित्र में परिवर्तित किया जा सकता है।

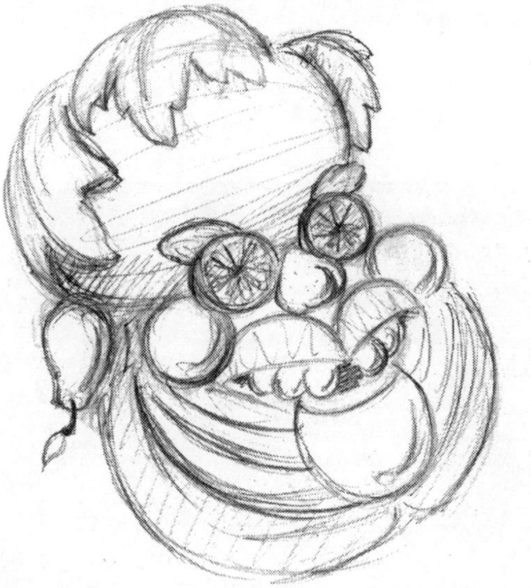

लेआउट पेपर पर ट्रैस करने के बाद मैंने उसके चेहरे के लक्षणों की रूपरेखा को फलों में रूपान्तरित कर दिया। शुरूआत की नाक से कि जिसे स्ट्राबेरी के रूप में बदला, अंगूरों को दांतों का रूप दिया, खरबूजों से माथा बनाया, आदि। इस प्रक्रिया में चेहरा थोड़ा सा सुधार मांग रहा था, पर यह मैंने फाइनल ड्राइंग में किया।

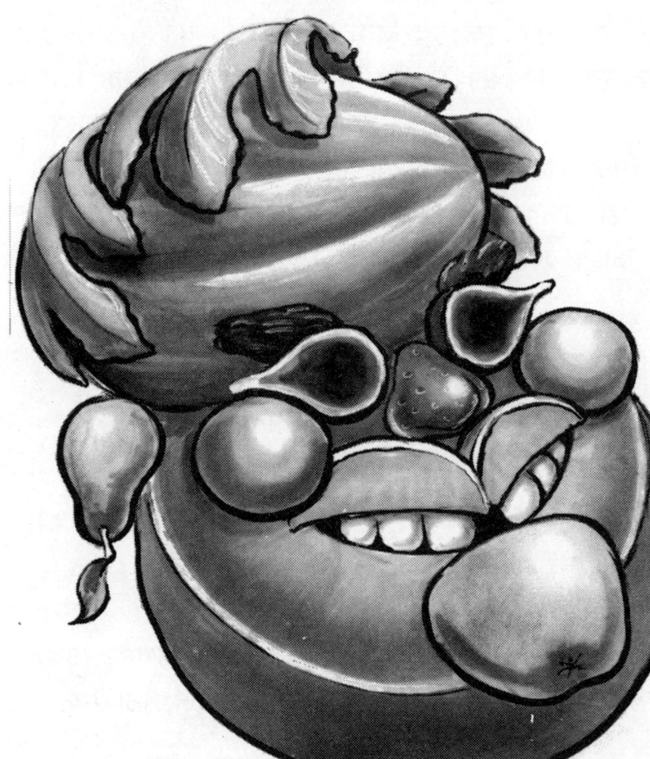

मैंने इस डिजाइन को साफ कागज पर ट्रैस किया और सरलता के लिए इधर-उधर कुछ परिवर्तन किए। फिर मैंने स्याही और मार्कर पैन का प्रयोग किया ताकि चित्र को खंडों में विभाजित किया जा सके। सफेद स्याही से धब्बों को टच किया। जानबूझ कर ज्यादा टैक्सचर के काम से परहेज़ किया। विशेषत: फलों में और मुखाकृति में एक संतुलन कायम रखा।

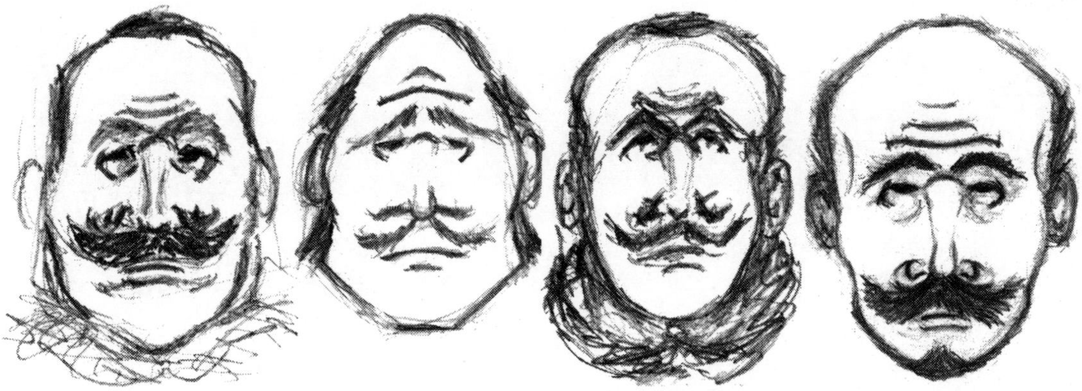

प्रयोग में मुखाकृतियां हमारे सामने बड़े भ्रम की स्थिति खड़ी कर देती हैं। यहां एक उदाहरण प्रस्तुत है जिसे मैंने विक्टोरियन युग के प्रसिद्ध रहस्य उपन्यास "डॉ. जैकेल और मिस्टर हाइडे" से लिया है। उद्देश्य यह था कि उपन्यास के मुख्य पात्र का चरित्र विकसित किया जाए। उसका राक्षसी दंभ (Ego) जो उसके अन्दर विचर रहा था और मि. हाइडे का चरित्र चित्रण करना।

यह मेरे कुछ छोटे स्कैच हैं, जिन्हें मैंने गल्तियों से सीख कर विकसित किया है। इन चित्रों को उलट पलट कर देखा जा सकता है। वह एक तरफ से सज्जन दूसरी तरफ से राक्षस दिखाई देगा।

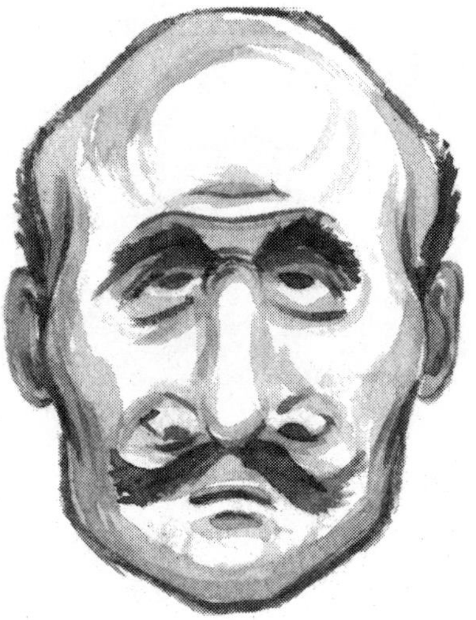

यहां ड्राइंग की भाषा ही महत्वपूर्ण है। ड्राइंग ढीली ढाली होनी चाहिए ताकि कुछ रेखाएं झुर्रियां सी लगें (एक दिशा में) और चित्र को पलटने पर उनके चेहरे के विशेष लक्षण दिखाई देने लगें। इस पर मैंने वाटर कलर ब्रश से भी काम किया है ताकि कुछ ब्रश स्ट्रोक उभरें।

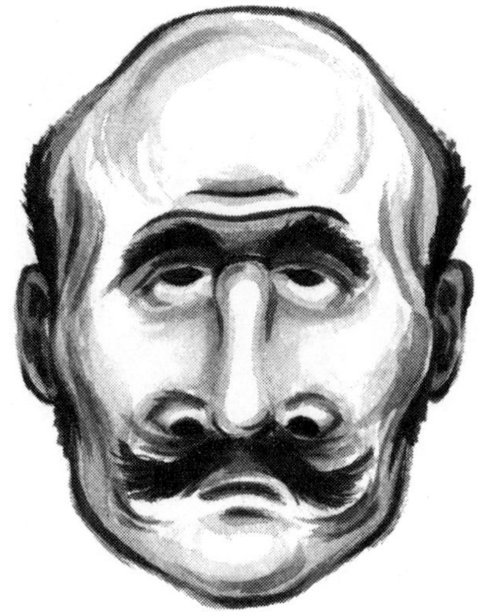

मैंने कुछ और गहराई जोड़ी तथा सूक्ष्मताएं उकेरीं ताकि आकृति अधिक उभरे, मैं इससे पहले ही रुक गया अन्यथा आकृति बिगड़ सकती थी।

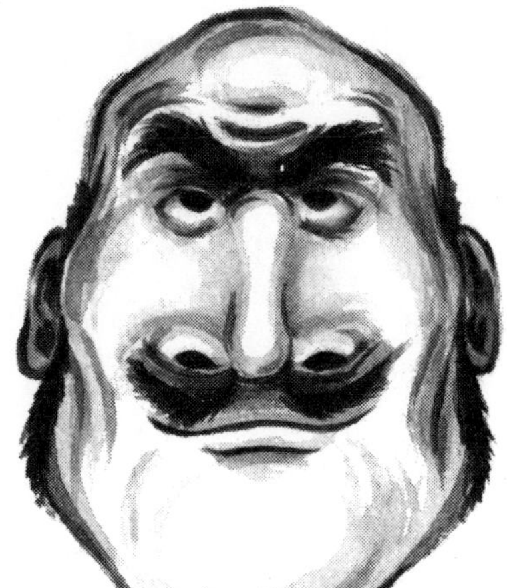

यहां सिर को उल्टा करके देखें तो इस उपन्यास के चरित्र के दोनों रूप राक्षसी और सज्जन स्पष्ट दिखेंगे (जरा चित्र को उल्टा करके देखिए)।

शैलीगत आकृतियां
(Stylistic Figures)

पूरी आकृति आपको लोगों के बारे में अधिक जानकारी देती है। चाहे आप फोटो से चित्र बनाएं या मॉडल से। एक जल्दी किए गए स्कैच को विषय की अतिशयता (Exaggerated) के साथ दर्शाया जा सकता है। जैसा कि पिछले पृष्ठों (90-94) में आपने देखा। वास्तव में इसकी संभावनाएं अंतहीन हैं, पर हर व्यक्ति की एक अलग पहचान होती है जो आगे का रास्ता खोलती है। यहां एक ही प्रसंग की अलग-अलग पहुंच है।

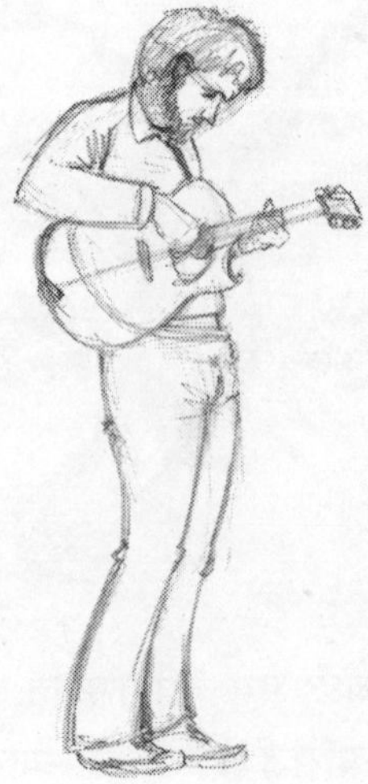

इस गोल कन्धे वाले गिटार वादक के हावभाव ने मेरा ध्यान खींचा पर अपने आरंभिक स्कैच में मैं सफल न हो सका।

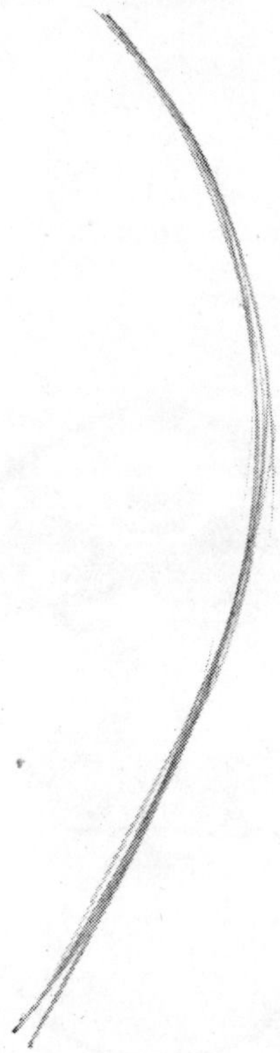

पोज को ड्रा करने का पहला कदम था एक वक्र (Curved) रेखा खींची जाए; और अपने लेआउट पेपर पर इसके आस-पास आकृति बनाई जाए। इसे 'एक्शन लाइन' कहते हैं। यह गतिमान (Moveing) आकृतियों को बनाने का आम तरीका है। पर यहां पर स्थिर पोजों के लिए भी गाइड रेखाएं लाभदायक हैं।

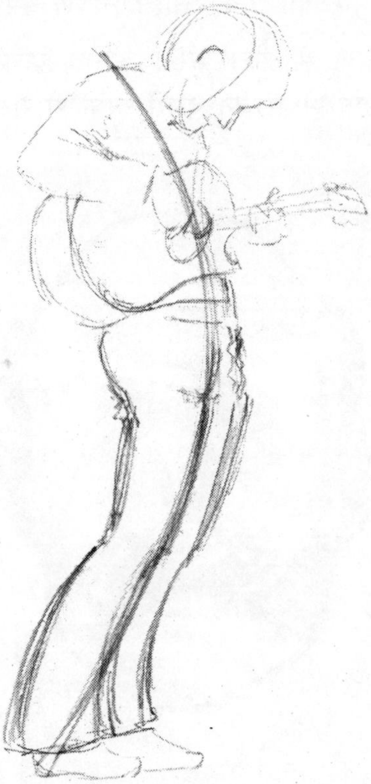

मैंने एक्शन लाइन का अनुसरण करते हुए कागज को आवश्यकतानुसार सरका कर आकृति को ट्रेस कर लिया।

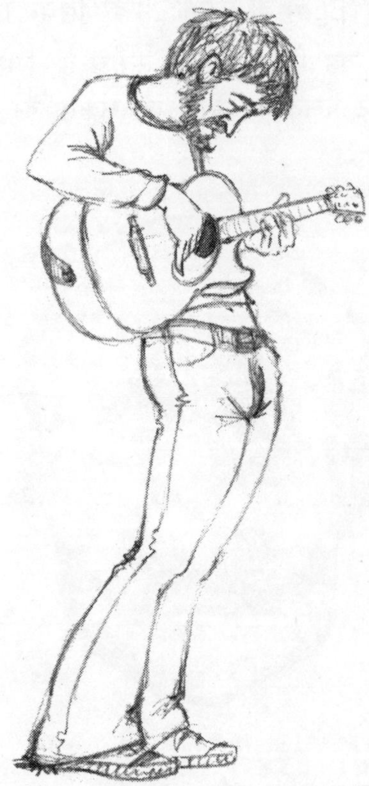

आरंभिक आकृति अपने स्थान पर जमा उसे हिप्पी टाइप में स्कैच कर लिया।

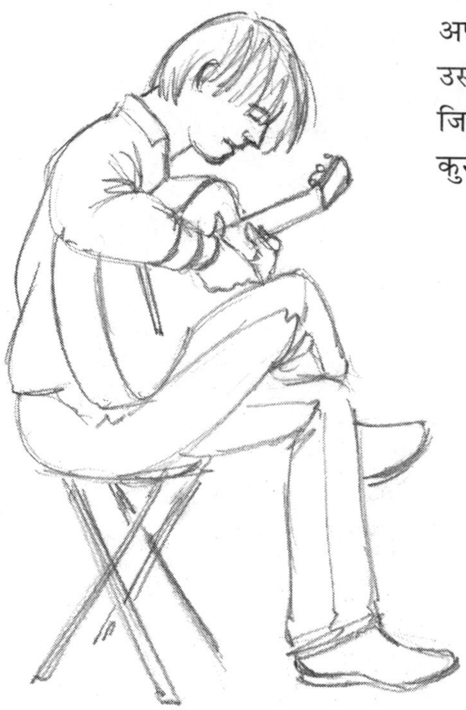

इस चित्र में गिटार वादक अपने गिटार पर झुका हुआ है। यह उस स्थिति से एक दम भिन्न है, जिसमें खड़े होने की बजाय वह कुर्सी पर बैठा हुआ है।

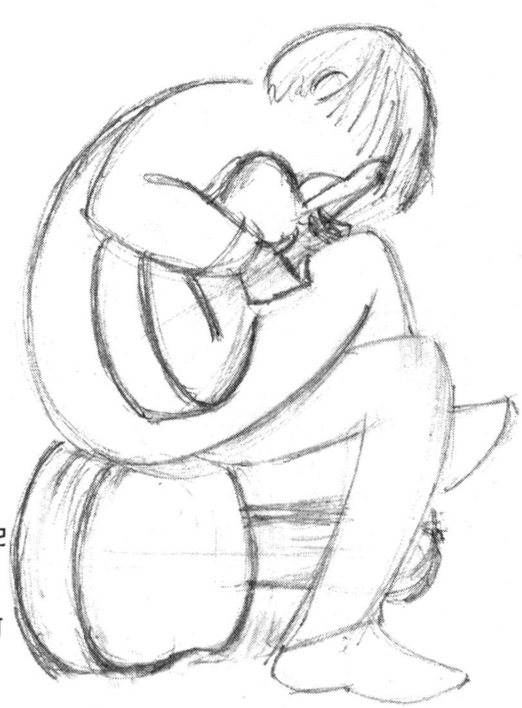

अपने लेआउट पेपर पर मैंने इसे ट्रेस किया। मैं लेआउट पेपर को सुविधानुसार सरकाता रहा और गिटार वादक के पोज को और ज्यादा झुका कर उसे अतिशयता (Exaggerate) में बदल दिया।

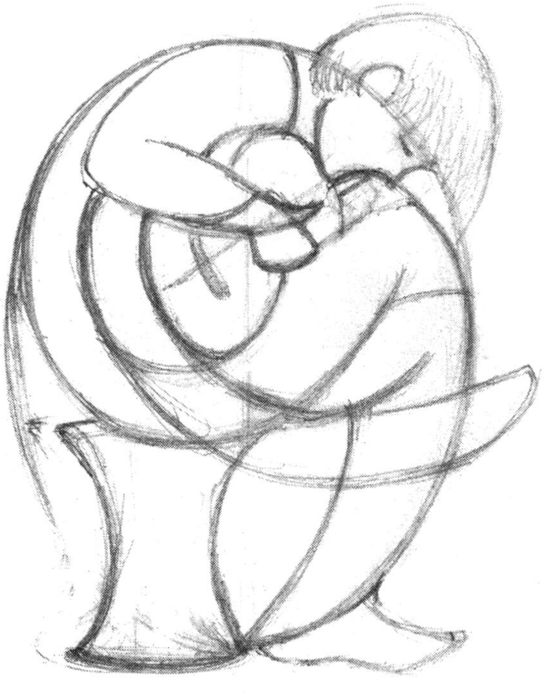

दूसरी ट्रेसिंग में मैंने आकार को और सुधार दिया। रेखाओं की वक्रता (Curves) चीजों के एक दूसरे से ताल-मेल बैठाने में सफल है।

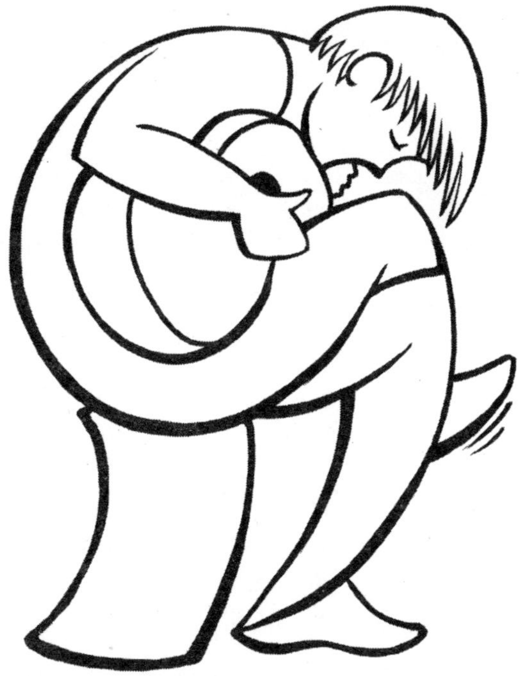

मैंने चित्र में एक लय (Rhythem) पैदा कर दी तब जाकर मैंने इसमें स्याही भरी। ब्रश-पैन का प्रयोग करते हुए इसे नए साफ कागज पर उतार लिया।

आविष्कृत आकार (Invented Figures)

यह बात सीखने के बाद कि चेहरों और चरित्रों की कल्पना की जा सकती है यह संभव है कि आप उन्हें साकार करना चाहें। मानव शरीर एक दिलचस्प यंत्र है। यह अपने अनुपात और संरचना में काफी जटिल है। इसकी गतिशीलता, इसकी विभिन्नताएं इसके हावभाव और इसकी संरचना की विविधता सभी अद्‌भुत है। पर इनका सरलीकरण किया जा सकता है, यहां तक इनका एक फ्रेम जैसा कुछ बनाया जा सकता है। वैसा ही कुछ जैसा कि पृष्ठ 86 पर है जो अन्डावृत (Oval) तरीके से दिखाया गया है।

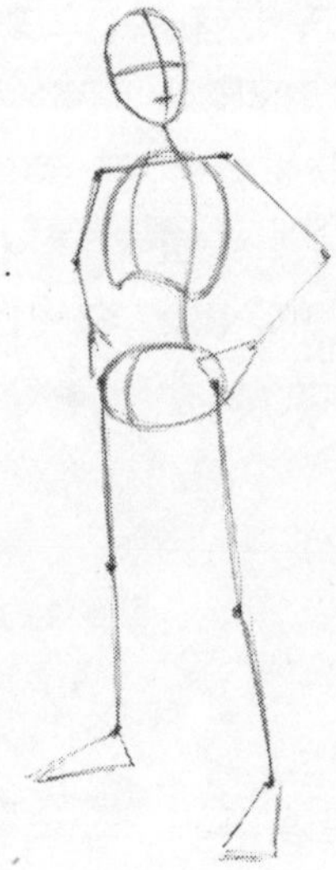

➲ ड्राइंग चाहे फोटो से बनाई जाए या मॉडल से, एक आर्टिस्ट पहले उसका बेसिक ढांचा बनाता है। सिर के लिए अन्डा, छाती के लिए, कूल्हों के लिए और बीच के स्थानों के लिए अलग ढांचा। ढांचा सभी आवश्यक अवयव रखता है। पोज, शरीर की भाषा और पर्सपैक्टिव सभी कुछ होता है इसमें।

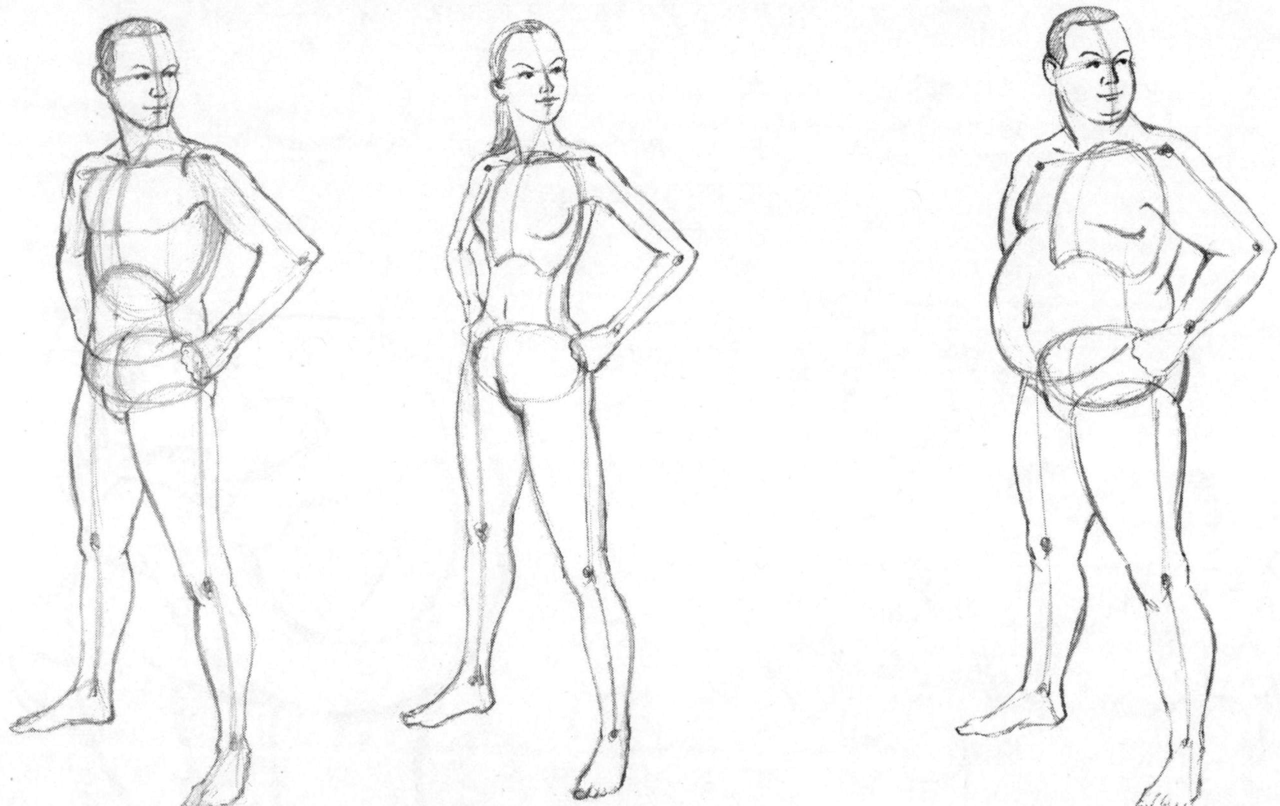

➲ शरीर के ढांचे को सटीक आकार में बदलना अपेक्षाकृत आसान है। जब तक ढांचे ठीक पोज में हों और अनुपात में हों तो रूपरेखा से भटकने पर कोई ध्यान नहीं देगा। सिर, गर्दन, कन्धे और हाथों पर विशेष ध्यान दें। ये शरीर के ऐसे भाग है जो कपड़े पहनने पर भी दिखाई पड़ते हैं, इन्हें आर्टिस्ट गलत भी बनाते रहते हैं।

➲ किसी व्यस्क व्यक्ति को ड्रा करने के लिए भले ही जिसकी शरीर रचना और जेंडर भिन्न हों एक ही ढांचे या कंकाल का प्रयोग किया जा सकता है। यदि आप किसी भारी आदमी को ड्राइंग कर रहे हैं तो छाती के पिंजरे और कूल्हों को चौड़ा बनाया जा सकता है।

चित्रकार की सलाह

कंकालों को सहज तरीके से अलग-अलग स्थितियों में अलग-अलग गतियों (Motion) में ड्रा करें। वे (कंकाल) आपको बहुत जल्दी आपकी आंख को सही अनुपात और सही अवस्था का अभ्यस्त बना देंगे। अपनी फाइनल ड्राइंग विश्वास से बनाने के लिए संघर्ष तो करना ही पड़ता है।

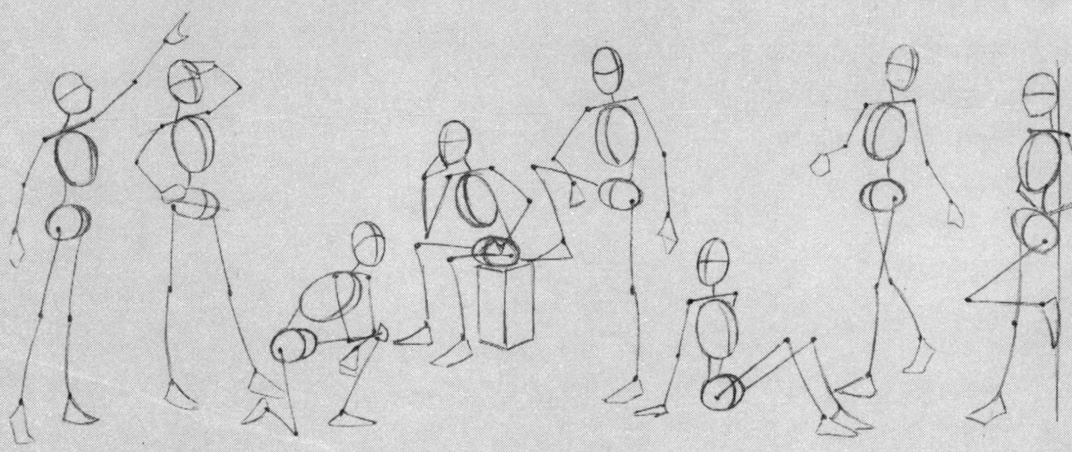

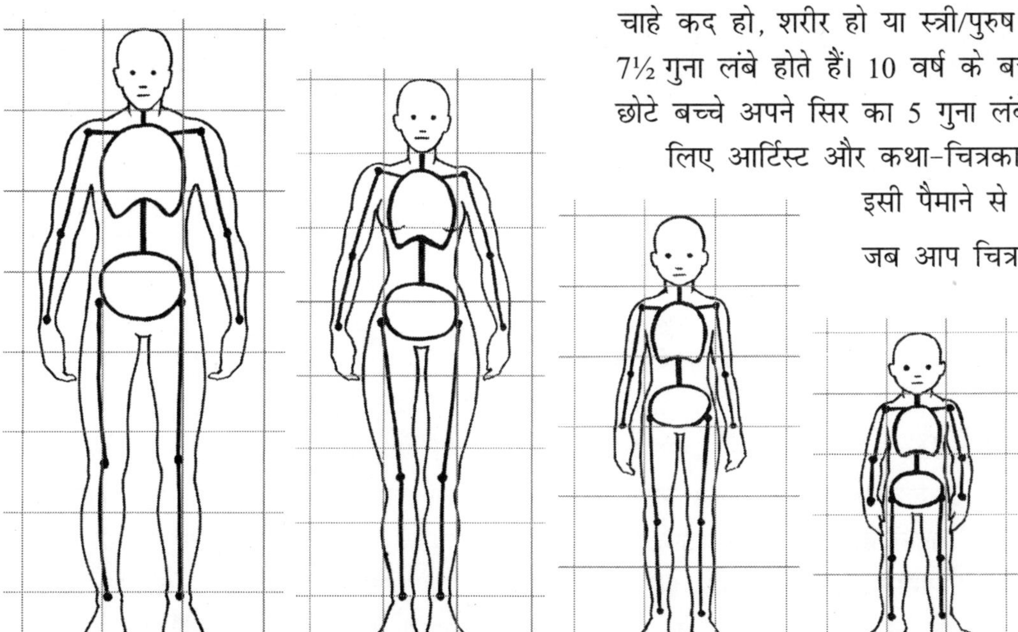

चाहे कद हो, शरीर हो या स्त्री/पुरुष हो, व्यस्क व्यक्ति अपने सिर से 7½ गुना लंबे होते हैं। 10 वर्ष के बच्चों अपने सिर का छः गुना और छोटे बच्चे अपने सिर का 5 गुना लंबे होते हैं। अनुपात में एकरूपता के लिए आर्टिस्ट और कथा-चित्रकार (Illustrater) रेखांकन का नाप इसी पैमाने से लेते हैं।

जब आप चित्र बना रहे हों तो साथ वाले चित्र का हवाला दे सकते हैं। आदमी के कन्धे सिर के दुगने आकार के होते हैं। एक बच्चे के पैर सिर से तीन गुने होते हैं। एक स्त्री के पांव सिर से चार गुना होते हैं।

कपड़े और चरित्र (Costume and Character)

कल्पना से आकृति बनाना ठीक हो सकता है। पर उन्हें कलात्मक स्तर पर पहुंचने के लिए उसमें व्यक्तित्व और उद्देश्य मौजूद रहना चाहिए। आपको आकृतियों को कपड़े पहनाने होंगे। आकृतियों को कपड़े पहनाना उतना आसान नहीं है जितना कि आप समझते हैं। किसी भी ढांचे से आप आकारों के वस्त्र स्कैच कर सकते हैं, इसके लिए आपको अनुभव की आवश्यकता है। नग्न शरीर वाली स्टेज इतनी जरूरी नहीं। पर उस समय आपका काम आसान हो जाता है जब आपको कपड़ों के अन्दर की रूपरेखा का ज्ञान हो।

यहां पृष्ठ 98 से लिए स्कैच हैं, आकृतियों को वस्त्र पहनाए गए हैं जो सामयिक नहीं हैं, यहां उपलब्ध चरित्रों पर पड़ रहे प्रभाव में दर्शाया गया है। ये वस्त्र प्रचलित तरह के फेब्रिक (वस्त्र) हैं।

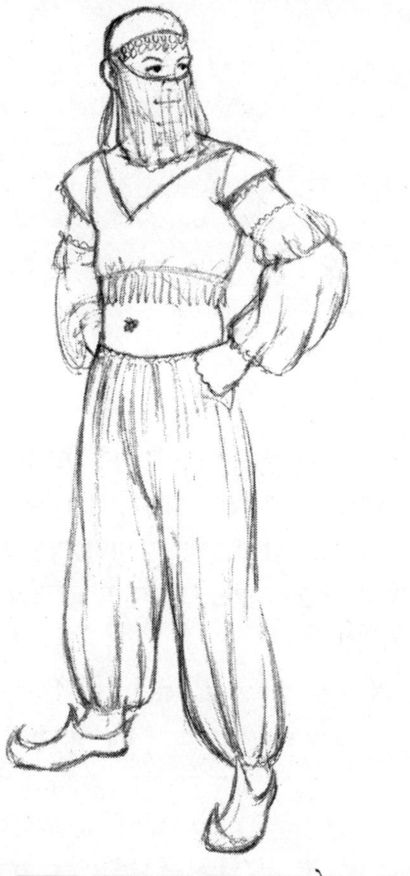

हल्का बहता सा यह वस्त्र रेशम या मखमल जैसी बड़ी सिलवटें बनाता है, और टयूब जैसा आकार बनाता है। ये गुरुत्वाकर्षण (Gravity) के कारण नीचे की तरफ ज्यादा गिरते हैं।

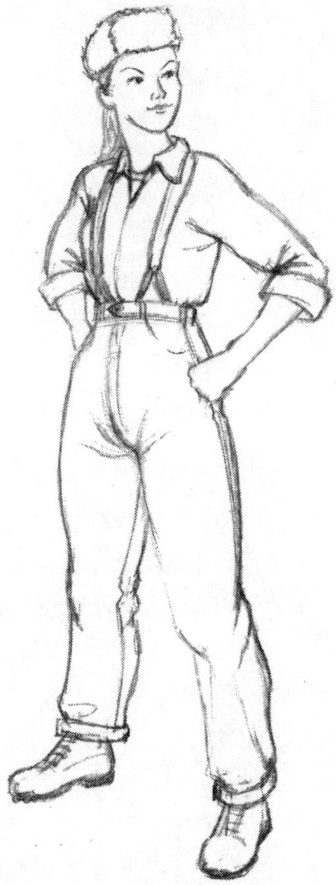

भारी और कलफ लगे वस्त्र लंबी सिलवटें डालते हैं, और क्रीज (Crease) बनाते हैं, ये जोड़ों से टाइट हो जाते हैं। सामान्यत: ये ढीले और शरीर के इर्द-गिर्द बैलीनुमा (Baggy) से लगते हैं।

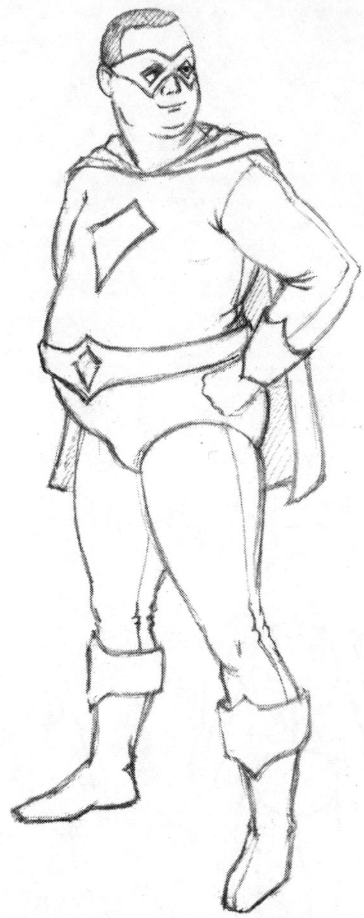

कसी हुई फिटिंग, रबर की तरह खींचे जाने वाले वस्त्र बिल्कुल शरीर से चिपके हुए होते हैं। ये वस्त्र शरीर को ज्यादा उभारते हैं। इनसे जोड़ों पर सिलवटें पड़तीं हैं पर छोटी होती हैं। इनमें सीवन स्पष्ट दिखाई देती है।

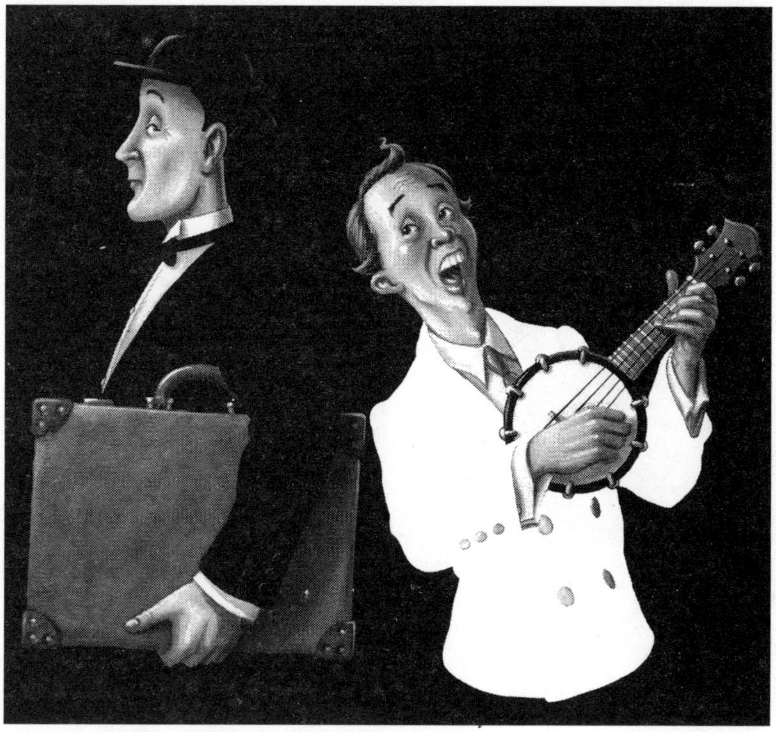

डाइंग के कई आयाम (Aspects) होते हैं, उनमें वस्त्रों के प्रति साधारण पहुंच (Approach) काफी प्रभावी हो सकती है। आपको वस्त्रों के स्टाइल की पर्याप्त जानकारी होनी चाहिए। सिलवटें और उनके सटीक आकार को दरकिनार किया जा सकता है। दो व्यक्तियों के इस चित्रण में वस्त्रों की बाहरी रेखाएं ही प्रमुख हैं, सूक्ष्मताएं (Details) नहीं।

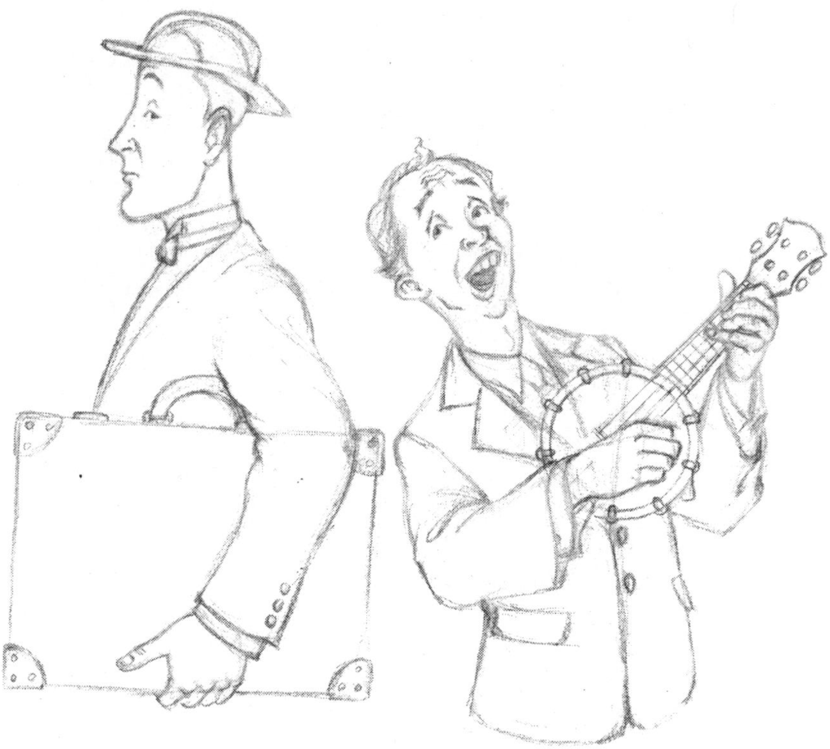

किसी भी प्रकार से डिजाइन की सरलता, बिना किसी दृढ़ता के नहीं आती। यह ड्राइंग दिखाती है कि कैसे कपड़ों को सूक्ष्मता (Detail) से ड्रा किया गया है, ताकि यह बिल्कुल सुनिश्चित किया जा सके कि परिणाम में हाथों और आकृति के आकार विश्वसनीय हैं।

चित्रकार की सलाह

वस्त्रों में अनुसंधान (Research) लाभदायक है और कथा चित्रण (Illustration) में हमेशा ही कुछ न कुछ ऐसा निकल आता है जो बेढंगा हो। बालों का स्टाइल और छोटी-छोटी सूक्ष्मताएं किसी चरित्र को उभारने में प्रामाणिकता का काम देती हैं।

चरित्र और अभिव्यक्ति
(Character and Expression)

कल्पना द्वारा किया गया रेखांकन चुनौतीपूर्ण हो सकता है, पर जब आप उन्हें प्राणवन्त बनाते हैं तो यह और भी चुनौतीपूर्ण हो जाता है। आकृति में भाव-दर्शन, सही गतिशीलता (Motion) और सही अवस्था; इन सबको भाव और चरित्र-चित्रण का अनुमोदन (Support) मिलना चाहिए।

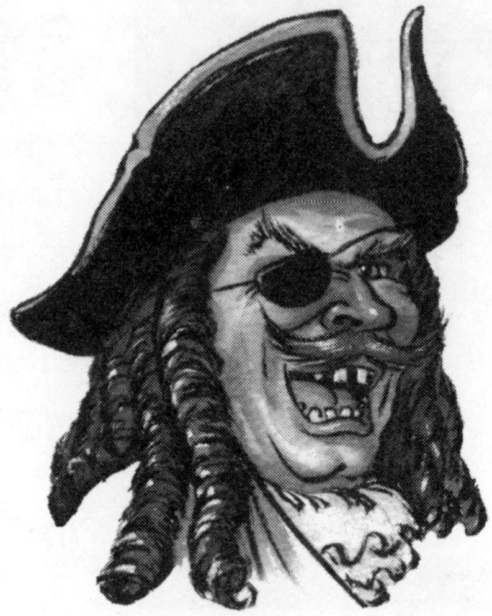

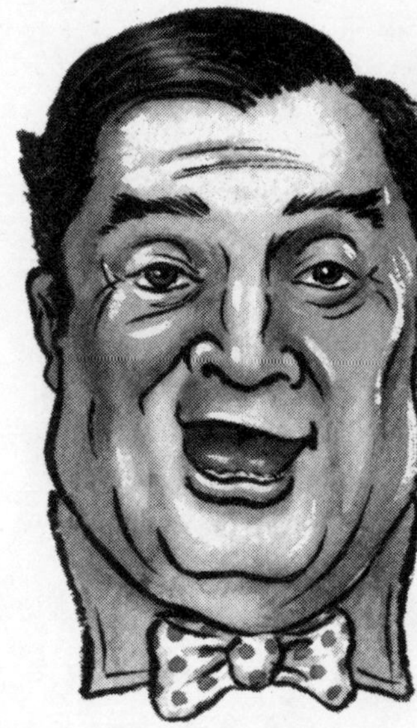

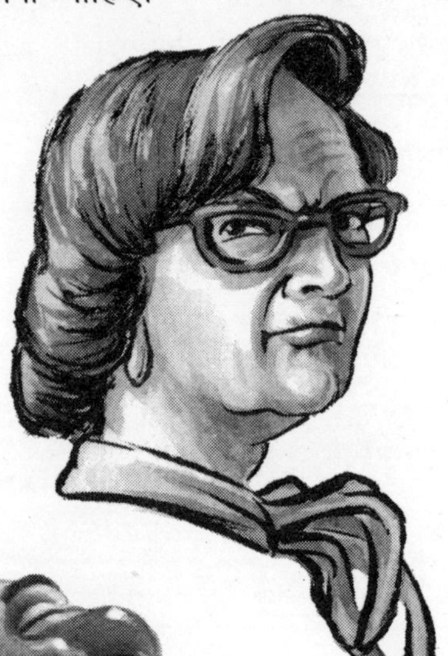

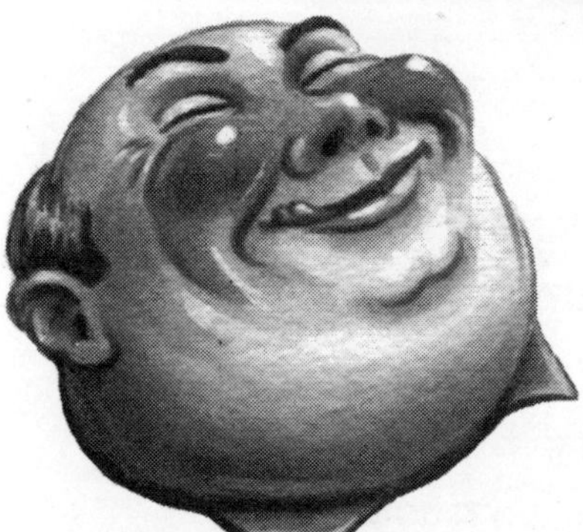

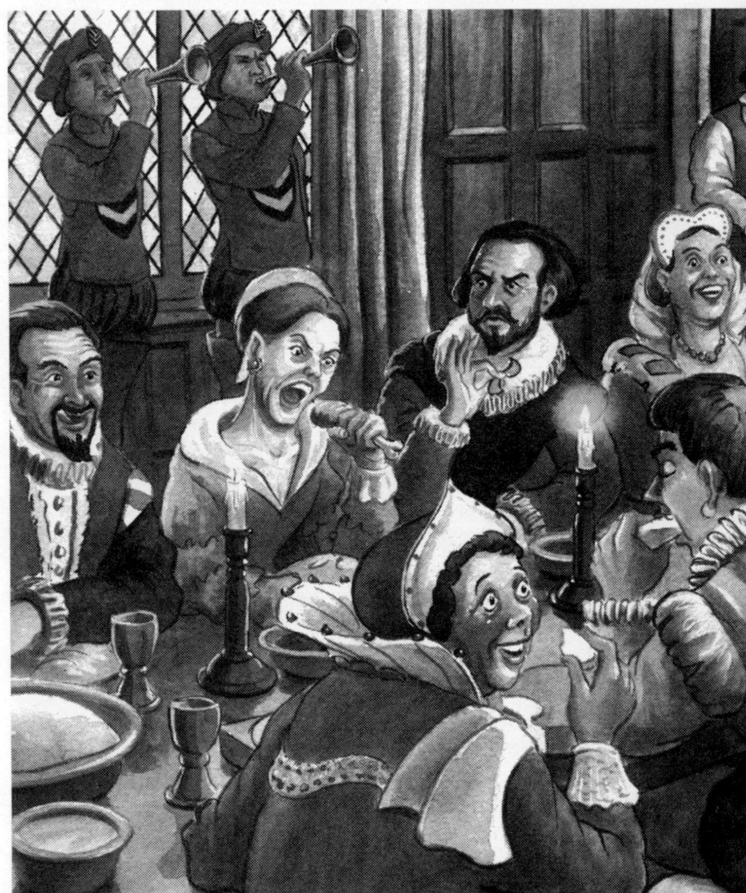

❶ वास्तविक चेहरों का रेखांकन जो व्यक्तिचित्र या व्यंग्य चित्रों में होता है, इनका प्रयोग नए चेहरों को खोजने में किया जा सकता है। लोग अलग-अलग होते हैं पर वे मस्तिष्क और ज्ञानेन्द्रिय में फिट हो कर रेखांकन में सहायक हो सकते हैं। इन्हें आर्टिस्ट अक्सर कार्टूनिंग और कथाचित्रण में, चारित्रिक गुणों के साथ शार्टकट की तरह प्रयोग करते हैं। जब उन्हें अतिरेकता (Overstated) और सूक्ष्मता से चित्रित किया जाता है तो वे आपके भंडार में चरित्रों का भंडारण (Stock) कर देते हैं। कथाचित्रण के क्षेत्र में यह एक जरूरत है और आनन्ददायक भी है।

➲ एक दूसरे को काटते हुए आकारों (Figures) को बनाना हमेशा ही आसान नहीं होता। इस तरह के दृश्य की संरचना करने के लिए छोटे-छोटे एकीकरण (Adjustments) करने पड़ते हैं तब जाकर आप फाइनल आर्टवर्क विश्वासपूर्वक बना पाएंगे।

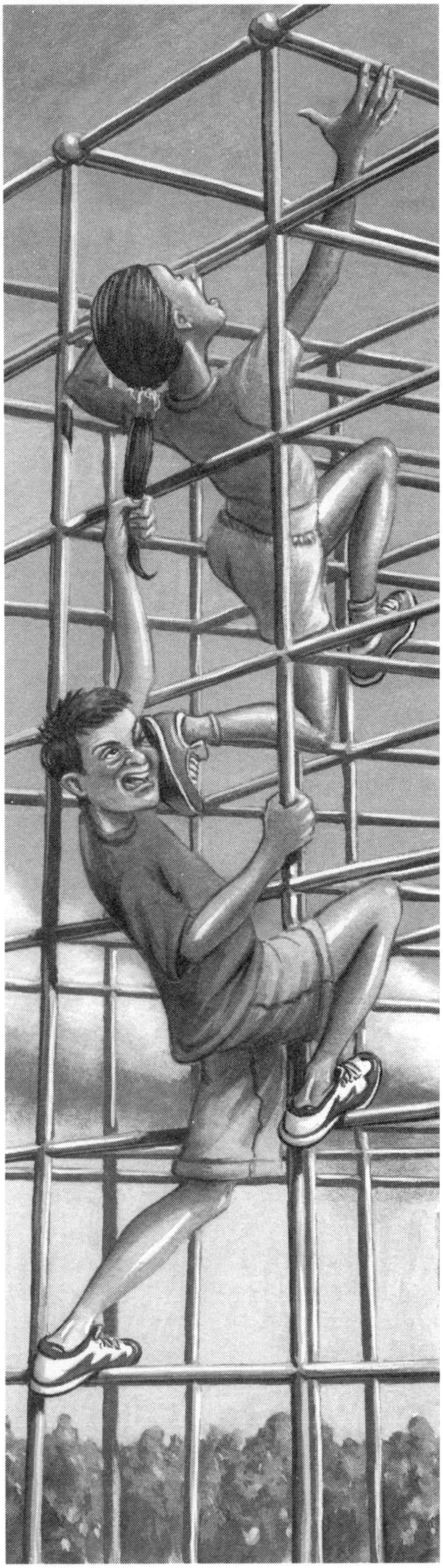

चित्रकार की सलाह

अपनी मेज पर एक दर्पण (Mirror) रखिए और अपने चेहरे पर विभिन्न भाव बनाकर उन्हें देखिए जिन्हें आप चित्र में बनाना चाहते हैं। यह कठिन नहीं है कि आप अपने शीशे में देखे भ. ावों को अपनी ड्राइंग मे न उतार सकें।

⓿ इस दृश्य में वस्त्रों पर काफी श्रम से काम करने के बाद भी अलग से मैंने हर चरित्र को विशिष्ट व्यक्तित्व देने की कोशिश की है। उनका पोज, उनकी चेष्टा उनका भाव और उनके चेहरे के लक्षण सभी पर मैंने अतिरिक्त काम किया है।

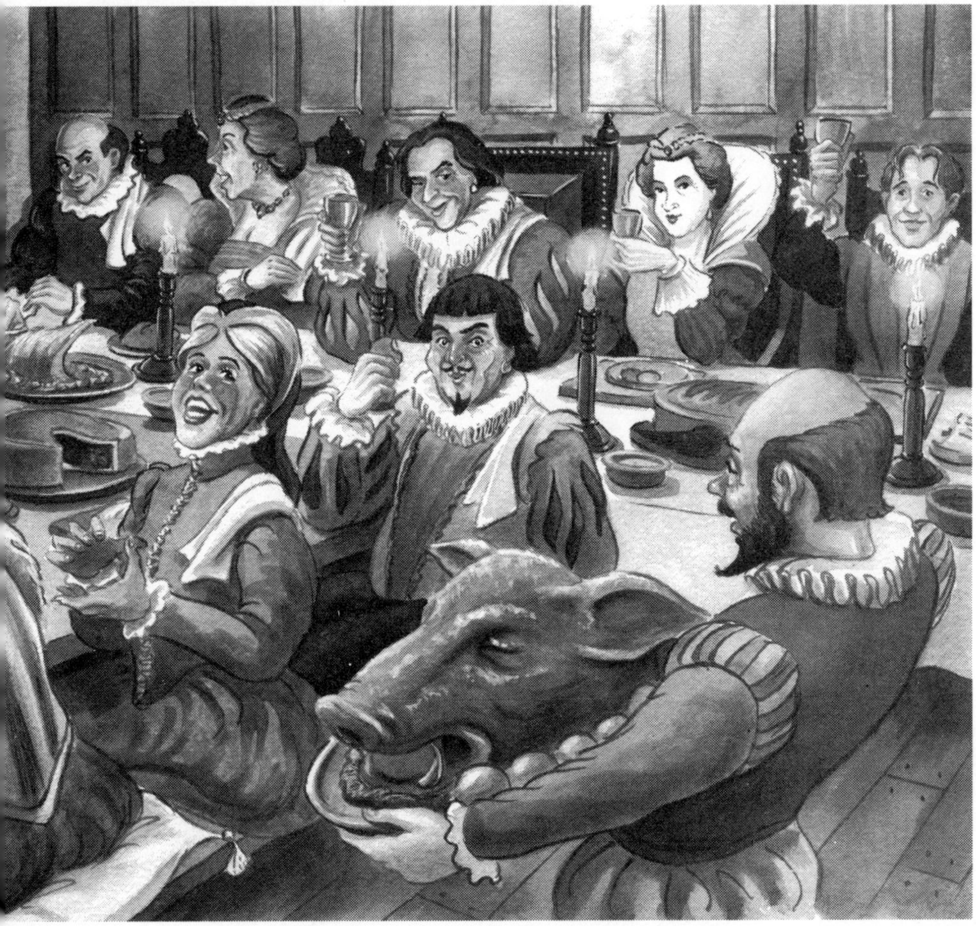

कथा-चित्रण में नाटकीयता
(Drama and Narrative)

किसी विशेष सैटिंग में जिसमें तत्वों का आपस में सम्बन्ध हो तो यही कथा चित्रण (Illustration) का मूल तत्व है। इसी को कथाचित्रण कहते हैं। एक कहानी में एक ही क्षण का चित्रण हो सकता है। आप बैकग्राउन्ड में पूरे डिटेल दें ताकि आकार का परिवेश से सामंजस्य (Adjustment) बैठाया जा सके। चित्र में पूरी कहानी या पुस्तक की पूरी कथावस्तु एक ही चित्र से समझानी होती है। ऐसे केस में पूरी नाटकीयता उस एक क्षण के चित्र में होनी चाहिए।

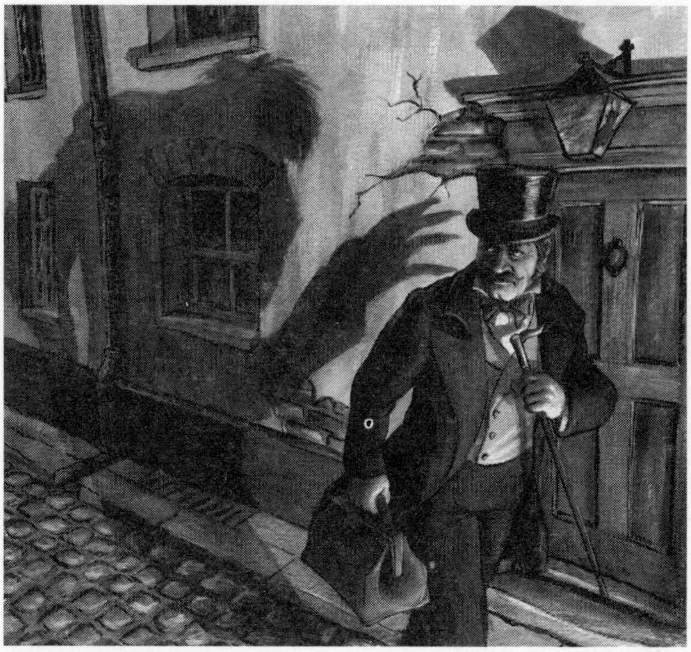

भय, पीड़ा या राक्षसी चेष्टा की भयावहता का चित्रण दर्शक का ध्यान खींचता है। एक राक्षसी आकृति कपट या षड्यंत्र दृश्य में सटीकता पैदा करती है, उसे भयंकर बनाती है। अगर वह किसी काले कपड़े से पूरा ढका हो और स्त्री या पुरुष अंधेरे में छुपा हो। जबकि बाकी चित्र स्पष्ट और प्रकाश में हो तो चित्र में जीवन्तता आ जाती है।

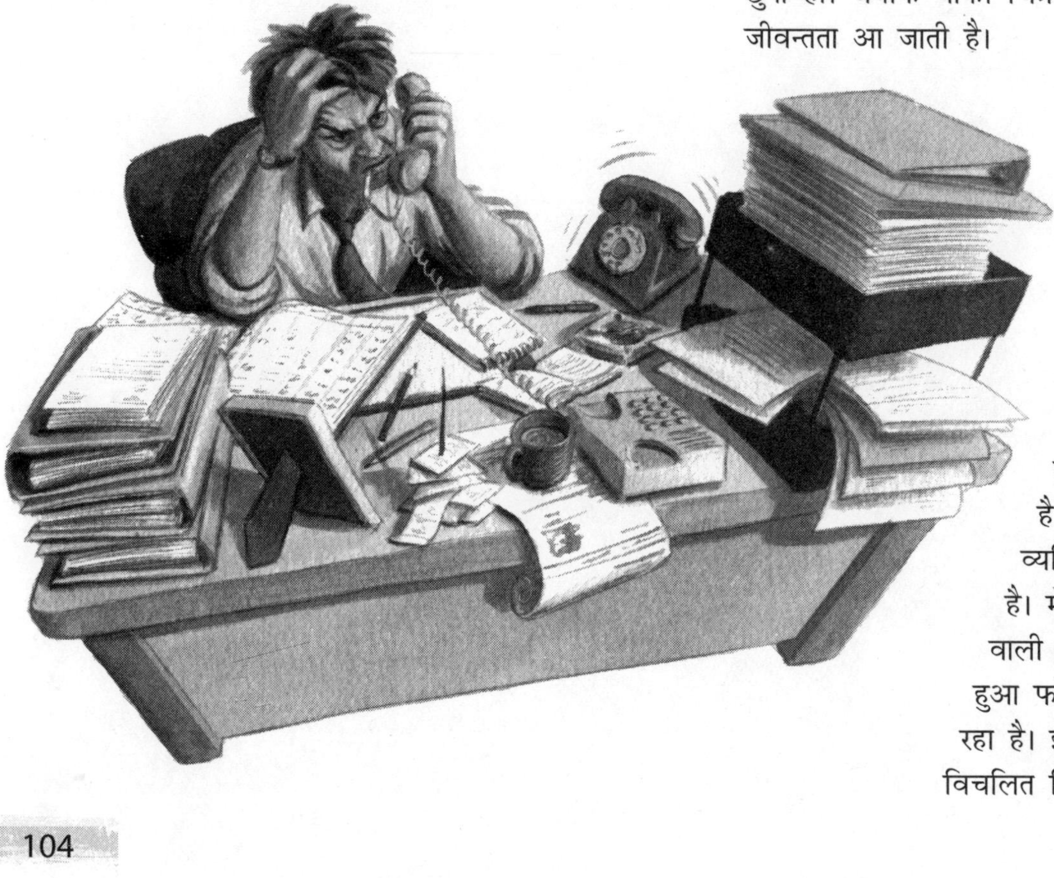

इस दृश्य में जो कि ऊंची जगह से चित्रित किया गया है, में व्यक्ति के चेहरे से झुंझलाहट का भाव प्रकट हो रहा है। उसका पोज भी उसकी असहजता दिखा रहा है। ऊंचे दृष्टि बिन्दु से बनाए चित्र में व्यक्ति को अपेक्षाकृत छोटा बना दिया है। मेज पर फाइलों का ढेर उसकी दबाव वाली स्थिति को बयान कर रहा है। बजता हुआ फोन काम के दबाव को और बढ़ा रहा है। इस तरह यह चित्र काम के बोझ से विचलित किसी व्यक्ति का अच्छा चित्रण है।

➲ लोगों को अनुमान लगाने में ज्यादा कुछ नहीं लगता और जब सवाल उठ जाए तो वे इसका उत्तर जानना चाहते हैं। कहानी कहने की तरह कथाचित्रण (Illustration) भी रहस्यात्मकता दिखा सकता है, और वातावरण को सजाकर उसे जीवन्त बना सकता है। कपट, रहस्यात्मकता और भय कुछ महत्वपूर्ण तत्व हैं, क्योंकि इलैस्ट्रेशन पाठक को कहानी या निबन्ध की तरफ खींचती है।

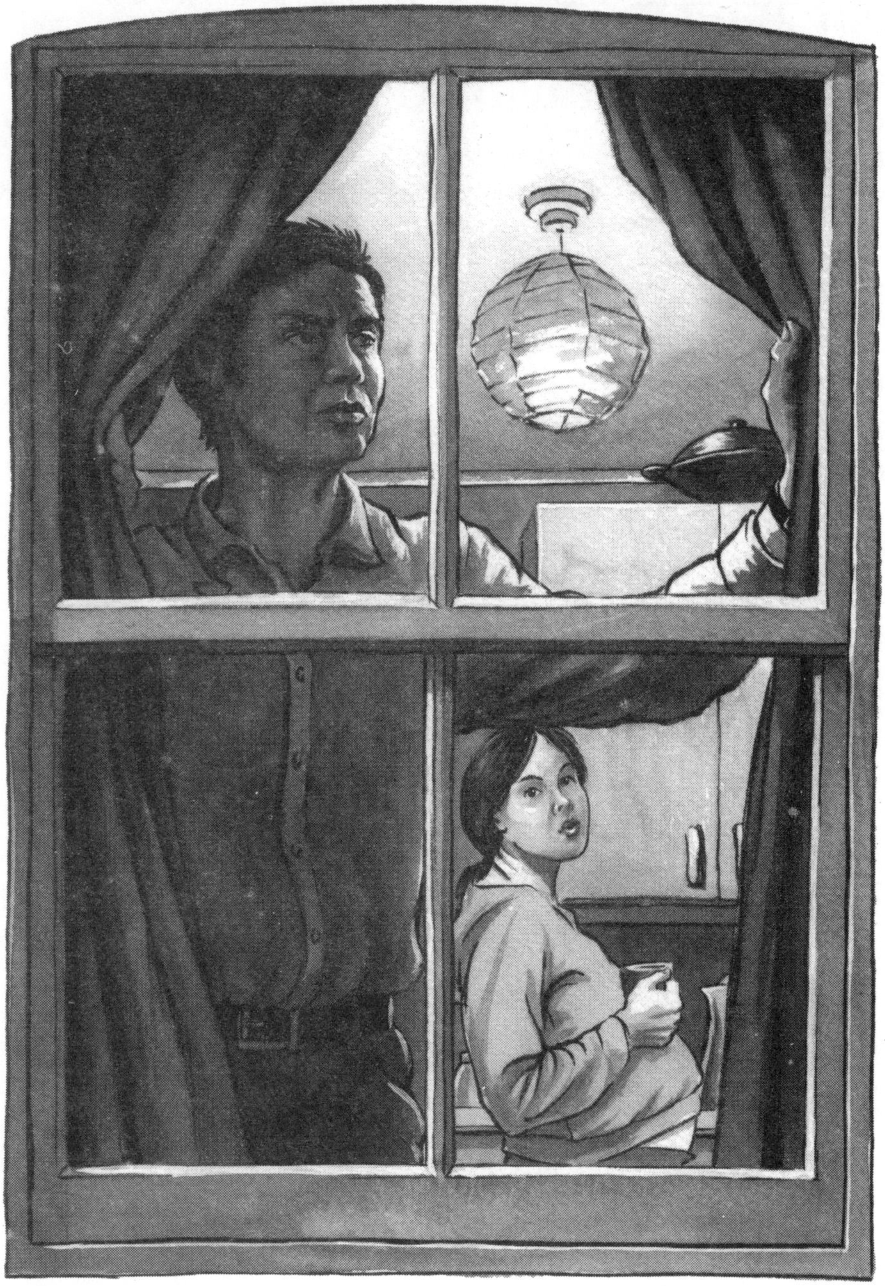

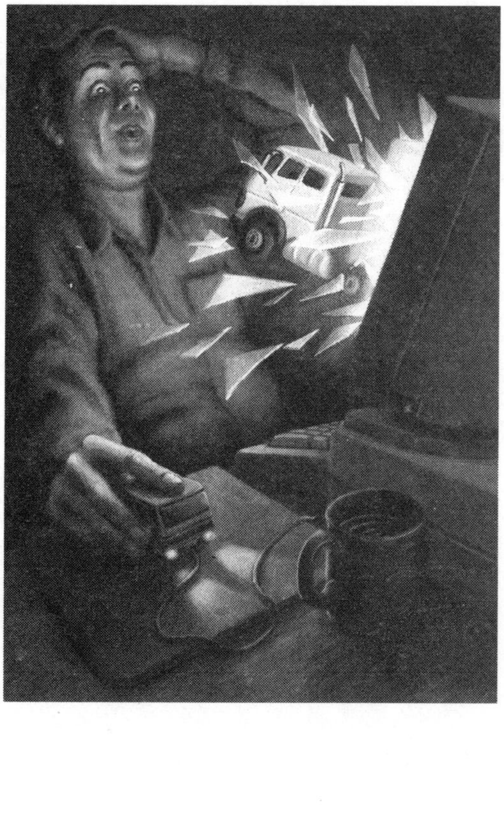

➲ तेज रोशनी अंधेरी बैकग्राउन्ड में हो तो वह चित्र का केन्द्र बिन्दु बन जाती है। तेज रोशनी के पैचों का एक लाभ और भी है। यह वातावरण की रचना भी करते हैं। रहस्य और रोमांच एक सम्मोहन की सी स्थिति पैदा करते हैं, जैसा कि इस चित्र में है।

एक मनहूस वृत्तान्त चित्रण
(A Sinister Illustration)

वे सभी तत्व जिनसे एक कथा-चित्र रेखांकित किया जाता है का मसौदा (Draft) कई बार दुबारा भी बनाना पड़ता है। विशेषत: जब वृत्तान्त के बारे में चित्र के ग्राहक (Client) की भी अपनी सोच हो। नीचे के स्कैचों में आप पाएंगे कि किस तरह मसौदे को बार-बार बदला गया है। CD के इस कवर में एक मनहूस आकृति की जरूरत थी और क्लोजअप में एक बिल्ली को दिखाया जाना था। बैकग्राउन्ड में एक जली हुई इमारत भी होनी थी।

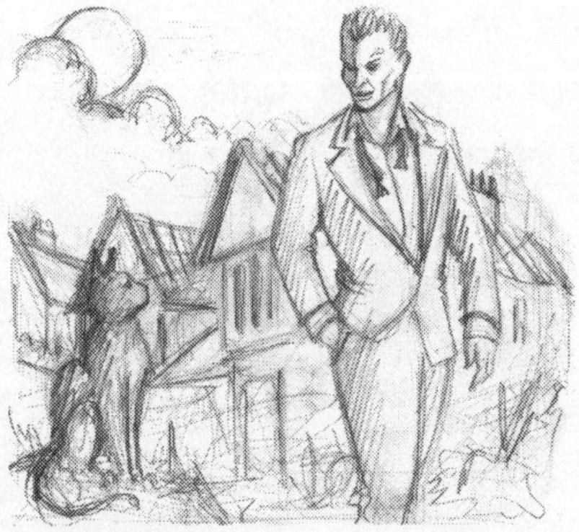

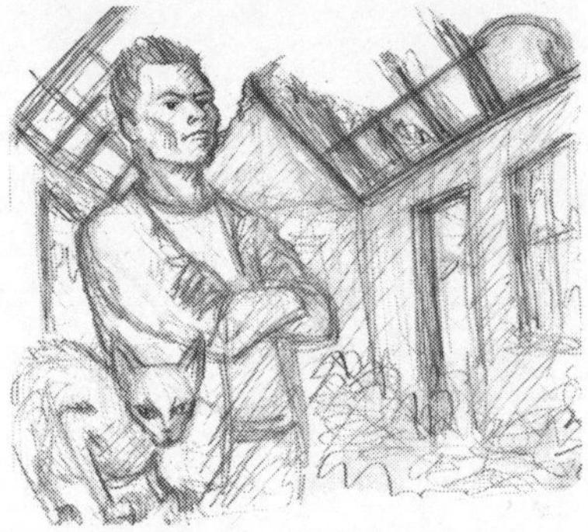

⮉ कई स्कैच बनाने के बाद ग्राहक की स्वीकृति लेकर मैंने एक रफ संयोजना (Composition) बनाई। चित्र के हर तत्व को प्रमुखता दी और उस भाग को खास डिटेल नहीं दी जहां CD का नाम बाद में प्रिन्ट होना था।

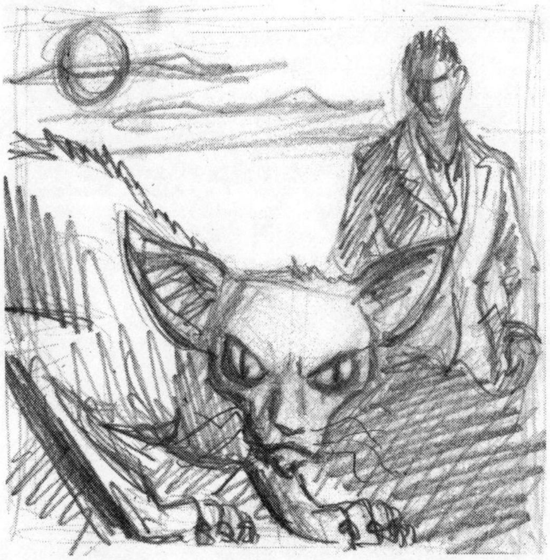

⮉ ग्राहक ने सलाह दी कि हर रफ स्कैच का तत्व लेकर एक चित्र बनाया जाए जिसमें बिल्ली को प्रमुखता दी गई हो। मैंने संशोधित चित्र को दुबारा ड्रा किया ताकि अंतिम चित्र के लिए ग्राहक की स्वीकृति ली जा सके।

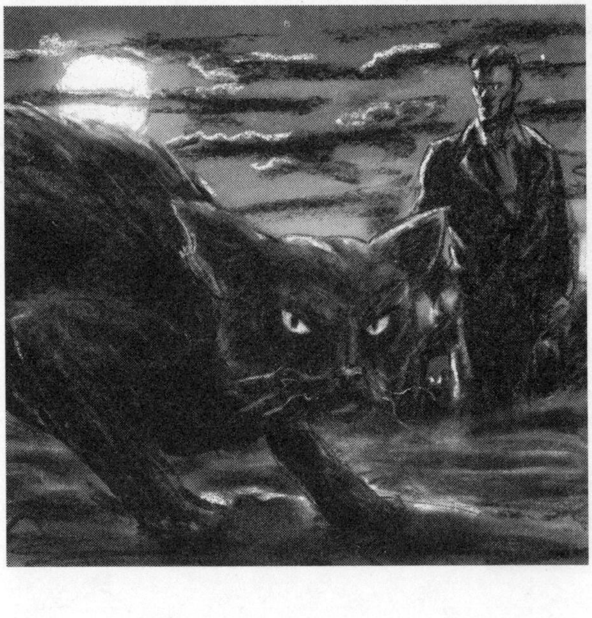

➲ क्योंकि छाया और प्रकाश का ऐसे दृश्यों में काफी महत्व होता है, मैंने अपने संदर्भ के लिए इसमें टोन दे दी। इस स्कैच में चाक और चारकोल का प्रयोग कर चित्र में सटीकता लाने का प्रयत्न किया गया है।

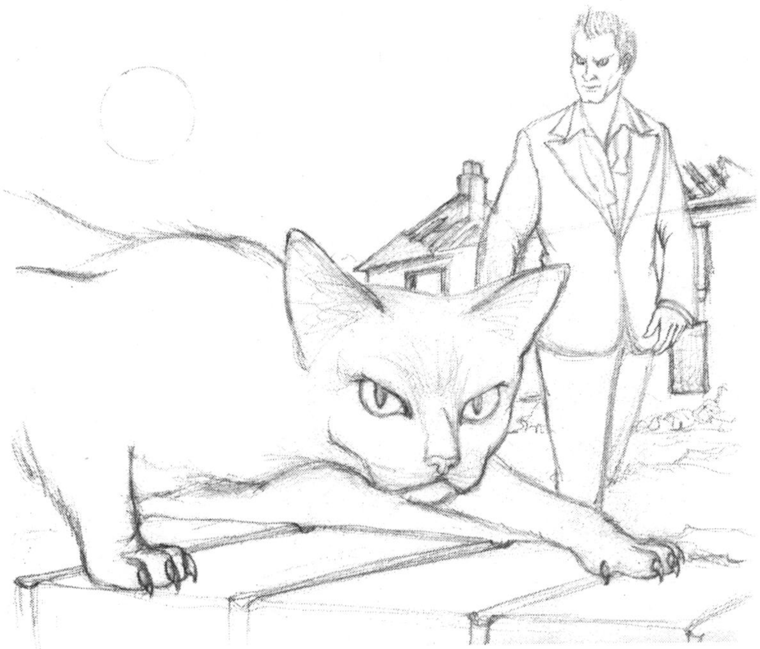

टोन किए रफ स्कैच में मैंने पाया कि बिल्ली ने काफी जगह घेरी हुई है, और इसका पोज भद्दा लग रहा है। मसौदे को सुधारते हुए इसकी स्थिति मैंने बदल दी और सिर को नीचे बना कर बची जगह में बैकग्राउंड की इमारत को सैट कर दिया।

चित्रकार की सलाह

व्यक्तिचित्रों (Portraits), व्यंग्यचित्रों और कथाचित्रों में, जिनमें सिर प्रमुख होता हो तो यह सुविधाजनक होता है कि आंखों को चित्रपट के आधे भाग में रखा जाए। यह विचार सदियों से प्रयोग में आता रहा है।

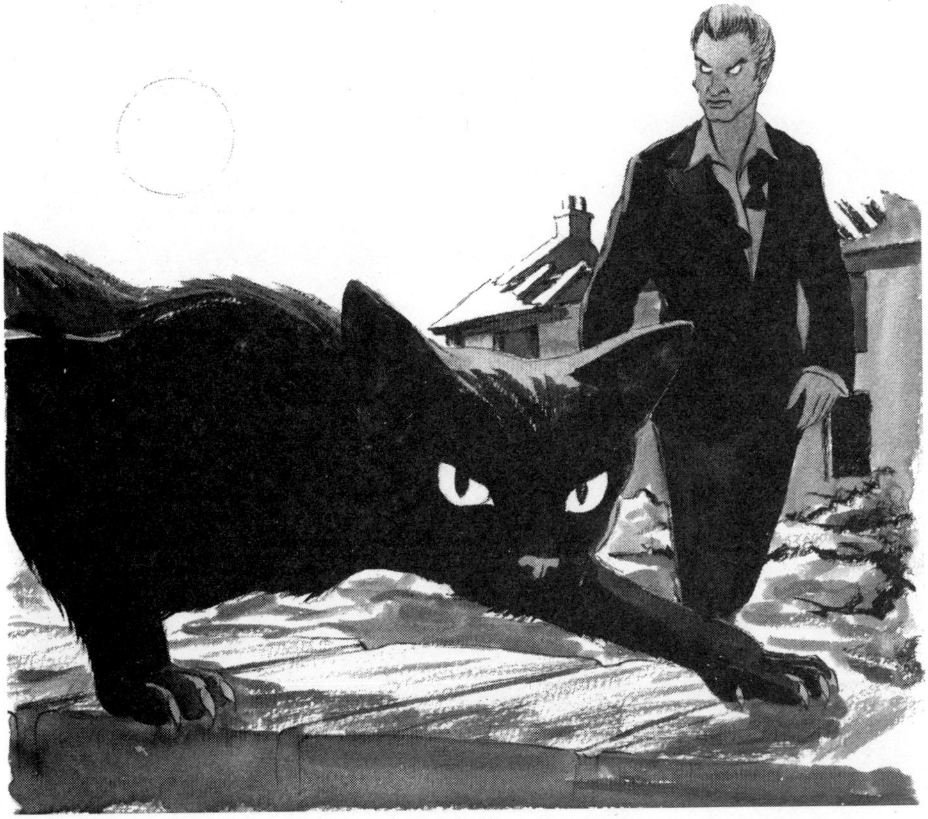

काली स्याही और ब्रश से मैंने चित्र की आउटलाइन की और डिटेल बनाए। फिर मैंने छाया वाले हिस्सों को ठोस काले रंग से भर दिया। इससे अन्त में ज्यादा सटीक चित्र बन गया। ब्रश में अब भी काली स्याही थी इसलिए मैंने बैकग्राउंड में डिटेल भरे और आसपास के भाग में भूरी (Grey) वॉश दे दी। इस झटपट किए काम से अंतिम चित्र में सटीकता आएगी और अतिशयता (Overwork) से भी बचा जा सकेगा।

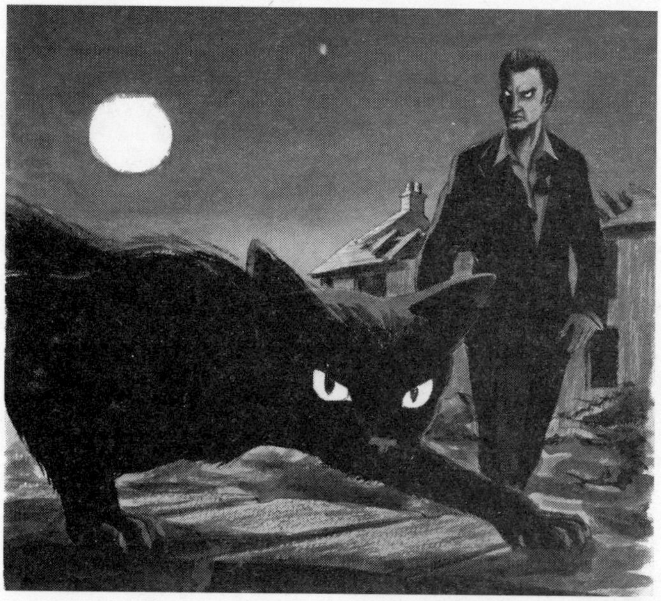

आकाश को भरने के लिए मैंने ड्राइंग बोर्ड को उल्टा कर दिया और एक विशेष कोण से अपनी गोदी में रख लिया। एक कोमल और भारी ब्रश से मैंने स्याही को पतला किया और बाएं या दाएं क्षितिज से शुरू करके स्ट्रोक लगाए। रंगों के पिगमैन्ट नीचे की तरफ इकट्ठे हो गए, इससे एक खास टोन बन गई। अनुभव और अभ्यास से इसे प्राप्त किया जा सकता है। यहां मुझे रफ टोन चाहिए थी। जो मैंने हासिल कर ली।

बादलों को पेन्ट करने के लिए मैंने पतले पर कड़े बालों वाले ब्रश से गहरी भूरी (Grey) स्याही से टिशू पेपर पर पोंछा सा मारा ताकि भूसे के ढेर सा प्रभाव आ सके। फिर सफेद स्याही से बादलों और बिल्ली में प्रकाश रेखाएं खींची।

कुछ समय मैंने बाकी बचे डिटेल पर खर्च किया। वाटर कलर की कुछ पर्तों को मैंने सावधानीपूर्वक आदमी के चेहरे पर लगाया। बिल्ली की आंखों मे बारीक ब्रश से सफेद स्याही भर दी। इकलौती पुरुष आकृति और इमारतों में प्रकाश रेखाएं खींचीं। इसके बाद बिल्ली की मूछों को उभारा। चांदनी दिखाने के लिए सफेद स्याही का और छाया दिखाने के लिए काली स्याही का प्रयोग किया।

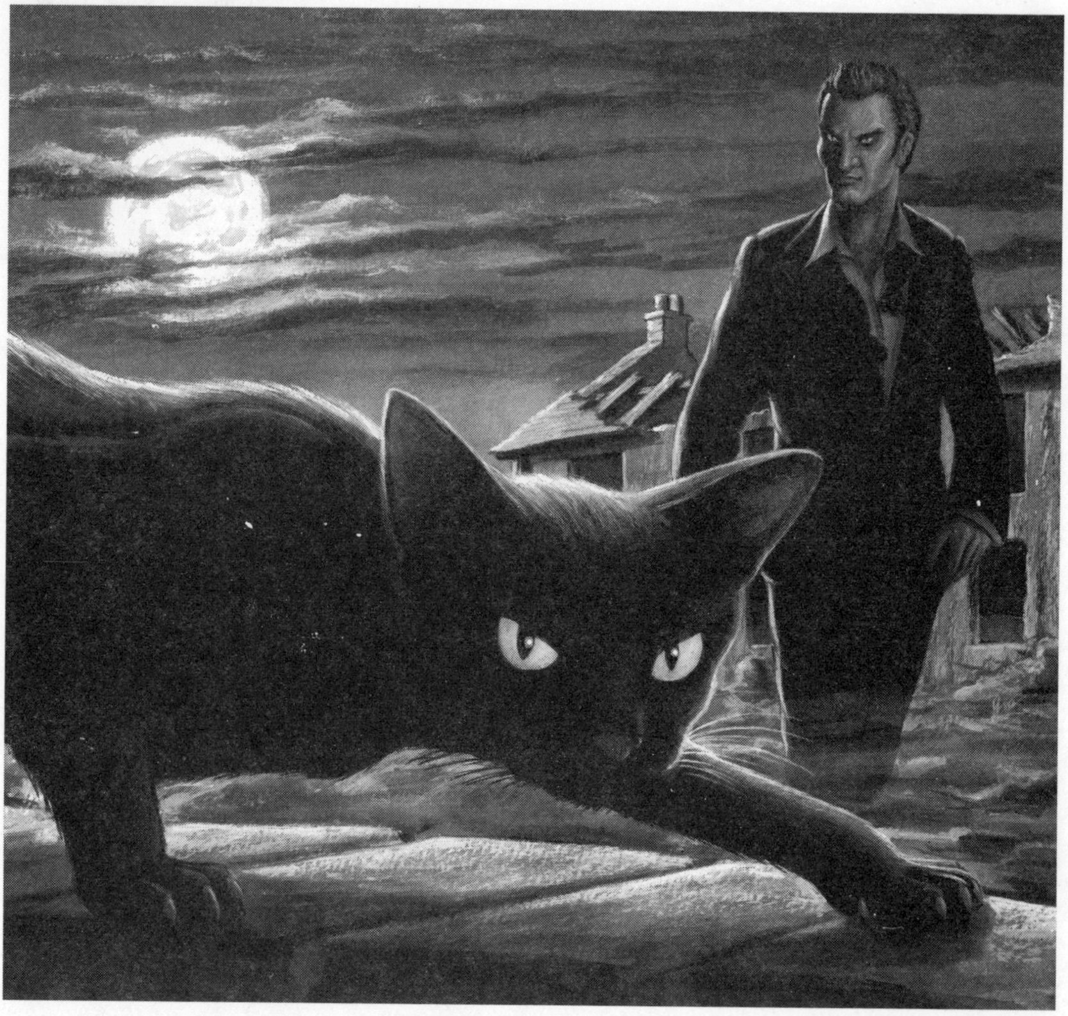

दृश्य का विकास
(Developing a Scene)

अभी तक जो भी कल्पनाएं इस भाग में थीं, वे छोटे-छोटे (Thumbnails) से रफ स्कैचों से और सावधानी से की गई ड्राइंग से की गईं थीं। पर कुछ विषय ऐसे हैं जिन्हें अलग-अलग तरीके से ड्रा किया जाए तो लाभ होता है। इस प्रदर्शन में मैंने संयोजना को पेन्टिग प्रक्रिया से विकसित करने की कोशिश की है। ध्यान रहे कि ऐसे कोई नियम नहीं हैं जिनसे विचार को कैसे विकसित किया जाए, का सूत्र मिले। अन्त में आपके निर्णय ही सुखद परिणाम देंगे।

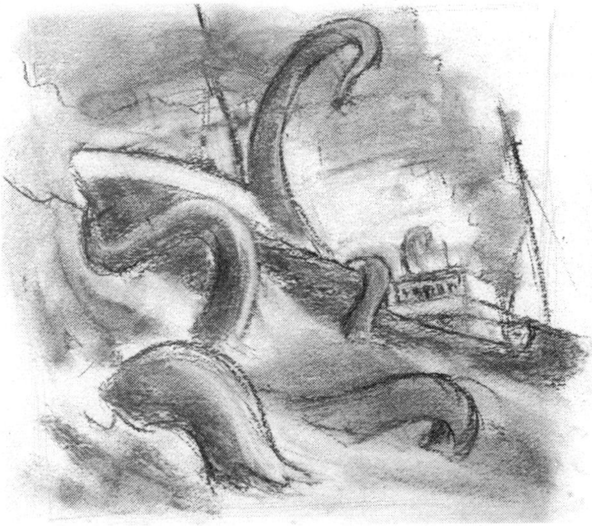

इस चित्र में यह कहा गया था कि एक जलपोत पर कई सूंडों वाला एक विकराल समुद्री जीव हमला कर देता है। जलपोत के फोटो से मैंने शुरूआत की। इसे मैंने चारकोल से एक ऐसे मोटे कागज पर स्कैच किया जिस पर जलरंग से काम किया जा सके। जलपोत को चित्र के चौखटे में कर्ण रेखा (Diagonal) के कोण पर स्कैच किया। इससे चित्र दो भागों में बंट गया। और इससे समुद्र के लिए काफी जगह भी बच गई। यह सब करने के बाद मैंने विकराल जीव को इसमें जोड़ दिया। चारकोल से ही मैंने इसमें शेडिंग कर दी और जल्दी-जल्दी इसमें टोन दे दी।

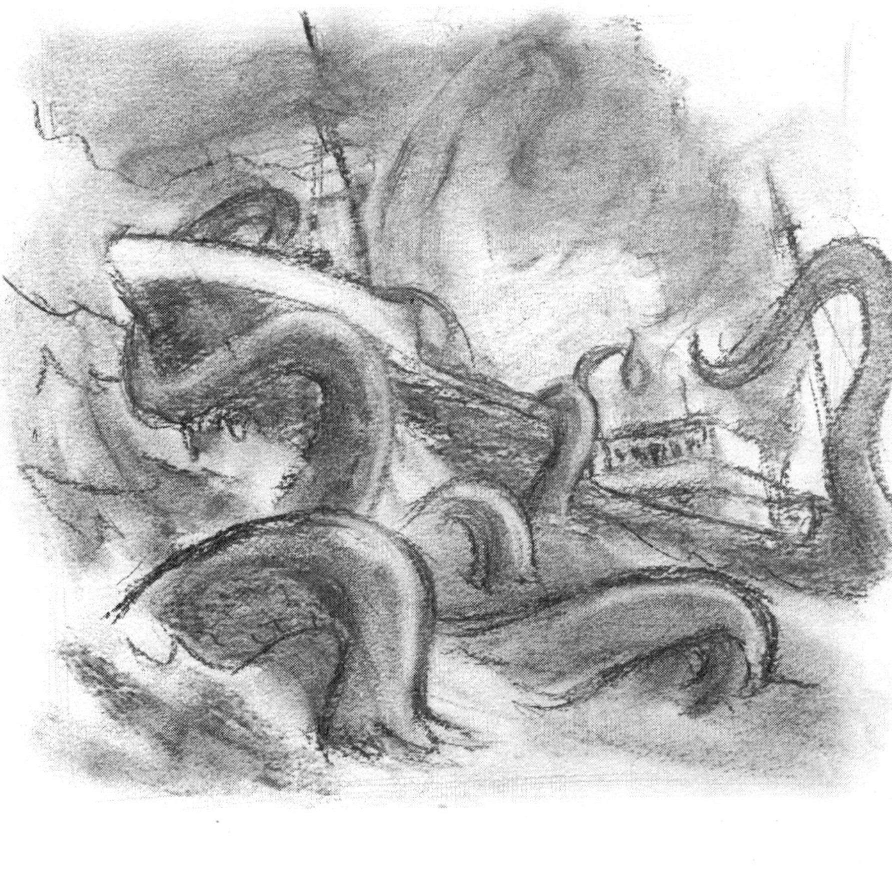

चारकोल अस्थिर होता है। इसलिए यह आसान हो गया कि मैं कुछ सूंडों को मिटा दूं और कुछ नई सूंडें जोड़ दूं जब तक कि मैं संतुष्ट न हो जाऊं। कागज पर लगे गन्दे धब्बे पेंटिंग करते वक्त छुप जाएंगे।

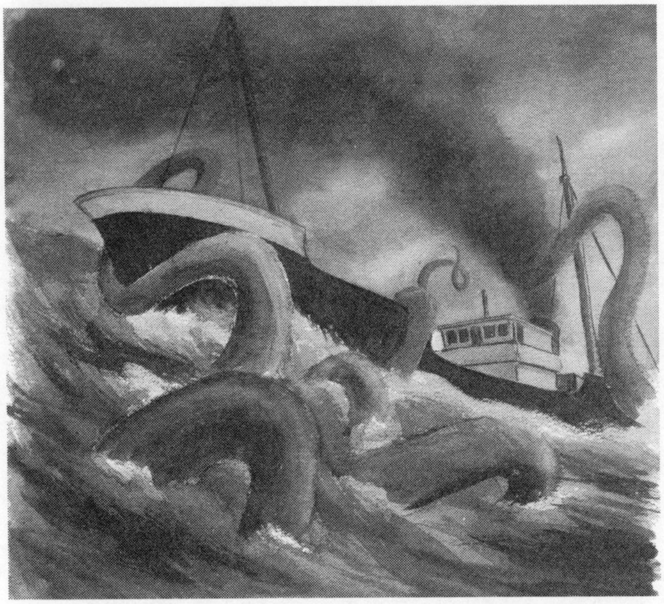

एक कड़े बालों वाले ब्रश (No.5, हॉग हेयर) का प्रयोग करते हुए मैंने टोन के प्रमुख भागों को काले वाटर कलर के वॉश से ढक दिया।

मैंने निर्णय किया कि मैं सूंडों को ज्यादा खतरनाक बनाऊंगा, इसके लिए मुझे ऐंठन के चित्रसंदर्भों से काफी मदद मिली। ड्राइंग में पानी में घुलनशील सफेद पेन्सिल का प्रयोग किया। जलपोत का पर्सपैक्टिव ठीक करने के लिए काले पेन्ट में सफेद स्याही मिला दी ताकि ओपेक (Opaque) हो जाए और चित्र के वांछित भागों को अच्छी तरह ढक दे। सफेद स्याही का प्रयोग आकाश में भी किया और जलपोत के केबिनों को चमकाने के लिए भी किया। इसका प्रयोग बादलों और लहरों में भी किया गया।

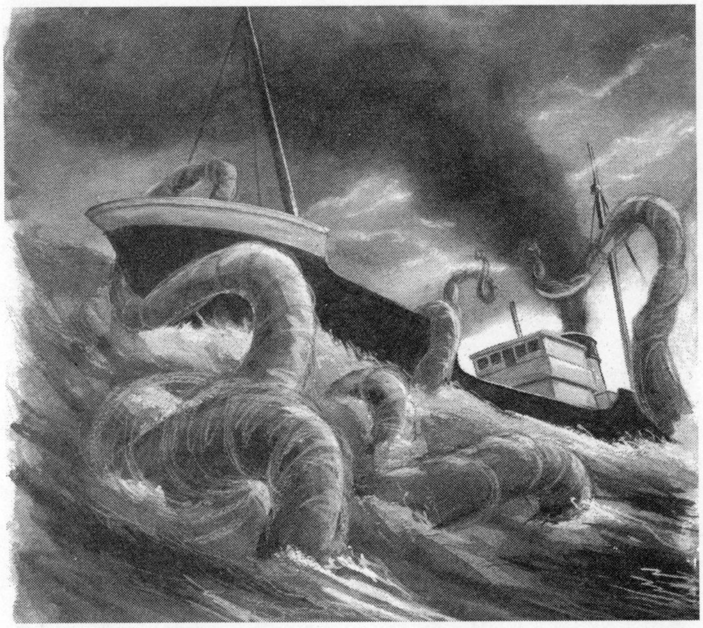

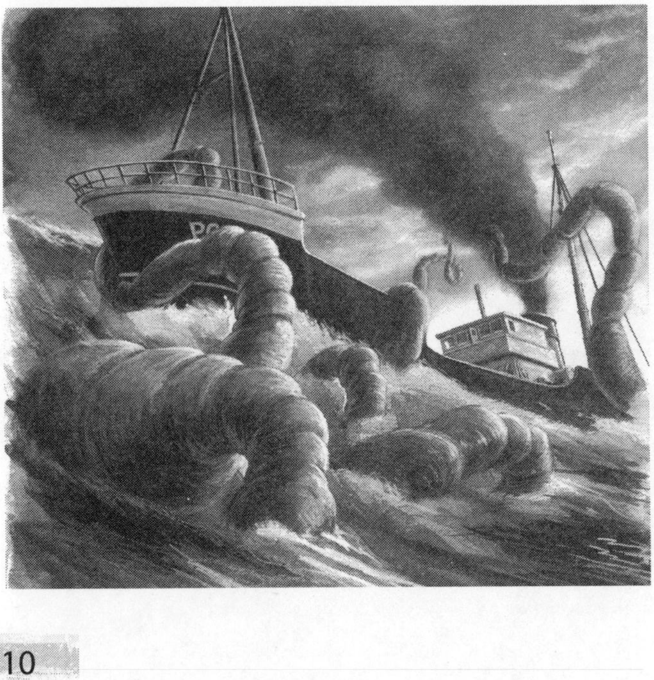

सभी तत्वों को स्थापित करने के बाद मैंने जन्तु की सूडों में पेन्ट दिया। और जलपोत को भी पेन्ट किया। स्याहियों और घुलनशील पेन्सिल को भी प्रयोग में लाया गया। अनुभव के द्वारा मैंने सीख लिया था कि विशेष प्रभाव देने के लिए किस-किस माध्यम का लाभ उठाना है।

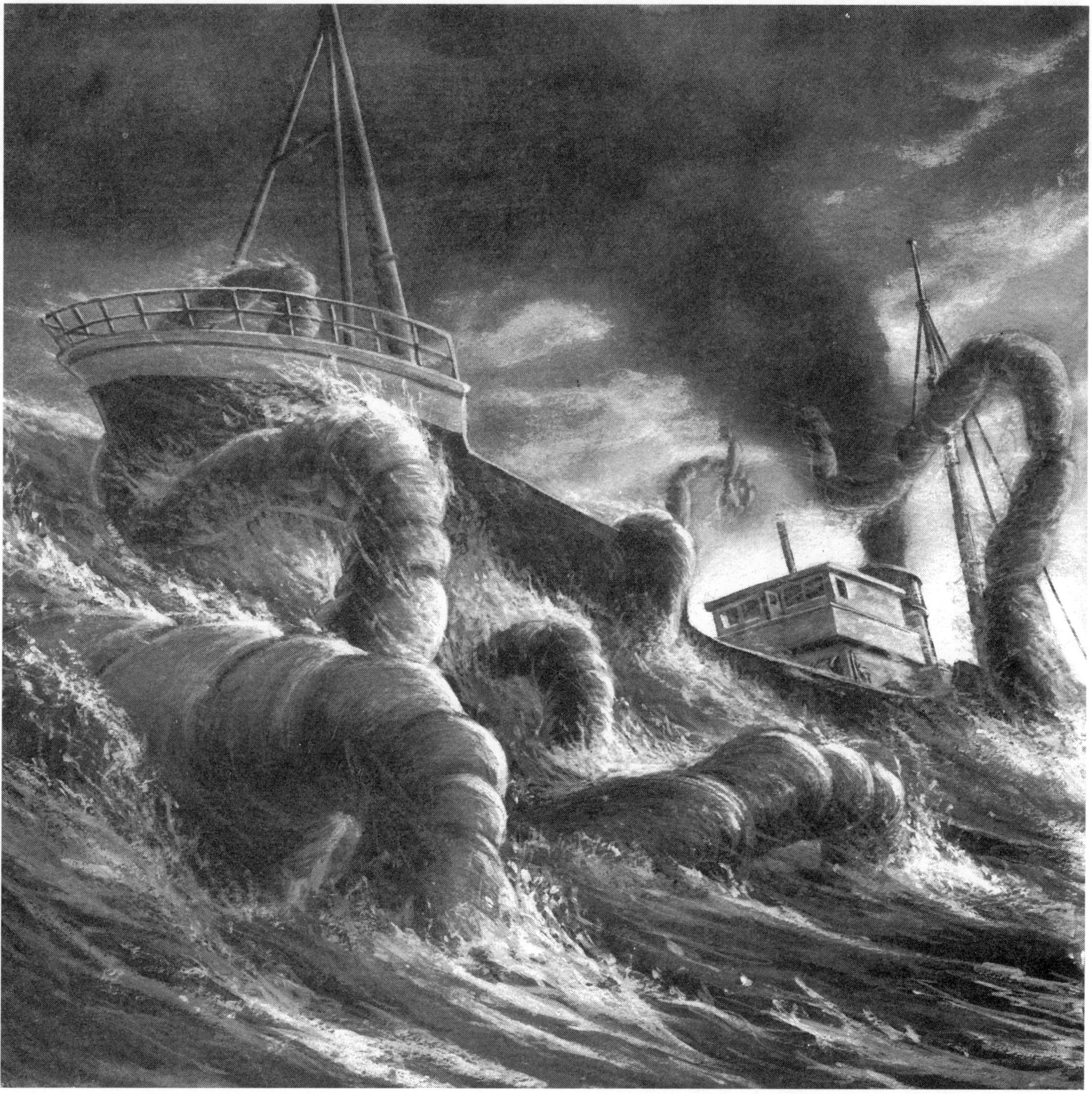

➊ अन्त में मैंने इधर-उधर कुछ टोनों को वाटर कलर के वाश में भूरे और सफेद रंगों से लहरों में स्प्रे प्रभाव जोड़ दिया और चित्र को साफ चौखटे में फिट कर दिया।

कॉमिक नायकों के डिजाइन (Heroic Character Design)

पिछले दो उदाहरणों के साथ हम फन्टासी की भिन्न-भिन्न दिशाओं में आ रहे हैं जिसमें एक बड़ी श्रेणी कथापरंपरा और स्टाइल तथा विज्ञान कथाओं की दुनिया की होती है। इसमें ड्रैगन और जादूगर होते हैं। विषय वस्तु कोई भी हो नियम आपस (Interchange) में बदले जा सकते हैं।

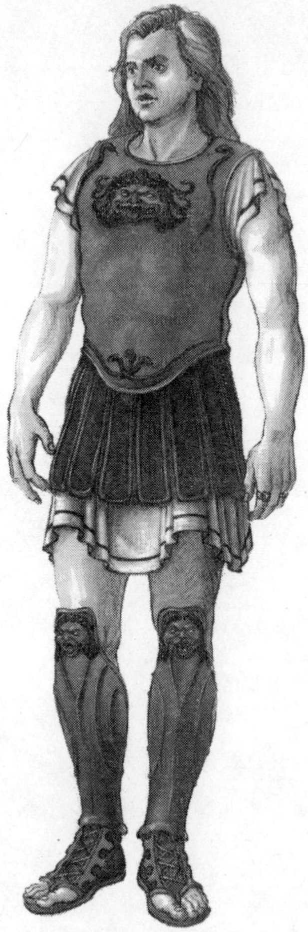

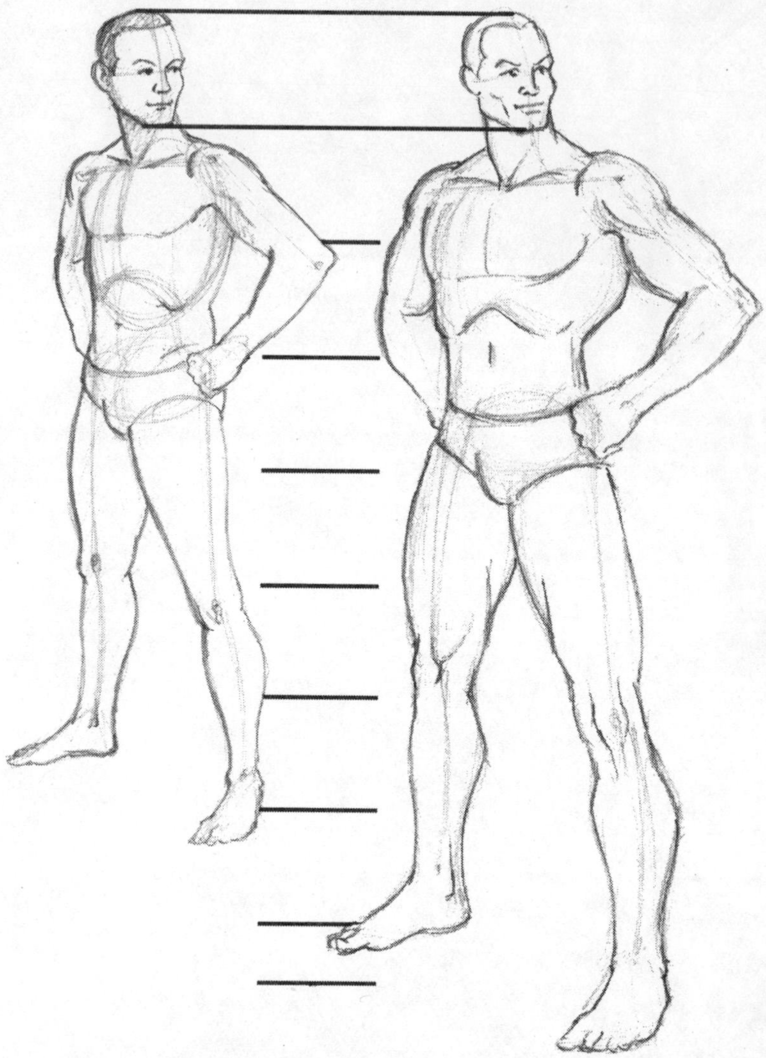

आकृति जिसे अतिमानव (Superman) का शरीर दिया गया हो, उसे ऐसे नहीं बनाना चाहिए कि जैसे कोई मर्दाना या नाटकीय शरीर वाला व्यक्ति हो। अनुपातों का लुभावनापन किसी भी चरित्र की उपस्थिति बिना किसी मूक अभिनय के भी दिखा सकता है।

एक कल्पित आदर्श नायक (Standard Heroic) की कल्पना (Fantasy) एक साधारण व्यक्ति से अलग होती है जैसा कि हमने पृष्ठ 99 पर देखा। सभी व्यस्क व्यक्ति 6 फुट के आसपास होते हैं जबकि एक फंटासी (कल्पित) नायक 8-9 या 10 फुट का हो सकता है। वह कन्धों से चौड़ा और कूल्हों से संकरा (Narrow) तथा उसकी मांसपेशियां भारी और पुष्ट होती है।

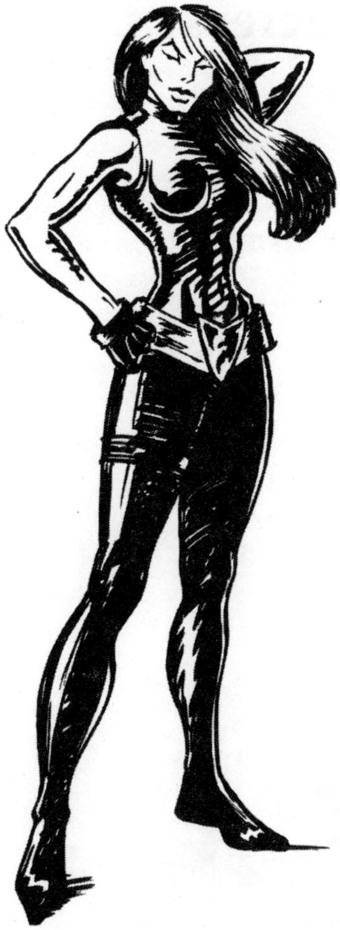

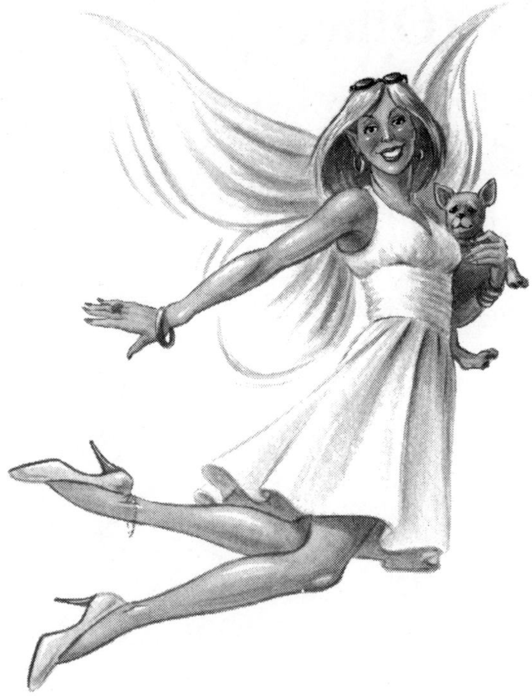

➲ हर वह नियम जो पुरुष नायकों पर लागू होता है, वह स्त्री नायिकाओं पर भी लागू होता है। स्त्रीयोद्धा, सुपरहीरो या इसी तरह के चरित्र 8 फुट, बलशाली मांस–पेशियों वाले और अपने स्वरूप में सुपर लगते हैं। दूसरे अधिक स्त्रैण (Femine) और शोभासहित हों पर वे असंभव की सीमाओं को छूते हुए लंबे होते हैं, जैसा कि फैशन चित्रकार अपनी आकृतियों को लंबा बनाते हैं।

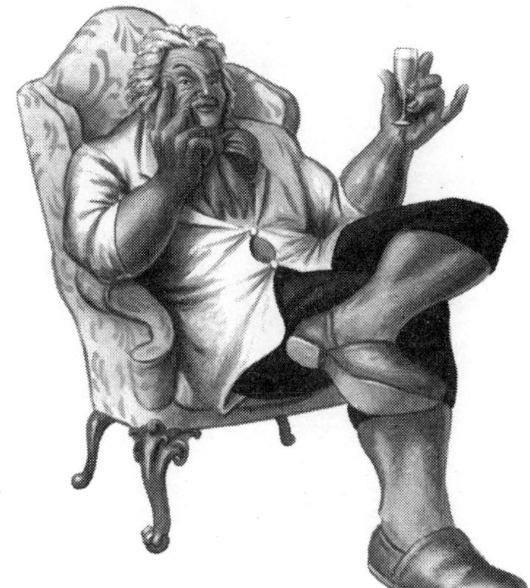

➲ यह अपेक्षा आपसे नहीं की जा सकती कि आप इन हीरो जैसे चरित्रों को परंपरागत तरीके से बनाएं। इसलिए अपनी कल्पना को और स्वतंत्रता से विचरने दें। अपने चरित्रों को मानवीय समझें, उनकी बैकग्राउन्ड हो, उनमें कमजोरियां हों। कौन कहता है कि सुपर हीरो बूढ़े नहीं होते, शिक्षित नहीं होते, विनम्र नहीं होते या कोई योग्यता उनमें नहीं होती, जो आर्टिस्ट उनमें डालते रहते हैं।

चित्रकार की सलाह

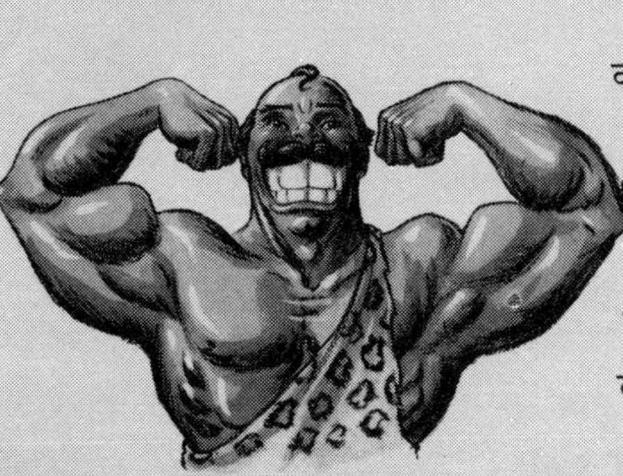

क्योंकि मनुष्य के चारित्रिक गुण उसके चेहरे में होते हैं, इसलिए नौसिखिए चित्रकार उनके चेहरे बड़े बना देते हैं। एक हीरो चरित्र जो नायक के गुणों से युक्त हो, उसे आदर्श दिखाने के लिए उसकी पूरी सुदृढ़ मांसपेशियों की तुलना में आप उसका सिर छोटा बना सकते हैं।

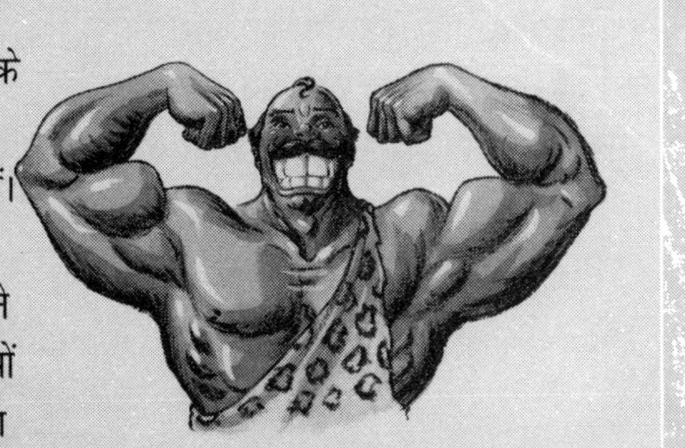

अन्य काल्पनिक चरित्र (Other Fantasy Characters)

नायकों के अलावा काल्पनिक कहानियों में कई तरह के शरारती, धोखेबाज चरित्र भी होते हैं। बहुत से चरित्र जिन्हें इस किताब में समेटा नहीं जा सकता। सभी काल्पनिक परियों को तीली स्कैचों (चित्र देखें) से विकसित किया जा सकता है। फाइनल चित्रों में आप अलग-अलग परियों को दिखा सकते हैं।

चित्रकार की सलाह

अगर आप किसी चरित्र को भारी चोगा पहना रहे हैं तो जरूरी है कि आप ढांचे से ही आकृति बनाएं। यह शुद्ध आयाम, संतुलित आसन (Pose) चरित्र चित्रण और कपड़ों को आकृति पर सजाने में लाभदायक होता है।

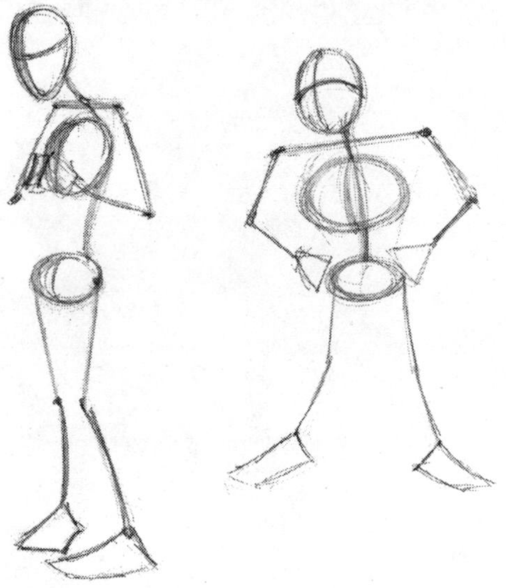

दो बिल्कुल अलग चरित्र इन कंकालों में देखे जा सकते हैं दोनों ही 5 फीट के हैं, पर उनमें से एक सिर, छाती और कन्धों से चौड़ा है। उसकी बनावट (Build) बुलडॉग या गोरिल्ला जैसी है। उनके खड़े होने की स्थिति उनकी शारीरिक बनावट के अनुरूप है।

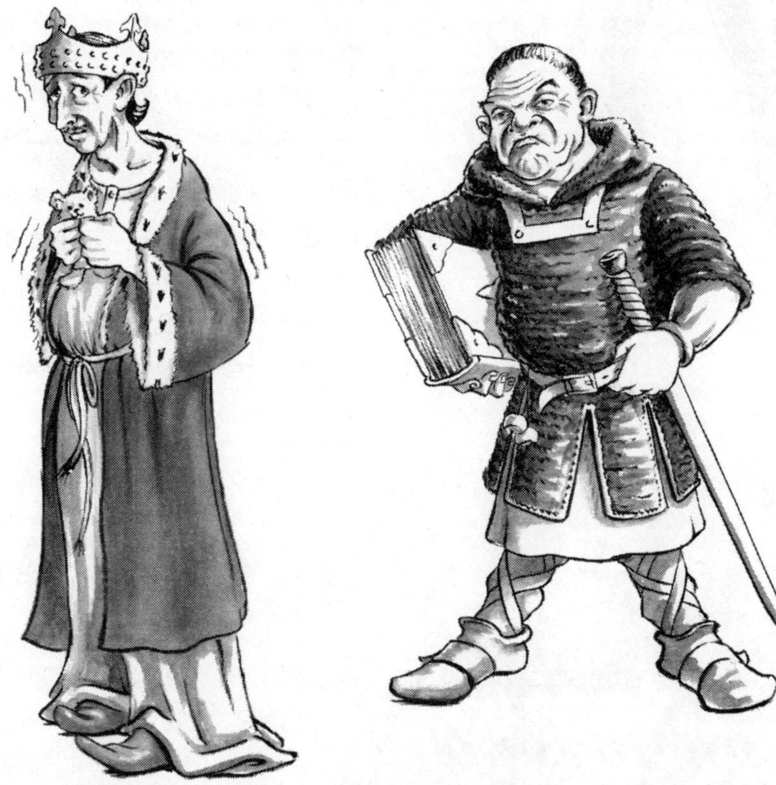

इस चित्रण में बलों की वजह से चरित्रों का दृष्टिकोण और उनकी शारीरिक बनावट का तालमेल दिखाता है। यदि आप वस्त्रों को उल्टा कर दें तो हो सकता है कि कोई नई दिलचस्प बात प्रकट होने लगे।

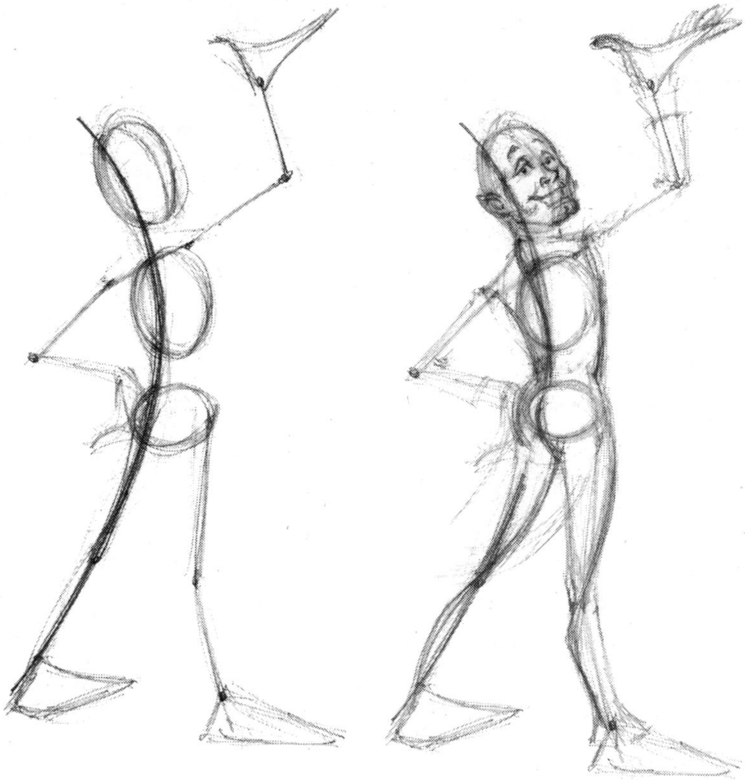

- गर्व से ऐंठे इस व्यक्ति के पोज (Pose) में ऊर्जा है। मैंने एक सशक्त रेखा, जो शरीर के बीच से गुजरती है को खींचा और इसके चारों तरफ ढांचा (Skelton) तैयार किया। 5 फुटे व्यक्ति के अनुपात किसी छोटे बच्चे की तरह होते हैं। लंबे हाथ और पांव इसे शुरू से ही एक व्यस्क व्यक्ति बनाते हैं। तुरन्त ही चारित्रिक विशेषता ढांचे से भी स्पष्ट होने लगी है।

- किसी ऐसे व्यक्ति का चेहरा महत्वपूर्ण होता है जिसके व्यवहार में कपट हो। मैंने पहले इसे ड्रा किया। यह मेरी बाकी शरीर की ड्राइंग को प्रभावित करेगा। शरीर की रफ ड्राइंग में पहले शरीर के हिस्से स्कैच किए, फिर छाती और कूल्हों को छोटा बनाया जो अब सिर से भी छोटे हैं।

- वस्त्रों को जोड़ने और सूक्ष्मताएं उभारने के लिए मैंने बाएं हाथ को बदला, इसमें एक पेन्सिल पकड़ा दी, जो अपने साइज में पहचाने जाने वाला विषय (Object) है। इससे आकृति का तुलनात्मक आकार पता चलता है।

- कुछ और ऐंठन दे कर आकृति तैयार की, अब फाइनल आर्टवर्क तैयार था। इस केस में काली स्याही और कुछ शेड (Shade) मैंने ग्रे मार्कर पैन से लगा दिए।

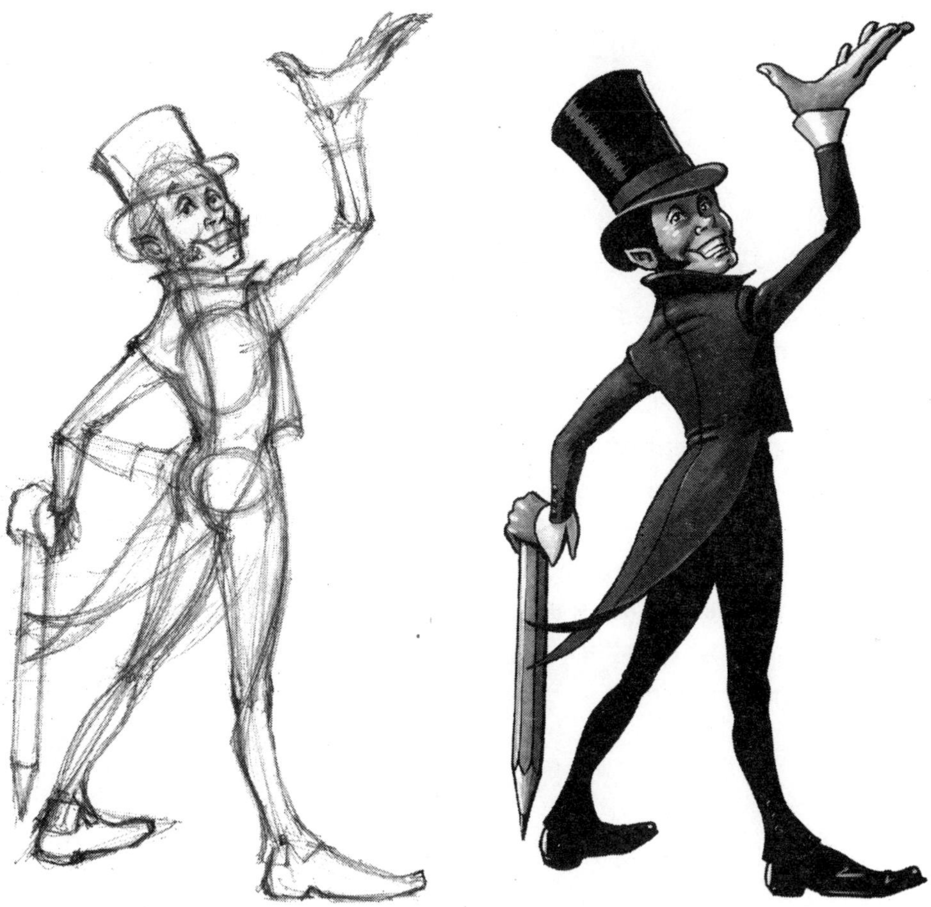

अमानवीय चरित्रों के डिजाइन (Non-Human Character Design)

लोककथाओं और पौराणिक कथाओं में वर्णित अतिमानवों और काल्पनिक जन्तुओं से आर्टिस्ट और कथा चित्रकार (Illustrator) सदियों से प्रेरणा लेते रहे हैं। आजकल, ऐसे जन्तु बच्चों की किताबों, काल्पनिक साहसिक कथाओं या फिल्मों में ही मिलते हैं। इसी तरह पूरी व्यापकता की उपेक्षा हो जाती है या गंभीर आर्टिस्टों द्वारा इसे हेय दृष्टि से देखा जाता है। पर कुछ विषय ऐसे हैं जिनके ड्रा करने में आपको आनन्द आएगा।

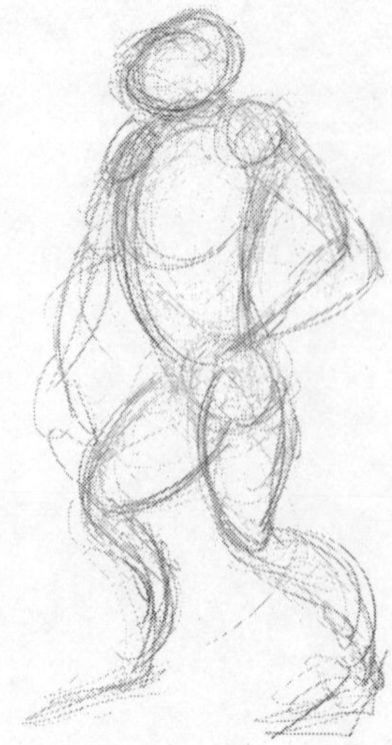

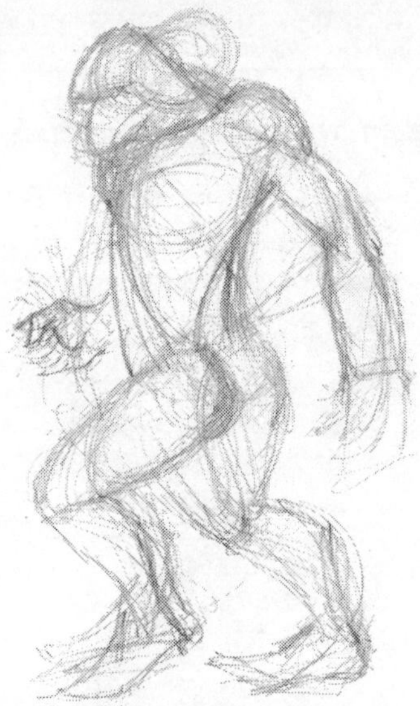

➊ अपने विकल्पों को खुला रखिए और ड्राइंग को विकसित होने दीजिए। अच्छा रहेगा आप ढांचे से इसकी शुरूआत न करें, क्योंकि तब अनुपात का कठोर नियम आपकी आकृति को वैसा न बनने देगा जैसा कि आप चाहते हैं। अच्छा होगा कि आप कोई आकस्मिक प्रेरणा लें या खोजें, तब स्कैच करें। मैंने बड़े रफ तरीके से खड़े चिम्पांजी को स्कैच किया। जिसे मैंने एक फोटो देखकर बनाया था और सख्त 'H' ग्रेड की पेन्सिल का प्रयोग किया।

➊ पर मैं इस डिजाइन को चिम्पांजी नहीं बनाना चाहता था; इसलिए आकृति की स्थिति से खेलता हुआ मैंने पीठ की वक्रता (Curve) को बढ़ा दिया। सिर को बाहर की तरफ निकाल दिया। रेखाओं के उलझाव को उत्पन्न करें, यह आकार की भाव-भंगिमा और व्यक्तित्व को उभारने में सहायक होगी।

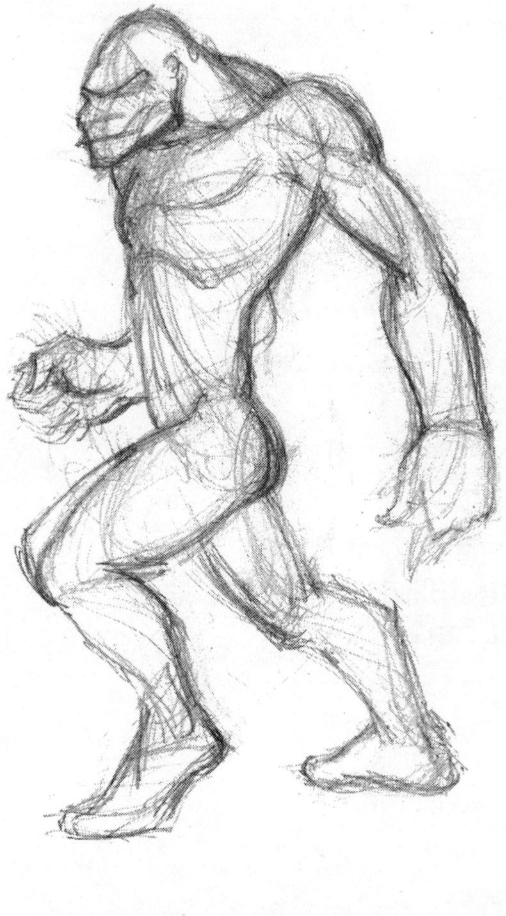

➲ हल्की पेन्सिल से मैंने सैकड़ों रेखाओं से सही रेखाओं का चयन किया। किनारों को मिटाने के बाद मेरे सामने साफ आकृति उभर आई, जिससे आकार और व्यक्तित्व स्पष्ट दिखने लगा।

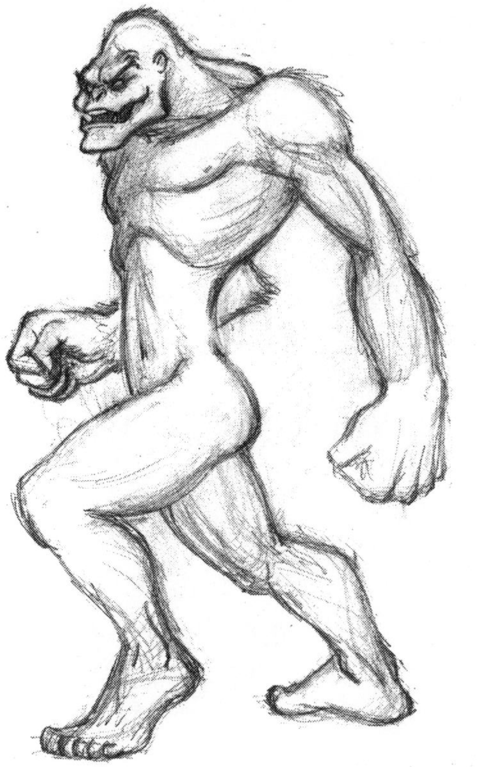

मैंने आकार को सुधारा फिर अपना ध्यान सिर की तरफ लगाया और इस तरह स्कैच किया ताकि वह डरावना लगे, साथ ही उसके शरीर की भाषा से मेल खाता हो। रेखाओं में वक्रता और कोण दे कर उसे वनमानुष का रूप दे दिया। एक सटे हुए डिजाइन में हर भाग और सूक्ष्मता पूरे डिजाइन पर प्रभाव डालते हैं। कभी कभी इसके उल्ट भी होता हे।

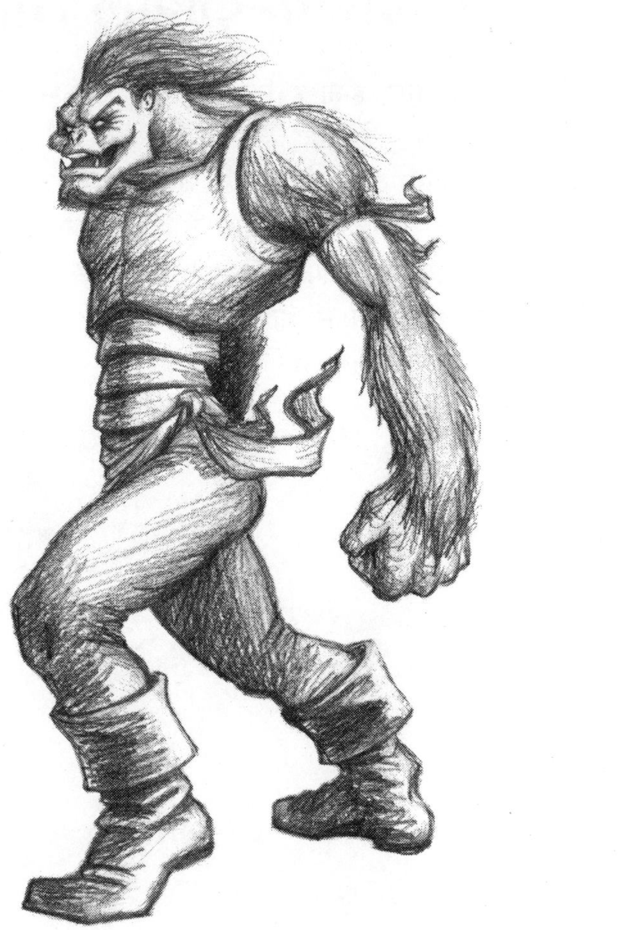

चित्रकार की सलाह

अपनी राक्षसी ड्राइंग को अच्छे बड़े कागज (A-3) के केन्द्र से शुरू करें। चरित्र के आकार को किसी भी दिशा में बढ़ने के लिए पर्याप्त स्थान छोड़ें।

किसी आकार को वस्त्र पहनाना या प्रतिपादन (Rendering) करना इसके चरित्र चित्रण को प्रभावित करता है और साथ ही पार्श्वभूमि पर भी प्रभाव डालता है। इसका ज़िरहबख्तर इस पर माया जाल की मुहर लगा देता है। पर क्या हो अगर उसे एक चोगा दे दिया जाए या एक पुलिस की वर्दी पहना दी जाए या किसी लड़खड़ा कर चलने वाले रोम्पर (गली में खेल दिखाने वाले) का सूट पहना दिया जाए? अगर वह गंजा, शल्कों वाला या पारदर्शी हो तो इसके विभेद नाटकीय हो सकते हैं।

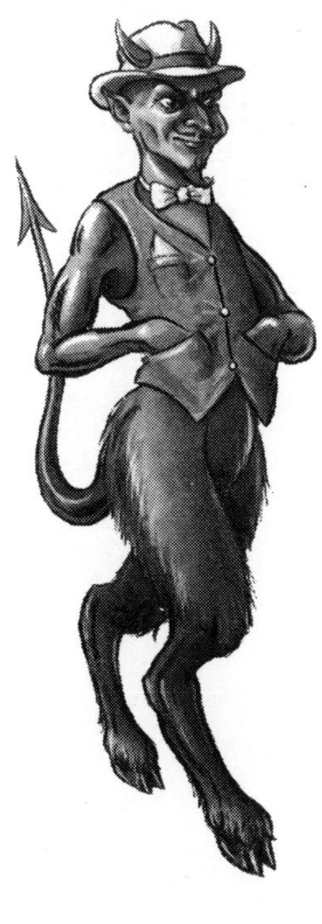

कई तरह के धार्मिक देवता, राक्षस, दैत्य, मनुष्य और जन्तुओं की दोगली जातियां या इस तरह के आधे नर आधे अश्व (Centaurs), नर भेड़िये, और नर वृषभ आदि को अनगिनत बार चित्रित किया गया है। फिर भी इन्हें नए तरीके से बनाया जा सकता है। इस अर्ध-नर अर्ध-बकरे या दानव के चित्र में इसे हंसता हुआ शरारती और प्राथमिकता में कमर के नीचे बकरे जैसा और ऊपर मनुष्य जैसा दिखाया गया है, इस तरह यह दोगला हो गया है। दैत्य, डरावना, सुशील या मूर्ख दिखाया जा सकता है। आप इसे कैसे बनाएंगे आप पर निर्भर है।

प्रेरणादायक कौशल (Inspirational Devices)

ऐसा भी समय होता है कि हम कभी न कभी, कलात्मक रूकावट से दुखी रहते हैं। एक बिल्कुल नया आकार जो आपके मस्तिष्क से निकले को डिजाइन करने का विचार आपको इस तरह की अड़चन में डाल सकता है। पर जैसा कि आपने इस पुस्तक के पहले भाग में पाया, प्रेरणा आसानी से आपके प्रयासों में आ जाएगी, और आप पूरी प्रक्रिया को अपनी मुठ्ठी में कर लेंगे।

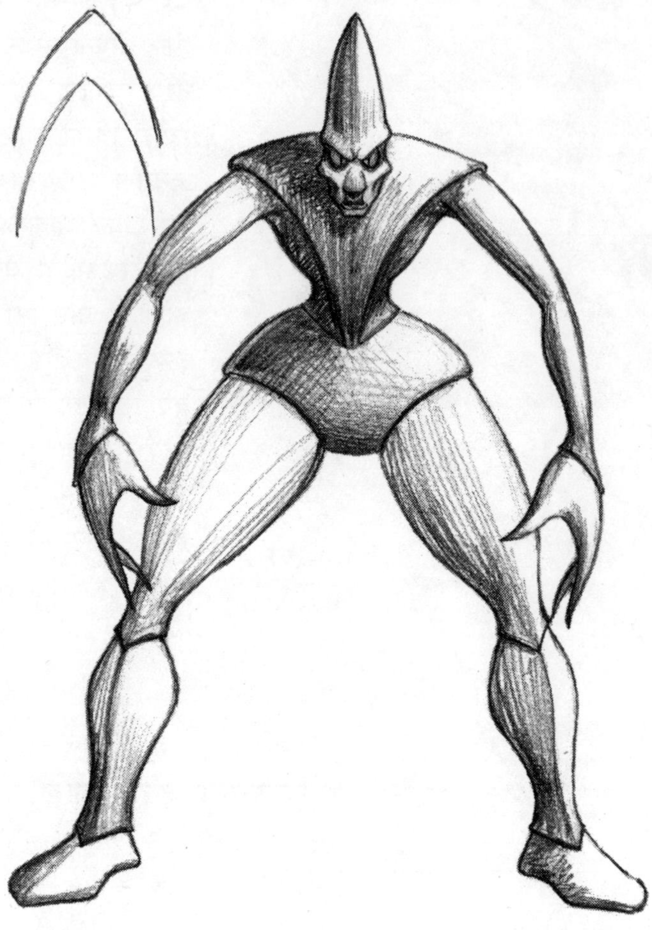

🡑 जब मैंने एक एलाइन (Allien) को ड्रा करने का विचार किया तो मेरे दिमाग में सबसे पहले फिल्म 'स्टार ट्रैक' आई। इसलिए मैंने T.V. कार्यक्रम के विचित्र आकार के लोगो (Logo) को याद किया। इस पर निर्णय लेने के बाद जल्दी-जल्दी का एक स्कैच किया। इसके लिए फिर एक व्यवस्थित सामने के पोज (Pose) को उकेरने का प्रयास किया।

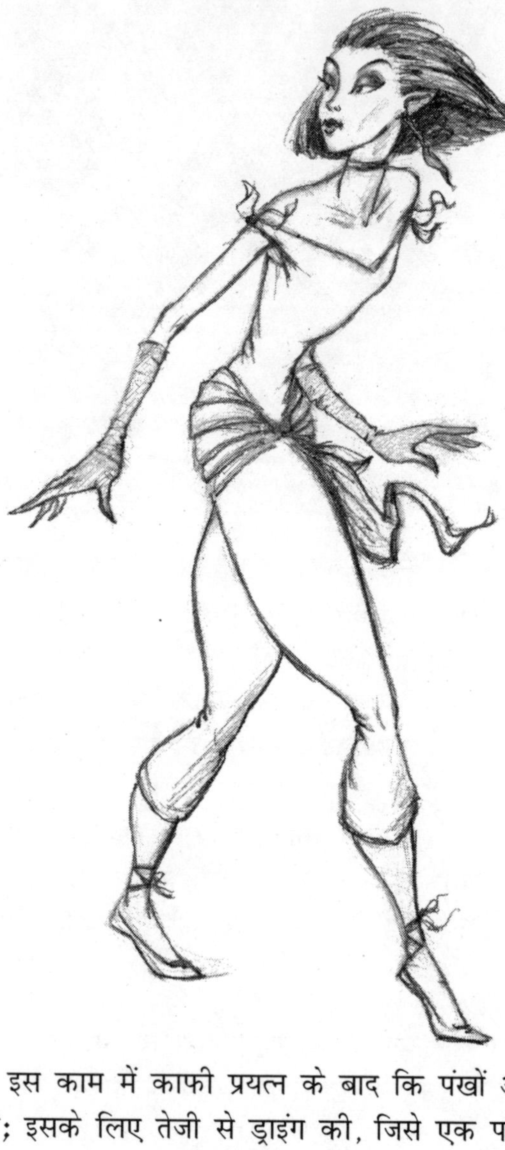

🡑 मैंने इस काम में काफी प्रयत्न के बाद कि पंखों और पांवों का क्या करना है; इसके लिए तेजी से ड्राइंग की, जिसे एक पत्रिका (Magzine) में देखा था। चित्र पोज, आकार और चरित्र को उभारने में सफल है।

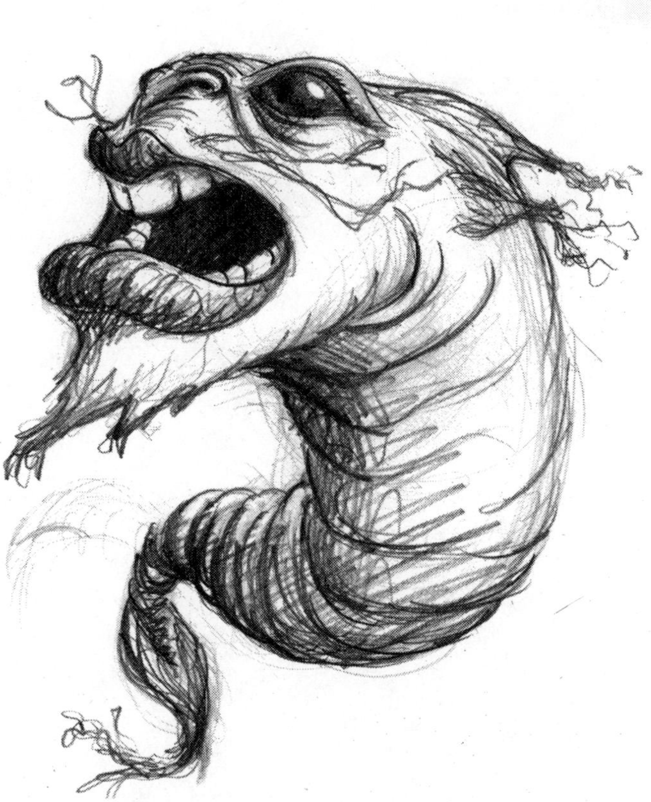

अक्सर थोड़ा सा मानवीयकरण करने से काल्पनिक जन्तु, दर्शक की कल्पना में एक अजीब आकार का सृजन कर देता है। इसको दिमाग में रखते हुए मैंने बड़े बदशक्ल मुंह से शुरुआत की। यह कैसे मछली के आकार में बदल गई, मेरे लिए खुद एक रहस्य है। पर यह उस आनन्द का हिस्सा है जो ऐसा विषय चित्रित करते समय एक चित्रकार को होता है।

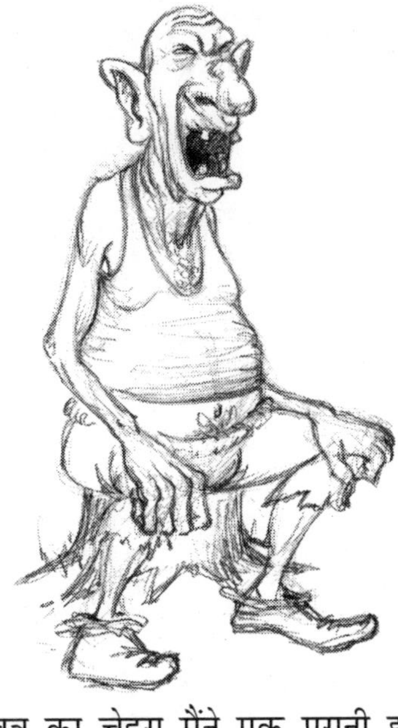

इस चित्र का चेहरा मैंने एक पुरानी इमारत के पतनाले से लिया है जिसमें इस गोरगोले की थूथन से बरसाती पानी गिरता था। थूथन की संरचना के अनुकूल मैंने इस शरीर की कल्पना की।

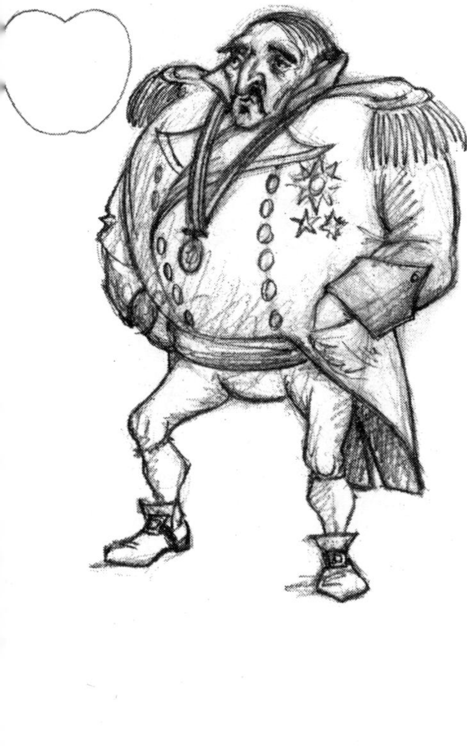

यहां मैंने एक सेब के आकार से प्रेरणा ली, जैसे ही आकृति उभरी मैंने चिड़िया के पेट फुलाने की कल्पना की। जिसने अपने पंख और पूंछ समेट लिए हैं। इसका आगे का विकास नैपोलियन के कोट में विकसित हुआ। आकृति के कोट पर चमकते बटन और मैडिलों की भरमार है।

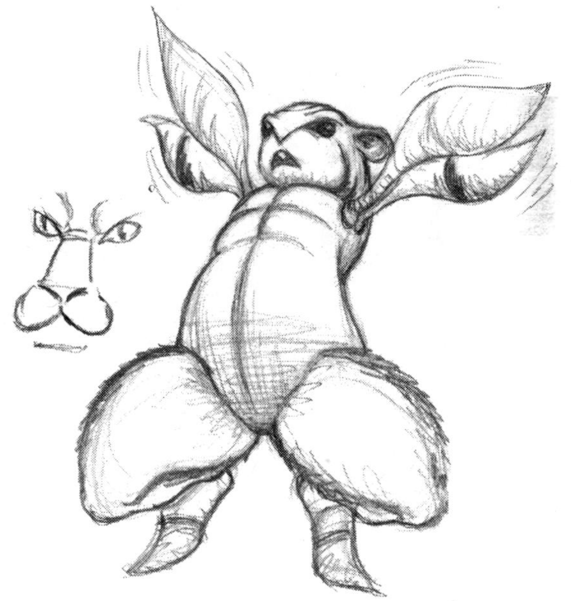

यह विचित्र आकृति जब मेरे दिमाग में आई तब मेरा ध्यान चीते की थूथन की तरफ गया। मुझे एक राक्षस का चेहरा बनाना था। मैंने कल्पना की कि जैसे एक भयभीत (डरा हुआ) जन्तु अपने सामने खड़े शिकारी जन्तु को डराने के लिए जो मुद्रा बनाता है मुझे उसी से प्रेरणा लेनी चाहिए। परिणामतः जो आकृति बनी वह उतनी डरावनी नहीं बन सकी, पर थी मौलिक।

धब्बे और छितराए तल
(Blots and Doodles)

यह कोई दुर्लभ बात नहीं है कि लोग अक्सर बादलों में चेहरेनुमा आकृति ढूंढ लेते हैं, दृश्य ढूंढ़ लेते है और गांठनुमा पेड़ ढूंढ़ लेते हैं (देखें पृष्ठ 80-81) मोनालिसा का चित्रकार लियोनार्डो स्टुडियो के उखड़े पलस्तर में युद्ध करती पूरी सेना की छवि देख लेता था। ऐसी प्रेरणाएं आपकी कल्पना को नए पंख दे सकती हैं।

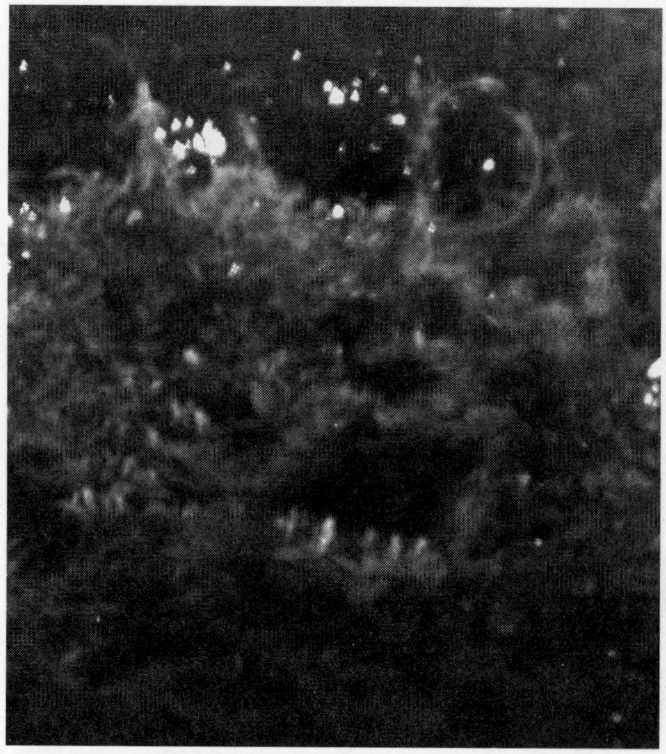

अगर आप किसी बुनावट के तल पर दृष्टि केन्द्रित करें तो कोई न कोई शक्ल आपकी तरफ देखती नजर आएगी। उदाहरण के लिए यह मेरे बागीचे की एक झाड़ी का फोटो है जिसे शाम के समय खींचा गया था। छायाएं गहरी थीं और मेरी कल्पना पूरी तरह सतर्क थी।

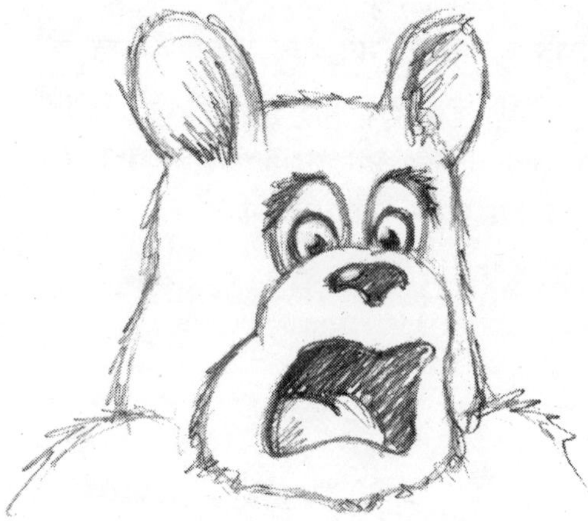

मुझे डरा हुआ टेडीबीयर झाड़ियों में तुरन्त ही दिखा।

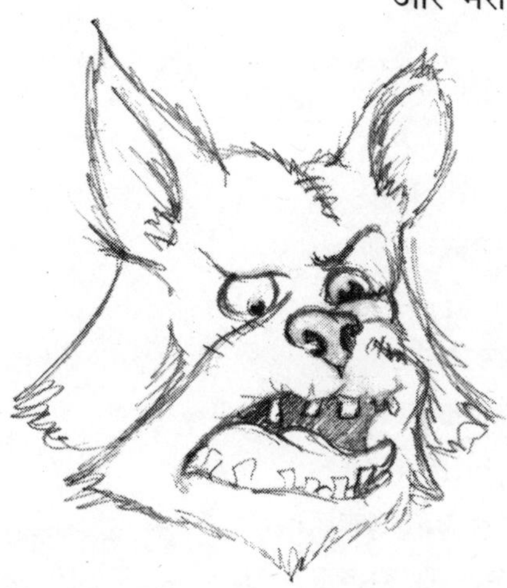

फिर मैंने दृष्टि गड़ा कर देखा तो पाया कि प्रकाश की स्थिति और बदली हवा ने पत्तों का रुख बदल दिया था, अब तो और ही ईर्ष्यापूर्ण शक्ल दिखाई देने लगी।

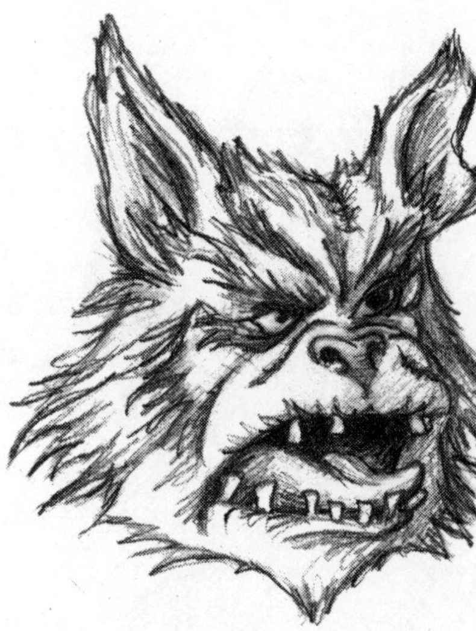

अपने स्टुडियो में जब मैंने इस पर काम किया तो चरित्र में एक कदम और आगे की स्थिति नजर आई।

मनोवैज्ञानिकों ने जो मनोरोगियों पर अनुसंधान किए हैं उसमें स्याही के धब्बों पर उनकी प्रतिक्रिया का विश्लेषण भी शामिल है। अपने स्याही के धब्बों को प्रेरणा बनाने के लिए किसी मोटे कागज को पानी में भिगोइए और सीधा रख दीजिए। ब्रश में घुली हुई स्याही लीजिए और बेतरतीबी से कागज पर इस तरह छिटकिए ताकि स्याही फैल सके। आप कागज को हिला-डुला सकते हैं। अब कागज को बीच से मोड़ दीजिए और दोनों हिस्सों को आपस में कस कर मिला दीजिए।

अपने स्याही के धब्बे को देखिए और इसे आप से बातें करने दीजिए। इसे घुमाइए और प्रकाश की ओर करके पकड़िए और अपनी नजर गड़ाए रखिए जब तक कि संभावित कोई दृश्य कागज से निकल कर आपकी तरफ न आ कूदे। जब भी आप कोई दिलचस्प चीज देखें तो किसी ट्रेसिंग पेपर पर ट्रेस कर लें। स्याही के धब्बों का अनुसरण कीजिए जितना आप उसे निकट से कर सकें। फिर खुले रूप में उसे ट्रेस (Trace) कर लें।

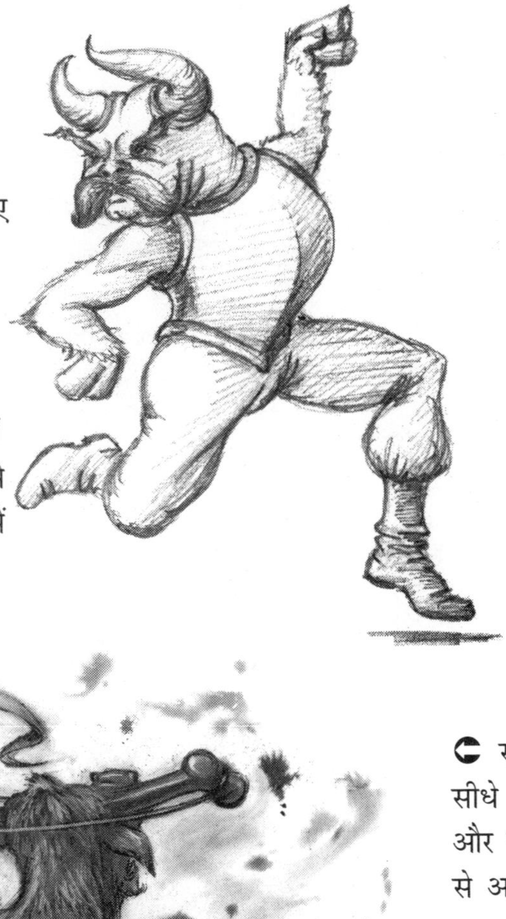

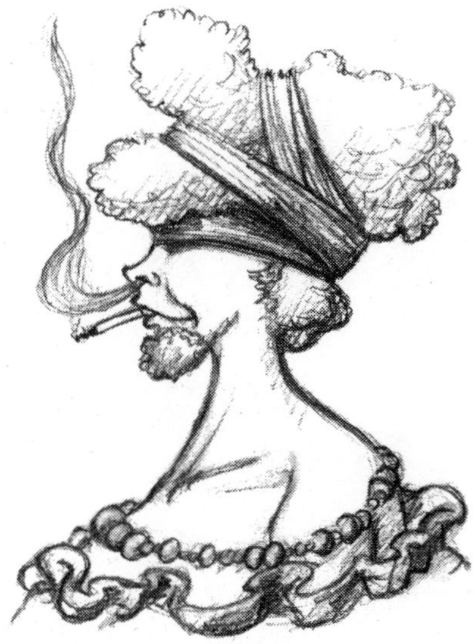

निगेटिव एरिया को देखिए इसके अन्दर और बाहर झांकिए।

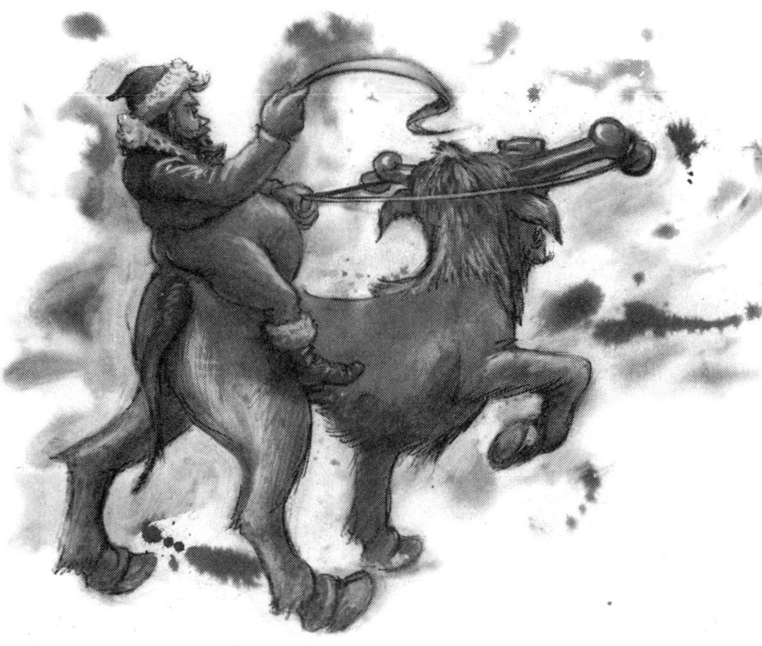

सीधी पहुंच के लिए धब्बे की सतह पर सीधे काम कीजिए। यहां मैंने स्याही, पेन्सिल और वाटर कलर का प्रयोग किया है ताकि धब्बे से आकार निकाल सकूं। एक बार आप छितराई सतह पर देखेंगे तो पाएंगे कि झांकते आकारों का कोई अन्त ही नहीं है। मैं छितराए तल (सतह) में और भी कई आकार देख सकता हूं और अभी तो मैंने सतह को उल्टा भी नहीं किया है। कोई मगरमच्छ, बन्दर, कोई मछली, कीड़ा या पक्षी, और न जाने क्या-क्या देखेंगे। देखिए और अपनी कल्पना को ऊंचे और ऊंचे उड़ने दीजिए।

काल्पनिक लैंडस्केप (Fantasy Landscape)

सारे प्रेरणादायक स्रोत और कौशल जो हमने काल्पनिक चरित्रों को ड्रा करने में देखे उन्हें काल्पनिक संसारों के चित्रण में भी प्रयोग किया जा सकता है। ऐसी कोई भी चीज जो कल्पना को उत्तेजित करे एक उचित आरंभ बिन्दु है, भले ही वह बच्चों के चीलमकौड़े ही क्यों न हों।

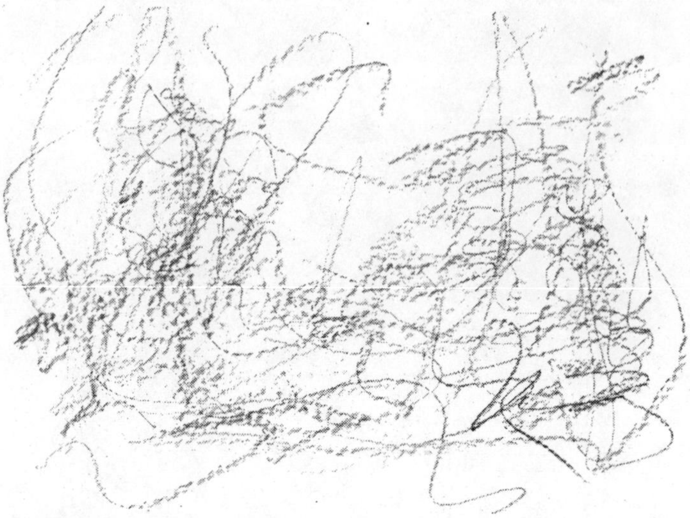

मैंने क्राफ्ट की दुकान से एक ऐसा कागज चुना जिसकी सतह दोरंगी थी। मैं एक एलाइन (Allien) लैन्डस्केप का प्रभाव चाहता था। मैंने अपनी आंखें बन्द कीं और बेतरतीबी से रेखाएं खींचने लगा।

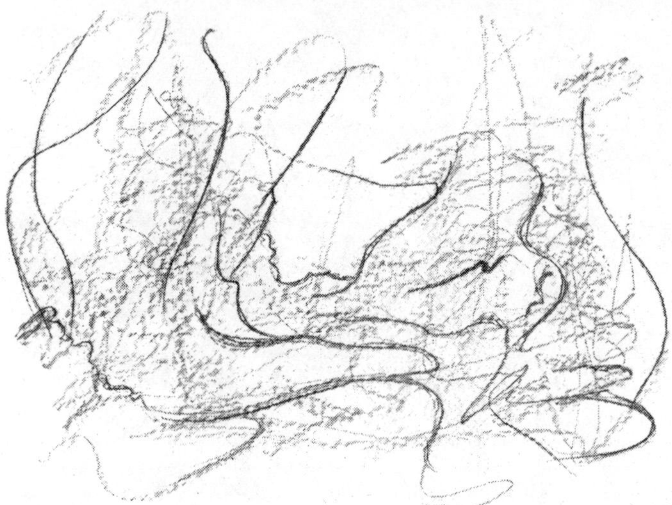

स्क्रिबिलों (चीलमकौड़े) का अध्ययन करने के बाद मैंने कुछ दिलचस्प रेखाओं को चुना। ये रेखाएं उस ड्राइंग का फ्रेम वर्क तैयार करेंगीं जो अभी आनी बाकी है।

जैसे ही मैंने उसकी मार्गदर्शक (Guide Lines) रेखाओं को आकार में बदला वे एक चेतनायुक्त आकार लेने लगीं। कौड़ियों, शंखों और कोरलों की मैंने कुछ खिड़कियां बनाईं और उन्हें ऐसा रूप दिया कि वे अन्तरिक्ष प्राणियों द्वारा निर्मित लगें।

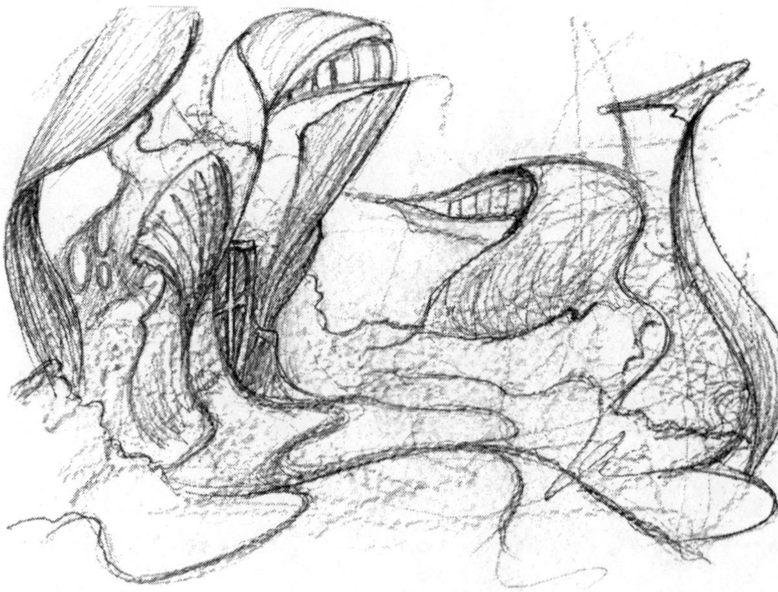

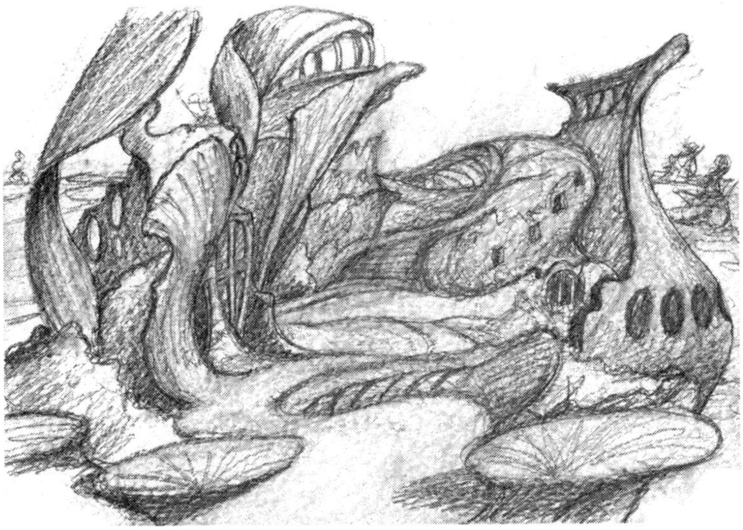

इस स्टेज पर मैं हर चीज को एक निश्चित आकार देना चाहता था। मैंने प्रकाश की दिशा से प्रारंभ किया और वहां टोन दी जहां छाया हो सकती थी। ताकि त्रिआयामी (Three Dimensional) प्रभाव पैदा किया जा सके। इसमें निर्णयों की आवश्यकता होगी ताकि हर गोलाई को इमारत के रूप में विकसित किया जा सके।

चित्रकार की सलाह

आकारों का दोहराना, सूक्ष्मताएं और डिजाइन। इनका रेखांकनों में प्रयोग करके मैंने चित्र को उभारने का प्रयत्न किया। ताकि उसमें जुड़ने का भाव और जुनून दिख सके।

रफ आकार को अच्छे आर्ट वर्क में बदलने के लिए काफी समय की आवश्यकता होती है। मैंने कुछ स्क्रिबिलों को चुना और अवांछित पेन्सिल चिन्हों को रबर से मिटा दिया। अग्रभूमि (Foreground) में गहरी टोन दी और पार्श्वभूमि में टोनों को हल्का किया। फिर उसे आकाशीय पर्सपैक्टिव के रूप में उभारा। आकारों को उभारने में मुझे उस कागज से काफी सहायता मिली जो खुरदरा था। इससे मुझे पथरीली बुनावट का प्रभाव मिल गया।

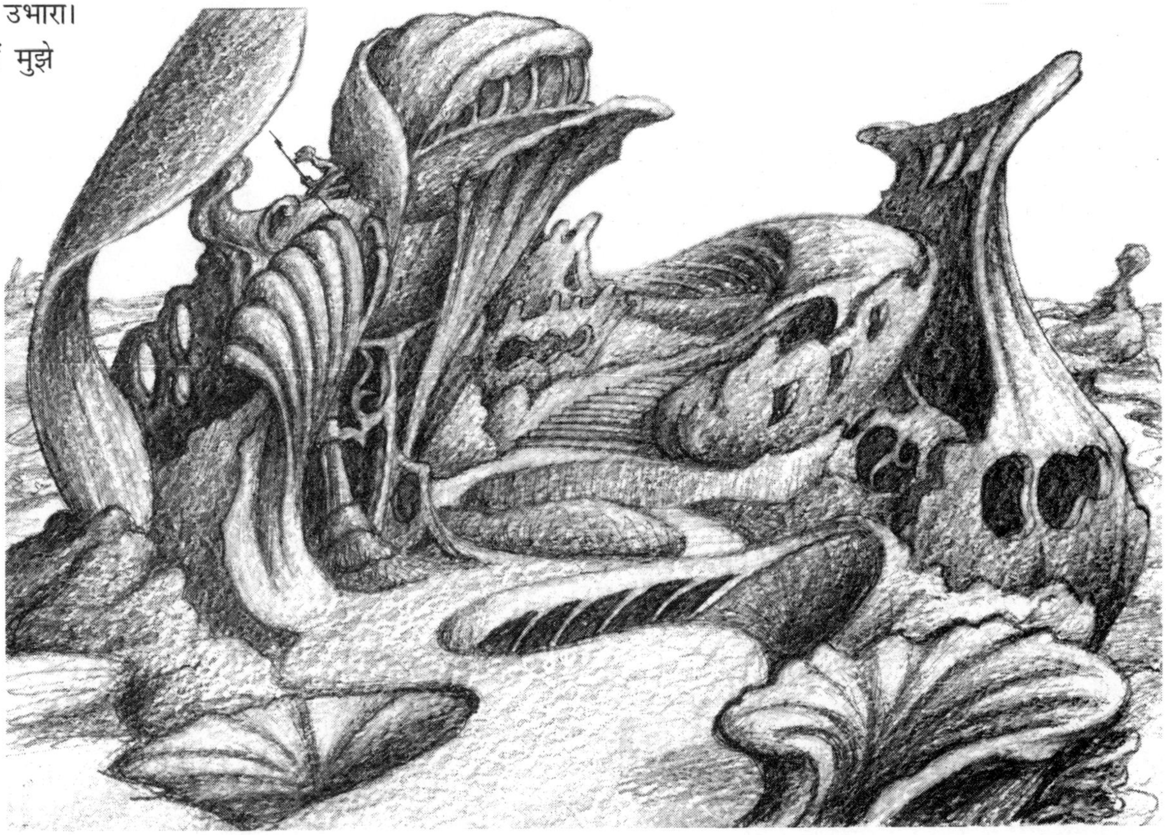

दृश्य-चित्रण के डिजाइन (Landscape Design)

जब आपके दिमाग में साफ-साफ यह युक्ति (Idea) हो कि आप किस तरह का लैन्डस्केप ड्रा करना चाहते है, तो आप स्थान (Space) को व्यवस्थित कर सकते हैं। इसे करने के लिए कई निर्णय आपको लेने पड़ेंगे। संरचना (Composing) का कौशल बहुमूल्य हो सकता है। (देखें पृष्ठ 46-7) पर आवश्यक नहीं कि आप इसका अनुकरण ही करें। ज्यामितीय आकारों, वक्रता (Curves) कर्ण रेखा (Diagonal) आदि से भी चित्र में गरिमा आ जाएगी और प्रभावपूर्ण नींव डलेगी।

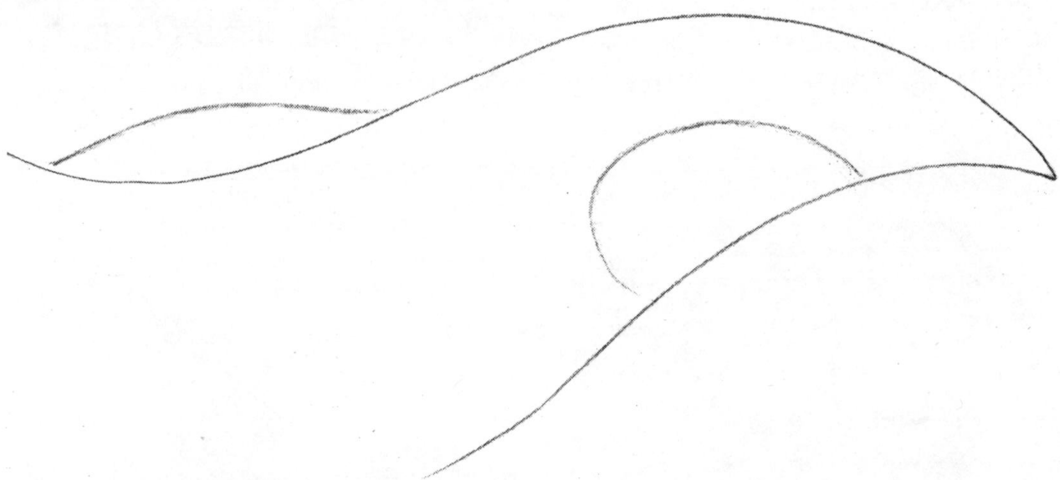

भिन्न वक्रताओं (Curves) को रद्दी कागज पर खीचनें के बाद मैं इस नतीजे पर पहुंचा कि मेरी आंख में यह लयात्मक (Harmonious) हैं, भले ही वे चार सादी रेखाएं हों, जो विचार करने के बाद ही लगाई गई हैं। इस तरह यह कितनी ही संभावनाओं की जन्मदायी हैं।

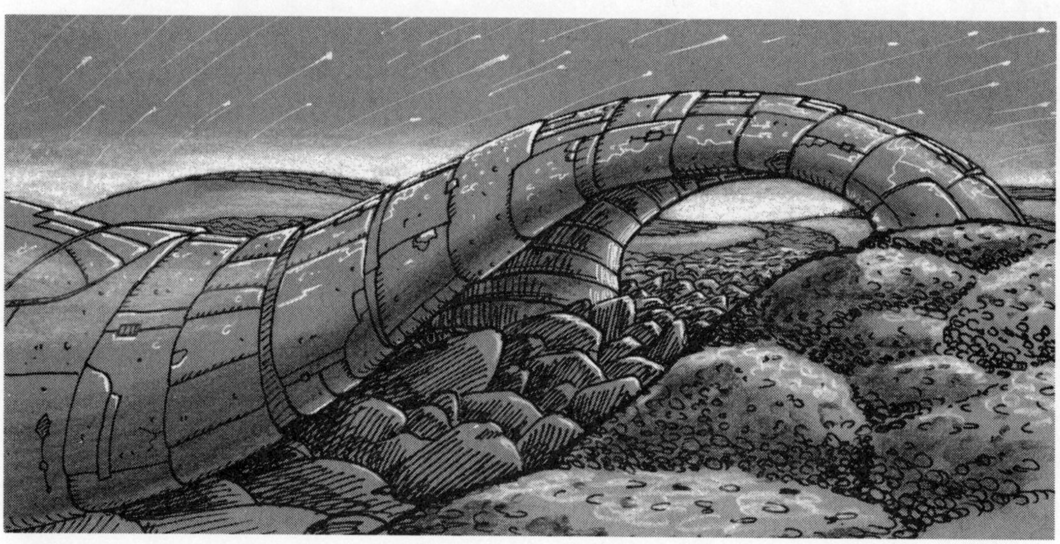

वक्रताओं (Curves) का निकट से अनुसरण करने के बाद मैंने अपने कौशल से किसी विज्ञान कथा का दृश्य जैसा दृश्य उकेरा। इसके लिए मैंने लाइन ड्राइंग पूर्ण करने के वास्ते फैल्ट पैन का प्रयोग किया और प्रकाश की रेखाए सफेद स्याही के पैन से खींची।

चारकोल और चाक के स्ट्रोकों से कुछ टोनें (Tones) विकसित कीं जो भूरे (Grey) कागज के कारण बड़ी सटीक लगीं।

➲ एक संरचना (Composing) कौशल को कितने ही रूपों में बदला जा सकता है। इस चित्र में प्रमुख वक्रता (Curve) को एक पुरानी झोपड़ी में बदल दिया गया है और दूसरी वक्रताएं पहाड़ी और ढलानों में रूपांतरित हो गई हैं। इसमें काफी सारी सूक्ष्मताएं (Details) हैं, जिन्हें पुराने अखबार के एक चित्र से लिया गया है और काली स्याही के ब्रश से उकेरा गया है।

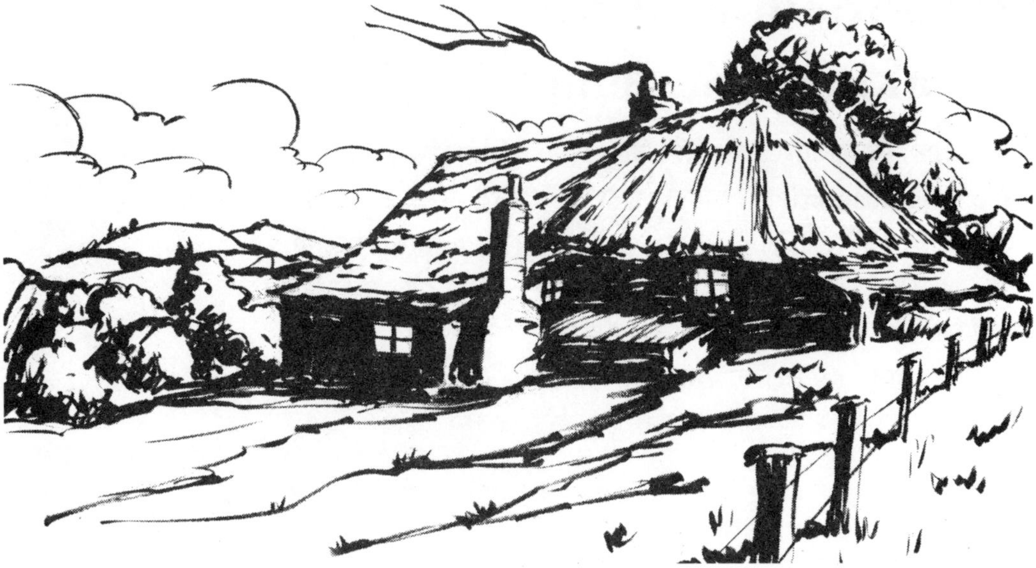

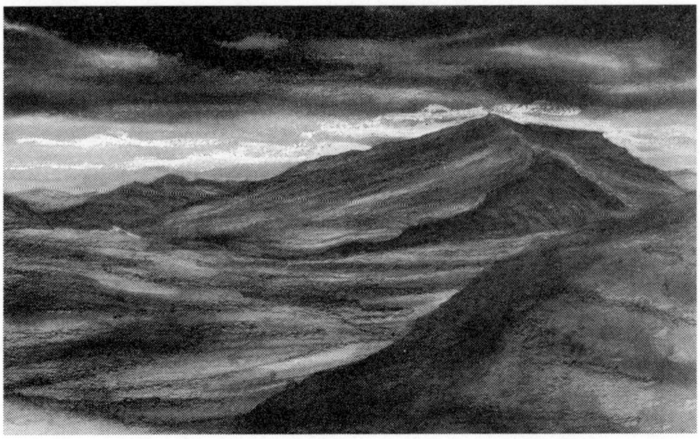

➲ इस ड्राइंग को शुरू करने से पहले मैंने एक पहाड़ के फोटो की सहायता ली। इस इकलौते संदर्भ स्रोत से मैंने जल्दी-जल्दी लैन्डस्केप के फोटो को अपने ढांचे के अनुसार (देखें पिछला पृष्ठ) बनाना शुरू किया। कागज के कठोर टैक्सचर और गहरी पेन्सिल तथा पैन व स्याही से टोन दी। पुरानी वक्रता (Curve) तो अब दिखाई ही नहीं दे रही है।

➲ एक बार फिर पुरानी वक्रताएं (Curves) मुश्किल से इस औद्योगिक बस्ती की छटा में दिखाई दे रही हैं। वे सुविधाजनक शुरूआत दे रही हैं। मैंने विक्टोरिया युग के कई फोटोग्राफ देखे जिसमें चिमनियां, फैक्ट्ररियों की छतें थीं जो कि इस चित्र में मौजूद हैं। कुरूप, गंदे और भद्दे प्रभाव के लिए मैंने रफ तरीके से कोमल पेन्सिल (3B) चलाई और अपनी उंगली से लीपापोती कर दी।

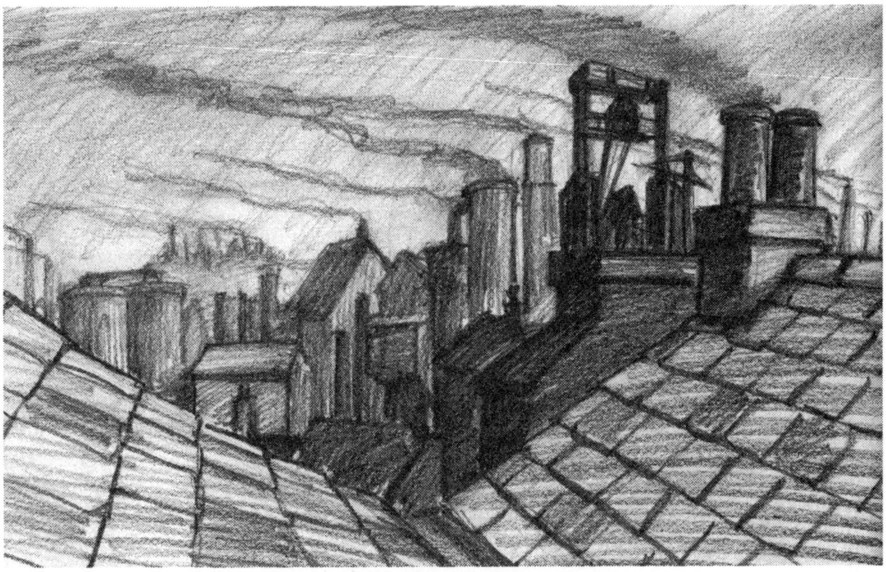

वर्णनात्मक रेखांकन (Making a Statement)

कई आर्ट-स्कूलों में 'ड्राइंग और इलस्ट्रैशन' दृष्टिगत संचार (Visual Communication) के अन्तर्गत आता है। वास्तव में आर्टवर्क में हमेशा सौन्दर्य बोध (Aesthetic) रहेगा। कथाचित्र (Illustration) कहानी या गद्य (Prose) का ही परिशिष्ट (Supplement) होता है। फिर भी आर्टिस्ट को चाहिए कि वह एक अतिरिक्त आयाम (Dimension) भी चित्र में जोड़े। इसके लिए वह दृष्टिगत संकेतों (Visual Signals) का सहारा लेकर संदेश दे और विचारों को उत्तेजित करे, सक्रिय करे।

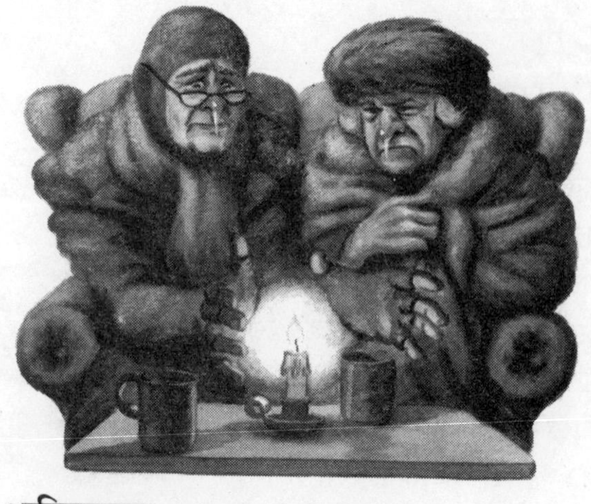

↑ अतिशयता (Exaggeration)

यह आश्चर्यजनक रूप से सरल है कि आप किसी विचार को समझाने में दर्शक को भ्रमित कर दें। अतिशयता एक अच्छा तरीका है जिससे आप अनिश्चय की अवस्था से बच सकते हैं। इस चित्र के ये वृद्ध दम्पति अपने वस्त्रों के कारण, पोज और भावनाओं में साफ-साफ मोमबत्ती के चारों ओर भीड़ लगाते जान पड़ते हैं। जो कि शायद उनकी जरूरत है, कोई रोमांटिक आवश्यकता नहीं। गंभीर विषयों के बारे में अगर सतर्कता बरती गई तो अतिशयता व्यंग्य चित्र में बदल सकती है।

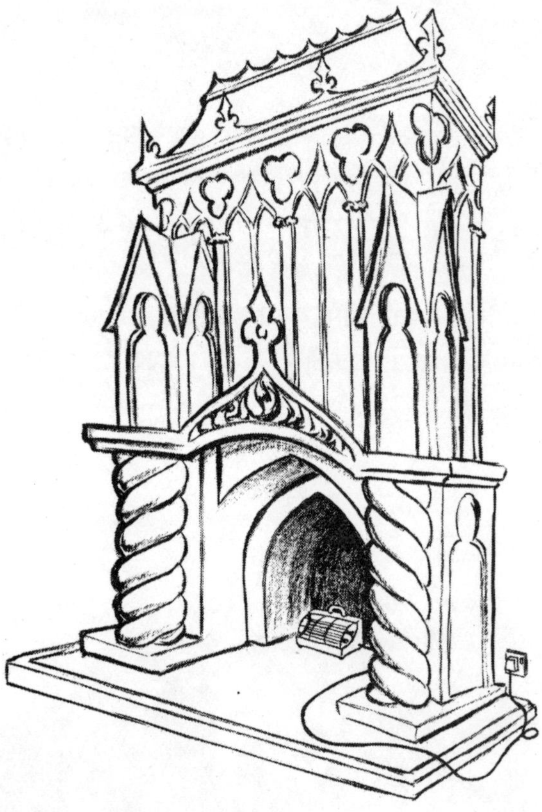

↑ चंचलता (Whimsy)

मुझे जो विषय बताया गया था, उसमें एक उभरे हुए 'गोथिक' आतिशदान (Fire place) का जिक्र था। क्योंकि चित्र एक हल्की किताब के लिए था, मैंने चित्र में व्यंग्य जोड़ने के लिए इसमें बिजली का हीटर रख दिया जो आतिशदान के आकार के मुकाबले काफी छोटा है, और अपने आसपास के शानदार 'फायर प्लेस' को प्रमुखता से दिखाता है।

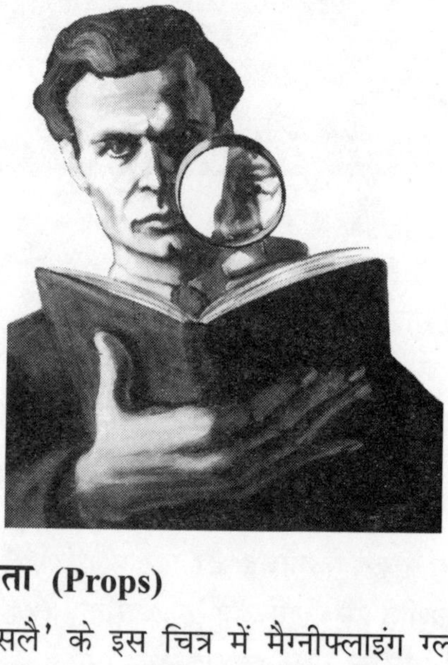

↑ विशिष्टता (Props)

'एलडाइस हक्सलै' के इस चित्र में मैग्नीफ्लाइंग ग्लास एक दिलचस्प चीज है। यह इसलिए इस चित्र में फिट है क्योंकि हक्सले की नजर बेहद कमजोर थी और इसकी उल्टी आकृति उसके नेत्रदृश्य (Sightful) का नकारात्मक प्रभाव छोड़ती है। जैसा कि 'हक्सले' का इस दुनिया के बारे में विचार था।

➲ अनुमान (Connotation)

नकली दवाओं पर एक प्रलेख के लिए मैंने इस चित्र की संयोजना की। दवा की शीशी और समुद्री डाकुओं के जहाज का बोतल में स्थापित करना दवाओं की नक्काली (Piracy) तथा जहाज के पाल पर मृत्यु चिन्ह का होना दवाओं में जहर होने का संकेत है। फिर वहां दूसरे अनुमान भी हैं जैसे स्मगलिंग, लूटखसोट, धमकी आदि। समुद्र पार तक का व्यापार, ये सब सांकेतिक रूप से चित्र में दिखा दिए गये हैं।

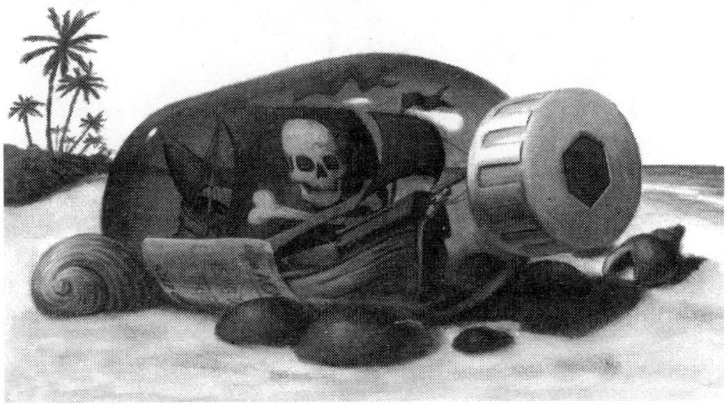

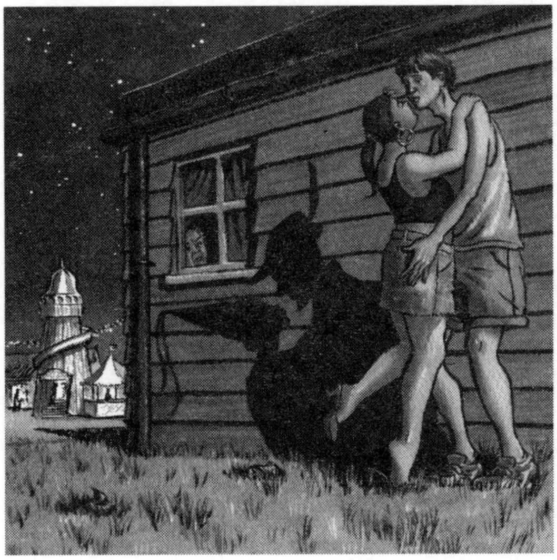

➲ वातावरण (Atmosphere)

यह दृश्य एक बेढंगे नौजवान जोड़े का है, जो एक केबिन के पीछे फूहड़पन से तिरछी स्थिति में खड़े हैं। इनकी छाया जो केबिन की दीवार पर पड़ रही है उसमें लड़की मध्यकाल के जादूगरों जैसी टोपी पहने हुए है। हम कल्पना कर सकते हैं कि नौजवान कोई रोमांटिक चरित्र है जो पुरानी कहानियों के चरित्रों से मिलता-जुलता है। भले ही जोड़े के आसपास का वातावरण नीरसता और एकरसता लिए हुए हो।

➲ सादगी (Simplicity)

जैसा कि हमने इस पूरी किताब में देखा है कि सादगी से दिखाई युक्ति सर्वश्रेष्ठ होती है। कोई भी अतिरिक्त तत्व जो आप चित्र में जोड़ते हैं वे और भी भ्रमित करने की स्थिति पैदा कर देते हैं। यहां तक कि जो संदेश आप चित्र द्वारा देना चाहते हैं उसमें विरोधाभास पैदा हो जाता है। निश्चिंत रहिए और सादगी पर भरोसा कीजिए। आर्टिस्ट की पेन्सिल को अनुसन्धान, कल्पना, संचार और संवाहन का औजार समझिए तब आप गलती नहीं करेंगे।

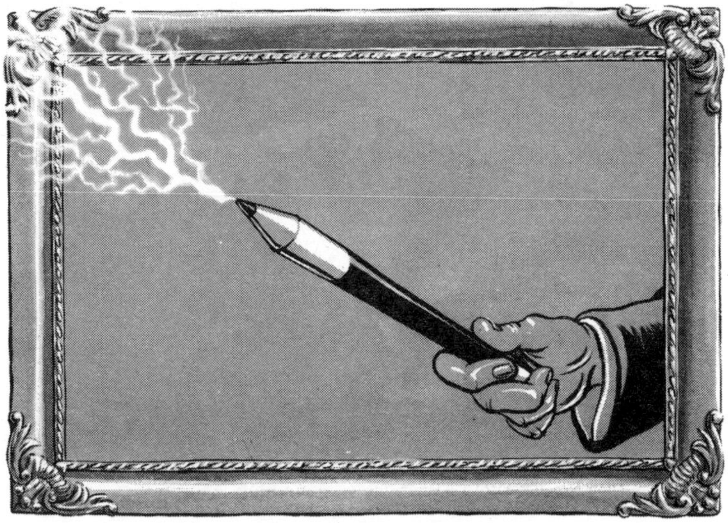

याद रखिए यह पुस्तक मात्र शुरुआत है और अनन्त संभावनाओं का एक शालीन परिचय है जो कला के लिए आवश्यक हैं। मुझे पूरी आशा है कि आपकी रचनात्मकता की आग को जलाने में यह चिंगारी का काम देगी। आप प्रेरित हुआ अनुभव करेंगे और आगे भविष्य में यह कई जादुई संभावनाओं के वे द्वार खोलेगी जो कला के दिव्य महल के हैं।

WATER COLOURING/DRAWING & PAINTING/ HOBBIES & CRAFT

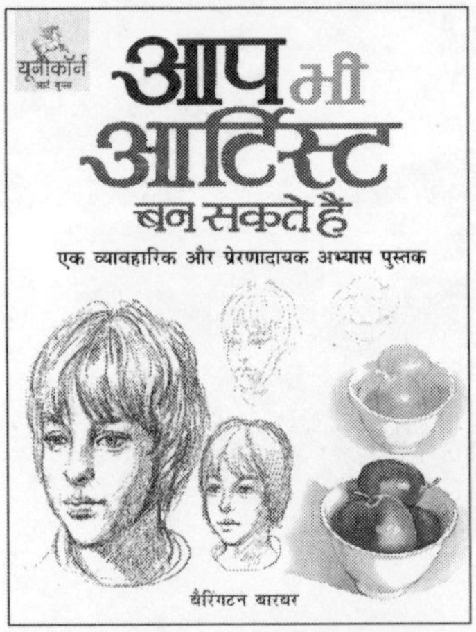

978-81-7806-372-0 • ₹ 160/-

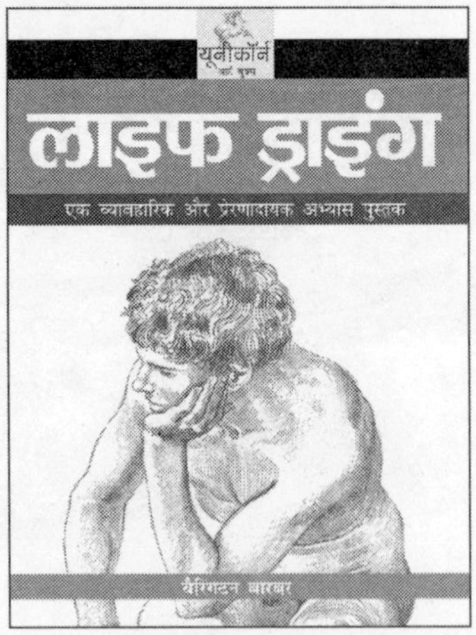

978-81-7806-367-6 • ₹ 110/-

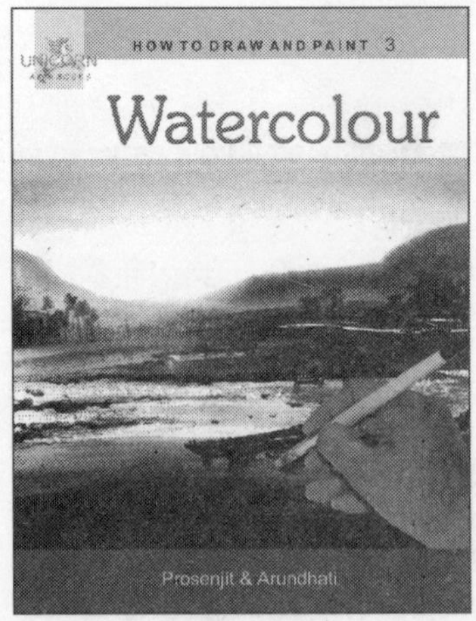

978-81-7806-300-3 • ₹ 190/-

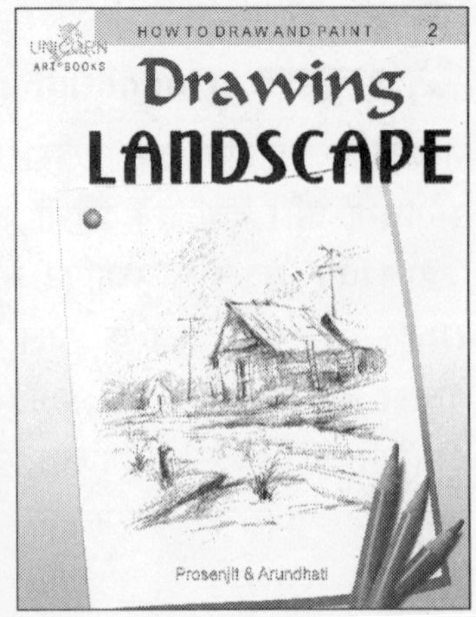

978-81-7806-154-2 • ₹ 125/-

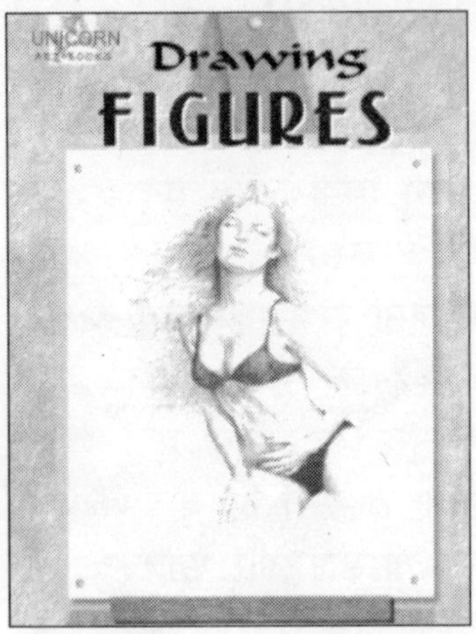

978-81-7806-161-0 • ₹ 125/-

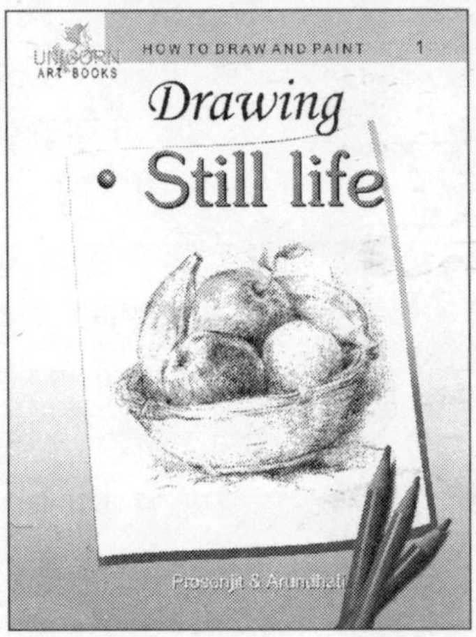

978-81-7806-167-2 • ₹ 125/-

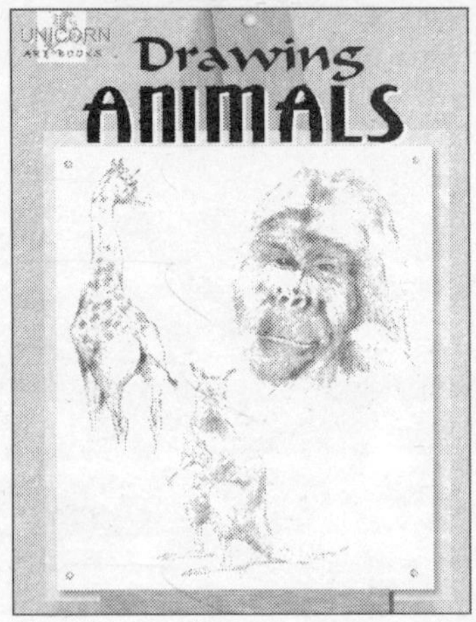

978-81-7806-130-6 • ₹ 110/-

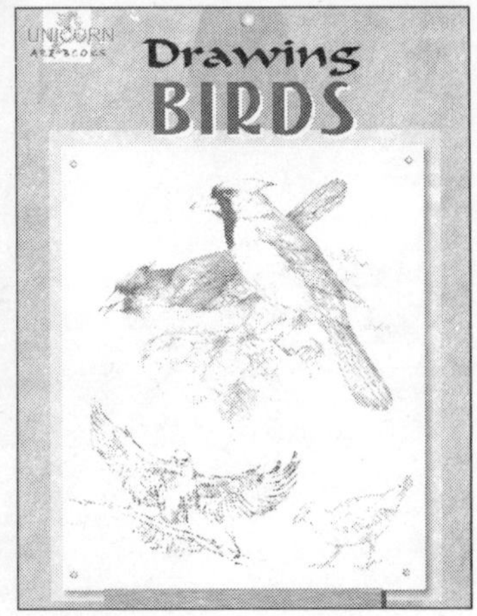

978-81-7806-129-0 • ₹ 96/-

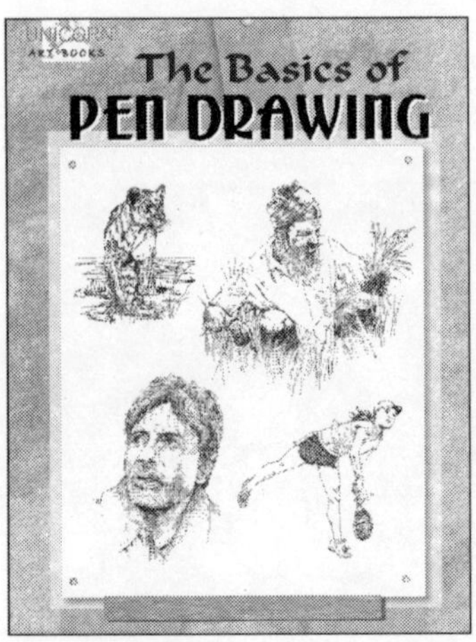

978-81-7806-135-1 • ₹ 125/-

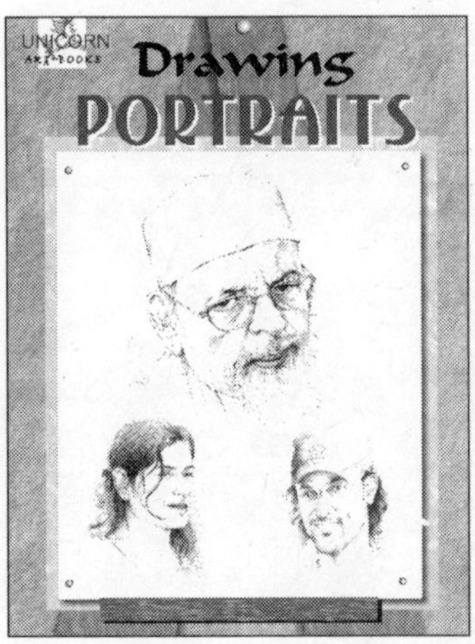

978-81-7806-127-6 • ₹ 125/-

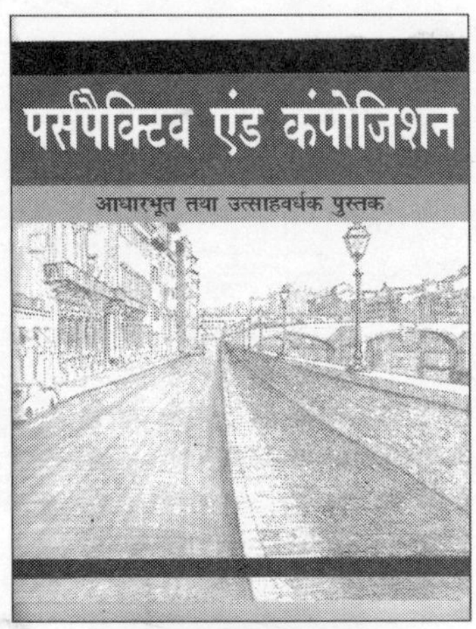

Coming Soon

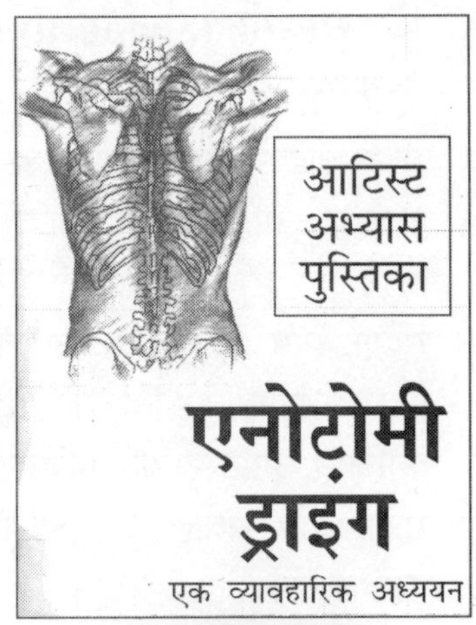

Coming Soon

UNICORN BOOKS

H.O.: F-2/16, Ansari Road, Daryaganj, New Delhi-110002 • email: info@unicornbooks.in • Ph: 011-23262683

Also available online at:

www.unicornbooks.in • www.flipkart.com • www.infibeam.com • www.amazon.in